U0482106

本书出版得到北方民族大学青年人才培育项目（2022QNPY06）、宁夏"双一流"重点培育学科中国语言文学建设项目、国家社科基金项目（21XYY014）的经费资助

LANGUAGE AND SOCIETY
Language Life in Gannan Region

语言与社会
——甘南地区语言生活

郭玉梅 著

中国社会科学出版社

图书在版编目（CIP）数据

语言与社会：甘南地区语言生活 / 郭玉梅著.
北京：中国社会科学出版社，2024．10． -- ISBN 978-7
-5227-3946-5

Ⅰ．H1

中国国家版本馆 CIP 数据核字第 2024JM7743 号

出 版 人	赵剑英
责任编辑	耿晓明
责任校对	赵雪姣
责任印制	李寡寡

出　　版	中国社会科学出版社
社　　址	北京鼓楼西大街甲 158 号
邮　　编	100720
网　　址	http：//www.csspw.cn
发 行 部	010 - 84083685
门 市 部	010 - 84029450
经　　销	新华书店及其他书店
印　　刷	北京明恒达印务有限公司
装　　订	廊坊市广阳区广增装订厂
版　　次	2024 年 10 月第 1 版
印　　次	2024 年 10 月第 1 次印刷
开　　本	710×1000　1/16
印　　张	19.5
字　　数	281 千字
定　　价	98.00 元

凡购买中国社会科学出版社图书，如有质量问题请与本社营销中心联系调换
电话：010 - 84083683
版权所有　侵权必究

序：发挥语言在现代化进程中的应有之力

　　中国的现代化是实现中华民族伟大复兴、实现共同富裕的必由之路。我国不同地区的不同民族在现代化进程中不懈奋斗，已取得显著成效，人们的生活方式发生巨变、交流交往不断增多，经济收入显著提升、幸福感不断增强。但总体而言，仍存在地区与民族在发展上的不平衡现象。如何促进不同地区和不同民族的共同富裕，走向全面现代化之路，既是我们应该思考的社会问题，也是每个学者应尽的社会责任。社会语言学恰是语言学领域完成这一使命的重要学科，其学科特点就是充分彰显语言作为社会交际和思维工具的符号属性、作为社会文化载体的介质属性、作为人的发展和进步的助力功能，将语言使用与社会因素的互生共变作为研究的切入点，从社会要素来看语言使用上的特点，从语言的使用情况分析社会的发展和演变。这一互渗、互观的学科特点使语言成为反映社会进步和发展的一个切面和观察点。郭玉梅正是在这样的社会背景和学科特点下，基于一个社会语言学者的高度责任感与学术自觉，将自己的研究视野聚焦在现代化转型对语言生活的影响上，用自己的学术研究为中国现代化贡献力量。

　　我国西北地区有大量的少数民族，不同民族居住地的自然环境、发展历史、文化传统、经济水平、生活方式、对教育的重视程度、对多语态度的差异决定着不同民族在语言使用状况上的差异，这些差异具有多学科的研究价值。从民族学角度看，是其民族认同的反映，也是民族文化交融度的体现；从语言学角度看，是我们观察语言接触、语言竞争等语言生态的窗口，也是分析其语言能力、语言态度的重要方面；同样是我们判断国家语言政策实施效果，进行语言治理的有效途径。郭玉梅虽不懂藏语，但她却勇敢地选择了甘南藏族自治州为研究点，以青藏高原与黄土高原过渡地段、汉藏文化交汇带上的藏族语言生活为研究对象，通过描写民族聚居区、民族杂居区不同藏族居民语言使用状况，分析藏族在双语教育、藏文化传媒领域、行政司法等领域双语文使用的态度，全面地呈现甘南藏族自治州语言生活的基本面貌和特征，体现中国现代化进程对我国少数民族语言生活的影响。为了研究，她数次发动家人一同前去调研，录音、访谈、分析，最终呈现出几十万字的著作，这种研究的勇气、研究的勤力很值得肯定与赞许。可喜的是，她的研究取得以小见大、以点带面的效果，也体现出她善于学术观察、把握研究对象的学术能力和实力。

　　语言研究因目的不同、方法差异，既有基于符号特点的本体研究，也有把握使用中的动态分析，这恰恰反映了语言的符号功能及其社会功能的分野，也是语言一体两面本质属性在研究中的外化和反映。郭玉梅恰恰把握了语言及其社会功能的特点，既分析了多语接触给藏语言符号带来的变化，又分析了多语环境中藏族居民语言使用情况，还通过语言景观展示多语地区不同语言的地位、活力、规范等问题。其价值体现在以下几方面：

　　一是对多语交汇区的语言接触情况进行了描写。她的研究通过访谈、调研对藏族居民内部交际常出现的语码混用情况进行了分析，发现句内以国家通用语名词替换藏语的名词现象较为丰富。居民认为这是一种习惯性的交际方式，表达起来更为顺畅、便捷。当地藏语有大量的借词，除以前借用蒙古语、古梵语外，还有很多借用于汉语，尤其是 20 世纪 80 年代以后，社会的快速发展以及现代传媒、网络的普及，使藏语借用了大量汉语的新词新语，且呈现出音译、意译、半音译、半意译几种不同方式。虽然关于多语区语言接触的研究篇幅不多，显得分量不够，也未深入下去，但仍能充分说明藏语在当地是充满活力的语言，在现代化的进程中通过各种方式发挥着交际的职能与作用。

二是着力对藏汉交汇区居民语言使用状况的调研。郭玉梅对当地的语言能力、语言态度、语言选择等进行了详尽的调研，充分展示多语区不同的性别、年龄、受教育程度、职业、居住地等社会变量对人们语言使用的影响及其呈现出的结果。研究发现，多语交汇区的藏族除使用藏语外，还使用国家通用语、当地方言，部分藏族会使用外语，多数人具备国家通用语、藏语双语能力；藏语掌握程度高于国家通用语和汉语方言；在日常生活中，使用藏语多于汉语方言、国家通用语。族内交际中，以藏语为主；族外交际时，藏语、当地方言、国家通用语三者使用比例相当。藏族对藏语具有浓厚的情感，也高度认同国家通用语的社会功能与地位，对双语学习持积极态度。当地具有健全的藏语文的社会用文法规，能进行双语翻译、双语培训。但不同的教学模式带来双语掌握能力上的差异；不同的地域和受教育程度影响人们的双语能力。诸如这些研究结论，对于我们把握民族地区语言政策、展示民族多语地区语言使用实态具有重要作用。

三是对藏族多语区语言生态的景观呈现。语言景观是语言竞争与语言生态最直观、最鲜明的反映，它既是语言治理的对象，也是语言治理的结果。郭玉梅通过公共空间语言标牌的语码组合、语码布局、语码翻译及其多模态的组合等，客观上展示了当地多语生态和谐的状况，反映不同语言文字的功能、语言的活力、语言的权势等。她发现国家通用语言文字与藏语文是当地公共空间的优势语码，承载着传递信息的主要功能，而英文、汉语拼音、藏文拉丁字母转写等功能依次转弱，在标牌中起辅助作用，英文、藏文的拉丁化转写仅具有象征功能。这些研究证明了当地的标牌设计者具有很强的语言意识，也证明当地的语言治理、语言政策落实情况较好，很好地保护了当地的语言生态和谐。

社会语言学的研究不仅在于揭示社会因素对语言的影响，更重要的是从语言社会面的使用状况分析社会不同群体在语言使用中存在的问题，并以学术自觉和理性判断提出相应的对策和建议，实现语言服务社会的价值与功能。郭玉梅的研究从现代化发展对语言使用的要求、国家语言政策的落实、语言能力的提升、语言生态的保护、语言教育的方式等不同方面，提出了自己的判断与建议，即要推进双语教育教学、推动语言人才的建设、增强语言规范意识、提升语言服务能力，加强媒体语言传播能力等。这些研究不仅为乡村振兴战略实施中农村语言能力的建设奠定了前期的研究基础，也以西北地区的典型案例使我们客观地分析我国多民族交汇区语言政策的实施状况，便于我们在保护语言生态和谐的状态下，真正促进当地的人才振兴、文化振兴，真正促进民族地区的现代化进程，充分发挥语言在现代化进程中的重要作用。

  学术研究的魅力在于它的价值实现，价值的实现又会促进学术的不断深入与前进。相信郭玉梅今后的学术研究必将收获硕果。

杜　敏
2022 年 4 月 20 日于长安

目 录

第一章 绪论 …………………………………………………… (1)
  第一节 研究背景及问题的提出 …………………………… (1)
    一 研究背景 …………………………………………… (1)
    二 问题的提出 ………………………………………… (5)
  第二节 研究目的及意义 …………………………………… (6)
    一 研究目的 …………………………………………… (6)
    二 研究意义 …………………………………………… (7)
  第三节 研究现状 …………………………………………… (8)
    一 语言生活研究现状 ………………………………… (8)
    二 藏族语言生活研究现状 …………………………… (10)
  第四节 研究对象及方法 …………………………………… (23)
    一 研究对象 …………………………………………… (23)
    二 研究方法 …………………………………………… (24)

第二章 甘南地区语言生活的生态背景及发展脉络 ………… (26)
  第一节 甘南地区语言生态背景 …………………………… (26)
    一 地理位置及自然环境 ……………………………… (26)
    二 历史沿革及人口分布 ……………………………… (27)
  第二节 甘南地区语言生活的发展脉络 …………………… (28)
    一 民国时期至新中国成立甘南地区语言生活 ……… (28)
    二 新中国成立后至改革开放甘南地区语言生活 …… (31)

三　改革开放后至今甘南地区语言生活 …………………… (34)
　小结 ……………………………………………………………… (41)

第三章　甘南地区日常生活领域语言生活现状 ……………… (42)
　第一节　调查设计及问卷信效度检验 …………………………… (42)
　　一　问卷设计及调查工具 ………………………………………… (42)
　　二　问卷信效度检验 ……………………………………………… (43)
　　三　问卷抽样 ……………………………………………………… (44)
　第二节　语言习得及语言文字学习途径 ………………………… (46)
　　一　语言习得 ……………………………………………………… (46)
　　二　语言文字学习途径及动机 …………………………………… (47)
　第三节　语言能力 ………………………………………………… (50)
　　一　语言能力整体情况 …………………………………………… (51)
　　二　语言文字掌握程度 …………………………………………… (52)
　　三　不同社会变项的语言能力差异 ……………………………… (53)
　第四节　语言使用 ………………………………………………… (58)
　　一　语言使用整体情况 …………………………………………… (59)
　　二　不同语域及社会变项的语言使用差异 ……………………… (60)
　第五节　语言态度 ………………………………………………… (65)
　　一　语言态度整体情况 …………………………………………… (66)
　　二　语言态度各因素分析 ………………………………………… (67)
　　三　不同社会变项的语言态度差异 ……………………………… (70)
　第六节　语言接触 ………………………………………………… (73)
　　一　语言混用 ……………………………………………………… (74)
　　二　语言借用 ……………………………………………………… (77)
　小结 ……………………………………………………………… (80)

第四章　甘南地区专门领域语言生活 ……………………………… (81)
　第一节　行政司法领域语言生活现状 …………………………… (81)

一　行政司法领域语言文字使用 …………………………… (82)
　　二　公务员工作语言使用及语言态度 ……………………… (102)
　　三　居民与公务人员的语言互动及相关语言态度………… (108)
第二节　教育领域语言生活现状 ……………………………… (113)
　　一　双语教育概况 …………………………………………… (113)
　　二　教师教学语言使用及教学评价 ………………………… (117)
　　三　学生语言使用及教学评价 ……………………………… (125)
　　四　学生家长及教学单位对双语教学的评价 …………… (132)
第三节　传媒领域语言生活 …………………………………… (138)
　　一　传媒领域语言文字使用 ………………………………… (138)
　　二　受众接触传媒现状 ……………………………………… (144)
　　三　网络媒介语言使用专题 ………………………………… (150)
小结 ……………………………………………………………… (157)

第五章　甘南地区公共空间语言景观 ……………………… (159)
第一节　语言景观概况及调查设计 …………………………… (159)
　　一　语言景观概况 …………………………………………… (159)
　　二　调查设计 ………………………………………………… (162)
第二节　语言景观现状 ………………………………………… (163)
　　一　语码组合及语码选择 …………………………………… (163)
　　二　语码布局及语码翻译 …………………………………… (167)
　　三　语言标牌的多模态组合 ………………………………… (170)
　　四　标牌的命名结构及通名用词 …………………………… (175)
第三节　不同群体对语言景观的态度 ………………………… (177)
　　一　管理机构 ………………………………………………… (177)
　　二　设计者 …………………………………………………… (179)
　　三　受众 ……………………………………………………… (180)
第四节　语言景观的功能及原则 ……………………………… (182)

一　语言景观的功能 …………………………………………（182）
　二　语言景观遵循的原则 ……………………………………（188）
小结 ……………………………………………………………（191）

第六章　甘南地区语言生活存在的问题及影响因素 …………（193）
第一节　甘南地区语言生活存在的问题 ……………………（193）
　一　国家通用语尚未全面普及，居民语言能力
　　　仍不均衡 ……………………………………………（193）
　二　双语教育教学发展不平衡，优质教育资源紧缺 ………（195）
　三　语言翻译水平有待提高，双语人才培养机制尚不
　　　完善 …………………………………………………（198）
　四　藏语文传媒事业发展面临挑战，传播效果一般 ………（200）
　五　语言规范意识亟待提升，语言服务水平不高 …………（203）
第二节　语言生活的影响因素 ………………………………（205）
　一　语言政策及教育因素 ……………………………………（205）
　二　经济文化及传播媒介因素 ………………………………（215）
　三　城镇化及人口转移因素 …………………………………（225）
　四　居住格局及族际通婚因素 ………………………………（234）
小结 ……………………………………………………………（242）

第七章　甘南地区语言生活的特征、发展趋势及对策建议 ……（244）
第一节　甘南地区语言生活的特征 …………………………（244）
　一　藏语文具有很强的语言活力 ……………………………（244）
　二　语言使用呈现出差异性 …………………………………（246）
　三　语言竞争与和谐是语言生态的客观表现 ………………（248）
　四　甘南地区与相关地区语言生活状况的对比 ……………（251）
第二节　甘南地区语言生活的发展趋势 ……………………（254）
　一　藏语文保持所面临的挑战 ………………………………（254）

二　语言态度的转变及语言使用类型的转化趋向……………（256）
　　三　语言关系的发展及语言功能的转变趋势………………（260）
第三节　甘南地区语言生活发展的对策建议…………………（264）
　　一　推进双语教育教学，加强双语人才培养………………（264）
　　二　提升语言能力，深化语言扶贫 …………………………（271）
　　三　强化语言意识，提高语言服务水平 ……………………（278）
　　四　提高媒体传播力，推动语言多元化传播………………（287）

主要参考文献 ……………………………………………………（291）

后　记 ……………………………………………………………（299）

第一章 绪 论

　　中国现代化是实现中华民族伟大复兴、实现共同富裕的核心内容。随着现代化进程的加快，中国的政治结构、经济文化、教育思想等发生着深刻的变化。在社会转型的时代背景下，人们的社会生活也潜移默化地发生着改变，而语言生活是社会生活的重要组成部分。语言生活不仅能够反映语言活力、语言功能、语言关系及其使用者的语言态度，体现语言与政治、经济、文化等方面的深层内涵，亦是呈现不同时期"现代化"发展的重要表征。

第一节　研究背景及问题的提出

一　研究背景

　　中国现代化转型的影响。"现代化"一词产生于18世纪，内涵丰富，是一个多层次、多阶段的历史过程，至今尚未定论。有学者从两方面理解，广义的现代化是一个世界性的历史过程，指人类社会从工业革命以来所经历的一系列急剧变革，是以工业化为推动力，导致传统农业社会向现代工业社会的全球性大转变的过程，并使工业主义渗透到经济、政治、文化、思想各个领域，引起深刻的相应变化。狭义的现代化是落后国家采取高效率的途径，通过有计划的经济技术改造和学习世界先进，带动广泛的社会改革，以迅速赶上先进工业国和适应现代世界环境的发展过程。[①] 现代化对于中国而言，具有重大而深

---

　　① 罗荣渠：《现代化新论：世界与中国的现代化进程》，北京大学出版社1993年版，第8页。

刻的意义。习近平总书记在党的二十大报告中指出："中国共产党的中心任务就是团结带领全国各族人民全面建成社会主义现代化强国、实现第二个百年奋斗目标，以中国式现代化全面推进中华民族伟大复兴。"[1] 目前，中国正处于现代化的进程中，是我国各民族全面发展的重要时期。在中国的现代化转型过程中，少数民族地区的语言生活面貌也发生了前所未有的新变化，尤其是少数民族的观念及生活方式、交往方式、教育知识结构等亦随时代的变迁而不断地发生改变。在民族交流交融、语言接触的过程中，民族地区的语言环境更加复杂、语言竞争愈加激烈，普通话的语言功能不断拓展，通晓普通话的人口大量增长等。

城镇化进程的全面推进。城镇化是中国现代化转型过程中的一个重要方面，是国家社会经济结构和生产生活方式的根本性转变，涉及产业的转型和成长、城乡社会结构的全面调整及其基础设施的建设、资源和环境的支撑、管理和国民素质的提高等方面，是长期积累和发展的渐进式过程。[2] 在城市化进程中，民族地区人们在物质生产、文化精神、生活等方面发生着深刻的变化，如交际工具——语言的选择和使用呈现出新的特点，许多少数民族广泛兼用并认同国家交际共同语，城市少数民族的本民族语使用能力呈下降趋势，呈现代际性差异。[3] 而城镇化是推进农村城市化的途径选择，[4] 也是重要发展形态、战略目标的重要组成部分，[5] 各民族地区在不同进程的城镇化发展中，其语言环境、语言使用、语言功能等亦表现出不同的特征。

国家语言政策的支持。语言政策是国家政策的重要组成部分，是

---

[1] 习近平：《高举中国特色社会主义伟大旗帜 为全面建设社会主义现代化国家而团结奋斗——在中国共产党第二十次全国代表大会上的报告》，《人民日报》2022年10月26日。
[2] 陆大道：《我国的城镇化进程与空间扩张》，《城市规划学刊》2007年第4期。
[3] 戴庆厦、邓佑玲：《城市化：中国少数民族语言使用功能的变化》，《陕西师范大学学报》2001年第1期。
[4] 周加来：《城市化·城镇化·农村城市化·城乡一体化——城市化概念辨析》，《中国农村经济》2001年第5期。
[5] 冯雪红、王玉强：《西部民族地区城镇化研究现状与走向述评》，《中南民族大学学报》2016年第3期。

国家、政府对社会语言问题所持的根本态度，体现国家的政治理念，既关系到国家的统一稳定，又代表着国家的形象和实力；[①] 而少数民族语文的使用和发展离不开国家语言政策的支持。自新中国成立以后，国家非常重视少数民族语言文字工作，形成了国家和民族地区少数民族语文管理、教学和科研的事业体系，制定和实施了一系列少数民族语言文字政策法规；国家尊重少数民族语言文字的使用、少数民族语言文字工作条例的实施，在《中华人民共和国宪法》（以下简称《宪法》）（2018年修订）、《中华人民共和国教育法》（2015年修订）及近些年《国家民委关于做好少数民族语言文字管理工作的意见》（2010）、《少数民族事业"十二五"规划》（2012）、《国家中长期语言文字事业改革和发展规划纲要（2012—2020年）》（2012）等政策中均对新时期的民族语言政策规划任务做了具体要求，提出科学保护各民族语言文字的指导思想、加强民族语言文字的科学研究和资源开发利用。这些法规和政策明确了少数民族语言文字的发展方向，及其与国家通用语言文字的关系，也是民族地区开展民族语言工作的指导思想。

语言扶贫政策的逐步实施。消除贫困、全面建成小康社会是我国开展城镇化建设、实施乡村振兴战略的一个重要任务。在脱贫攻坚事业的实施中，各地区多措并举、精准扶贫，取得了很大的成效。随着《"十三五"脱贫攻坚规划》（2016）、《推普脱贫攻坚行动计划（2018—2020）》（2018）的发布，语言因素在扶贫脱贫方略中的积极作用逐渐凸显，"语言扶贫"被作为一项政策举措全面推行，同时也是推动经济发展的策略选择。不同地域的社会经济发展不均衡、民族和人口构成各异、语言能力及居住格局等存在差异，语言扶贫具体实施也具有鲜明的地域特征，尤其是少数民族地区国民语言能力的状况更为复杂多样。

国家通用语言文字的推广与普及。国家通用语言文字是国家语言

[①] 王向豫：《当代中国语言政策分析》，博士学位论文，吉林大学，2014年，第2页。

生活重要的知识信息交流传播工具，《宪法》及相关法律中早已明确规定"国家推广普通话，推行规范汉字"是一项基本国策，《国家通用语言文字法》（2000）将普通话和规范汉字确定为"国家通用语言文字"。可见，国家通用语言文字的推广、普及涉及国家的各个地域和民族。在全国进行国家通用语推广工作的六十余年，少数民族地区的国家通用语通晓程度得到了大幅度提高，双语人口数量明显增加。

　　铸牢中华民族共同体意识的深入实践。习近平总书记在党的十九大报告中鲜明提出"铸牢中华民族共同体意识"，指出铸牢中华民族共同体意识关系到整个国家和中华民族的未来，既要面向少数民族，也要面向汉族；既是民族工作主题主线，也是其他各项工作都需要遵循的重要原则；中华民族和各民族的关系，是一个大家庭和家庭成员的关系。[①] 因此，铸牢中华民族共同体意识是我国民族团结和交流交融的情感纽带，关系到社会稳定、国家安全和中华民族伟大复兴。民族政策、经济发展、社会结构、法律法规、团结教育是铸牢中华民族共同体意识的重要方面，而提高国民语言能力，全面普及国家通用语，探索铸牢中华民族共同体意识的途径是中国新时代发展的要求，进行民族地区语言生活调查研究是培育中华民族共同体意识路径选择的现实需求，也是增强国家认同、优化民族教育、坚定中华文化自信的重要基础。

　　我国民族众多、地域辽阔，各民族因其人文环境、生活方式、风俗习惯差异呈现出鲜明的地域性特征。藏族是中华民族的重要一员，主要聚居在西藏自治区，青海海南、海北、黄南、果洛、玉树藏族自治州和海西蒙古族藏族自治州，甘肃甘南藏族自治州和天祝藏族自治县，四川阿坝藏族羌族自治州、甘孜藏族自治州和木里藏族自治县，云南迪庆藏族自治州。甘南藏族自治州处于青藏高原与黄土高原的过渡地带，是一个以藏族为主的多民族、多语言和多文化地区；其语言资源丰富，有汉语、藏语、汉语方言和其他少数民族语言等；是古丝

[①] 《铸牢中华民族共同体意识》，《光明日报》2019年4月9日第6版。

绸之路"唐蕃古道"的黄金通道,农耕文明与游牧文明的交汇区。新时期的民族地区语言生活研究是社会语言学进行语言研究的重要方面,因地理、文化、民族等因素影响,表现出缤纷复杂的特征。目前,西藏地区语言生活研究较为深入,而甘肃、青海、四川、云南藏族聚居区的语言生活尚有广阔的研究空间。

二 问题的提出

甘南是我国藏族主要分布的自治州之一,也是藏语安多方言的主要分布区域,基本代表了藏、汉文化交汇带,青藏高原与黄土高原过渡地段语言生活的基本现状和发展趋势。现代化进程的加快使各民族地区的社会结构、经济文化、教育思想等也发生着深刻的变化,对甘南地区语言生活必然产生影响,调查研究甘南地区语言生活现状适应社会发展的现实需求。如何体现现代化进程对民族地区的影响?甘南地区语言生活的发展脉络是怎样的,与其他藏族地区语言生活存在哪些差异?藏族居民的语言能力如何?不同领域语言生活的基本面貌及其影响因素有哪些?如何引导国家通用语等语言资源的使用、传播及语言功能的实现,以保持语言关系的和谐、语言生态的健康发展、铸牢中华民族共同体意识?如何利用语言生活实态的研究结果更有效地制定语言政策、进行语言规划或管理,辅助语文教学的推进、国家通用语的推广和语言服务水平的提高?如何通过居民语言能力的提升,助力语言扶贫政策和乡村振兴战略的实施?

本书对官方语言政策制定者、语言研究者、语言教育者、语言使用者提供必要的建议对策,具有重要的现实价值和理论价值。基于这种价值,提出本书的研究问题。看似单一的语言使用问题实际上囊括了民族地区社会生活的众多复杂向度;探究甘南地区语言生活状况是深入理解民族地区社会文化问题的一把钥匙,亦是推行乡村振兴战略、开展城镇化建设、实现精准扶贫、铸牢中华民族共同体意识的重要突破口。

第二节 研究目的及意义

一 研究目的

本书采用社会语言学、民族学、传播学、心理学、语言经济学等学科的相关理论，以甘南地区为研究点，以不同居住地类型居民的语言生活为研究对象，通过不同群体的语言使用现状及其对教育、传媒、行政司法领域语言文字使用的态度，呈现甘南语言生活的基本面貌和特征，体现中国现代化进程对民族地区语言生活的影响。其研究目标主要是：

第一，结合甘南地区的社会文化发展，对居民的语言能力、语言使用、语言态度及各领域的语言文字使用状况进行了梳理；通过厘清长期的社会文化变迁过程中居民语言生活发展的历史脉络，揭示出甘南地区教育、语言文字发展、居民语言能力提升及态度转变的特征。

第二，从当地语言生活环境，包括地理与经济生态环境、语言资源环境、教育与文化环境、民族心理、民族关系等角度出发，在田野调查的基础上，对甘南地区居民在日常生活领域、行政司法领域、教育领域、传媒领域等方面的语言生活现状及公共空间语言景观的实态进行调查和研究。在此基础上厘清普通话等的语言关系、语言活力、语言功能所呈现的特征及甘南语言生活目前存在的主要问题。

第三，在中国的现代化发展、乡村振兴战略等宏观的时代背景中把握国家语言政策、民族政策及国家的现代化发展、甘南地区社会文化变迁对当地居民语言生活的影响，探讨语言文字保持、传承及面临的挑战，语言态度、语言能力、语言使用的发展趋势及语言关系、语言功能的变化趋势；着眼未来，提出促进地区语言生活发展的对策建议。

第四，研究的主要目的是促进经济基础薄弱、教育程度较低的甘南地区创建和谐的语言生态关系，促进国家通用语言文字的推广及普及，提升居民的语言能力，使语言扶贫政策稳步推进，语言服务水平得到进一步提升，为民族地区开展城镇化、全面建成小康社会、实施乡村振兴战略及实现现代化转型做出积极的贡献。

二 研究意义

本书比较系统地梳理了甘南地区语言生活的发展脉络和现状，多视角地呈现了居民的语言能力、语言使用和语言态度现状，并依据语言生活呈现的问题、特征、影响因素等，提出了相关对策建议。其研究意义主要体现为两方面：

学术意义。一是国内民族地区语言生活研究仍有留白，需要做大量实证调查工作。本书通过多种研究方法全面、多角度地收集、整理和分析了甘南地区语言生活的基本面貌、特征，影响因素及发展趋势，对优化语文教学、完善人才队伍建设、提升行政司法等领域的语言服务水平和构建和谐的语言文化教育环境、促进国家通用语推广和普及、增强居民的国家认同、维护地方安定和国家稳定和谐发挥重要的基础作用。二是本书是对特定领域的语言生活的研究，在研究中概括、发掘民族地区具有普遍意义的语言生活演变规律，为其他地区或具有相似经济文化类型地区的语言生活研究提供了实证研究案例。

现实意义。中国的现代化发展推进了教育现代化、传播媒介多元化的发展，国民的语言能力大幅度提升，在语言生活方面的需求愈加凸显。甘南地区语言生活研究是了解新时代背景下民族地区语情、国民语言生活现状的现实需求，是地区做好语言治理、语言服务工作的基本前提。本书以大量文献资料和现实调查资料为基础，阐明了国家通用语言文字在甘南地区语言生活中的重要地位和作用。行政司法、传媒、教育等领域中的语言文字使用，语文教育教学对当地社会政治、经济、文化、教育发展中的战略地位和作用，为民族地区在经济发展过程中如何保持语言资源关系的和谐提供了可借鉴的个案，为甘南地区的语言政策、教育政策、语言规划、语言治理等提供基础性依据，对丰富和发展我国民族教育理论、实施语言扶贫、提升语言服务、推进乡村振兴战略和铸牢中华民族共同体意识等方面将产生一定的积极作用。

第三节　研究现状

一　语言生活研究现状

在国外，对应"语言生活"（language life）的术语并不流行，通常以"语言调查"（language survey）、"语言状况"（language situation）"语言使用"（language use）和"语言生态"（language ecology）等形式出现。"语言生活"这一术语20世纪40年代末最早出现在日本的相关文献中。1948年，日本成立的国立国语研究所的主要任务是"用科学方法调查国语与国民语言生活"，为制定语言政策提供决策依据；1951年《语言生活的实际情况——白河市及附近地区》出版。可以说，大规模的语言生活调查是伴随着社会语言学的发展而兴起的。近些年来，国外语言生活的研究内容逐渐扩大，有学者对美国、加拿大、新西兰等33个国家的社会语言学研究情况进行了介绍，其中关键词包括语言接触、语言变异、语言选择、移民语言、语言转用、语码转换、语言濒危等，[①] 反映了语言生活的丰富内涵和研究议题的多样化。

在国内，"语言生活"有时又称"语文生活""语言使用状况""语言文字生活"等，20世纪80年代末，中国学者陈章太引入该术语，眸子首次明确了"语言生活"是"运用和应用语言文字的各种社会活动和个人活动"[②]；2016年李宇明又完善了"语言生活"的内涵，"是运用、学习和研究语言文字、语言知识和语言技术的各种活动"[③]；戴庆厦从语言国情角度认为语言使用状况调查的内容是具体语言在特定社会生活中的活力、功能、地位及与其他语言的互补、竞

[①] 转引自郭熙、祝晓宏《语言生活研究十年》，《语言战略研究》2016年第3期。
[②] 眸子：《语言生活与精神文明》，《语文建设》1997年第1期。
[③] 李宇明：《语言生活与语言生活研究》，《语言战略研究》2016年第3期。

争关系。① 王远新认为："语言生活包括语言文字在不同类型社区、相关领域和特定群体中的使用状况，以及不同群体的语言态度和语言认同等内容，主要涉及社区、领域（包括特殊领域）和群体（包括特殊群体）三个相互关联的维度。"② 从研究成果来看，语言生活主要是从宏观（超国家、国家层面的语言生活）、中观（各行业、各地区的语言生活）和微观（个人、社会终端组织的语言生活）三个层级进行的。③ 如宏观层面内容主要包括国家通用语言文字的推广和普及、少数民族语言政策规划、方言和语文教学规划、语言资源、语言服务等；中观层面主要以地域的个案研究为主，成果丰富，内容包括语言态度、语言使用等。如戴庆厦、王远新、丁石庆团队对许多少数民族地区的语言生活进行了调查，出版了《中国少数民族语言使用现状及其演变研究》《语言田野调查实录》《莫旗达斡尔族语言使用现状与发展趋势》等系列著作；一些硕博士学位论文从理论、方法及研究内容等方面丰富了少数民族语言生活研究成果。④

整体来说，中国语言生活研究主要是在宏观社会语言学的框架下进行的，徐大明将该研究的理论建树总结为三方面：一是提出了"语言生活"的新定义，将其定位在国家语言规划的层面，超越了日常语言的层次，并且将语言研究和语言文字工作也纳入语言生活的范畴；二是提倡积极主动的语言政策的制定和实施，从而排除了"被动语言规划"的观念，推动了面向社会现实的对策性研究的发展；三是将"语言生活"与"语言管理"衔接，提出"语言管理的对象不是语言，而是语言生活"的观点。⑤ 从研究成果来看，语言生活研究已成为中国社会语言学具有活力和特色的研究领域，尤其是《中国语言生

---

① 戴庆厦：《语言调查教程》，商务印书馆2015年版，第207页。
② 王远新：《语言生活调查的主要内容和方法》，《民族教育研究》2019年第2期。
③ 李宇明：《论语言生活的层级》，《语言教学与研究》2012年第5期。
④ 戴庆厦：《中国少数民族语言使用现状及其演变研究》，民族出版社2010年版；王远新：《语言田野调查实录》，中央民族大学出版社2007年版；丁石庆：《莫旗达斡尔族语言使用现状与发展趋势》，商务印书馆2009年版。
⑤ 徐大明：《城市语言管理与城市语言文明建设》，《云南师范大学学报》2020年第3期。

活状况报告》从不同视角呈现了我国不同地域、不同领域、不同群体的语言生活研究状况。① 本书主要侧重语言生活中观层面的研究，即语言使用调查及描写等。

二 藏族语言生活研究现状

国内藏语文研究历史久远，国内在 7 世纪至 19 世纪初主要进行的是传统藏学研究，学术成果尤为丰硕，随着藏文的创制、翻译活动的开始，为藏学研究积累了大量珍贵的文献资料。此后的阶段，学者逐步开展现代藏学和当代藏学研究，其研究理论和方法更为多样、社会性更加突出，主要学者如次旦平措、多杰才旦、胡坦、瞿蔼堂等。语言学理论在藏语的应用研究始于 20 世纪三四十年代，赵元任、李方桂、罗常培、于道泉、俞敏等学者开始对各藏区的藏语方言进行调查和描写。当时的藏语研究虽是初创，但其理论和方法的实践对后期藏语研究影响很大。② 从新中国成立至今，我国先后出现过三次藏族的语言使用调查高潮。

自 20 世纪 50 年代起，国内藏族语言文字研究全面开展，研究范围逐步扩大，从书面语研究扩展到口语和方言研究，也涉及语言使用的宏观调查。1956 年，中国科学院和中央民族事务委员会组织 7 个工作队 700 多学者进行了第一次较大规模的少数民族语言调查，③ 出版了《中国少数民族语言概况》《中国少数民族语言简志》。20 世纪 50 年代末和 60 年代初，中国社会科学院民族研究所对藏语各方言区进行了重点核查和补充调查，特别对卫藏方言的拉萨、日喀则、那曲等地进行了重新调查。虽然这次调查的重点是语言结构特点、方言划分等，对语言使用调查不多，但也初步了解了我国藏族语言生活状况，更深刻地认识到掌握语言的使用情况对于国家语言、文化、教育

---

① 国家语言资源监测与研究中心：《中国语言生活状况报告 2006》，商务印书馆 2007 年版。
② 周炜：《西藏的语言和社会》，社会科学文献出版社 2018 年版，第 19 页。
③ 王远新：《中国民族语言学基础教程》，中央民族大学出版社 2012 年版，第 60 页。

政策制定等方面的重要性。①

20世纪80年代，中国社会科学院民族研究所协同各地语文机构和高等院校工作人员，从1986年起用了三年时间对少数民族进行了第二次较大规模的语言使用调查，出版了《中国少数民族语言使用情况》②和《中国少数民族语言文字使用和发展问题》两部著作，③其中对藏族语言使用情况有了整体的了解和把握。这次调查与50年代的大规模调查相比，调查侧重点在于语言文字使用情况，且内容更为细致，包括语言使用、双语或多语教育、语言关系等，对语言文字规范、语言规划和教育等方面都起到了重要的作用。通过几个阶段的普查、重点调查和补充调查，学者初步弄清了藏族语言生活状况。

继20世纪50年代、80年代的两次语言使用调查之后，中国社会科学院在90年代末还对语言文字使用的活力进行了调查和研究，其中通过科学的量化手段对藏语文活力进行了评测，为研究藏语的运用和国家制定相关语言政策和语言规划提供了重要依据。④2005年，中央民族大学负责了"中国少数民族语言国情调查研究"工作，商务印书馆出版了"新时期中国少数民族语言使用情况研究丛书"；2010年，中国社科院民族学与人类研究所负责了"语言活力与语言多样化问卷调查"工作。这个时期，学者开始从社会学、民族学、地理学等视角对藏族语言生活进行了更为深入的调查分析。

相关研究范围涉及多个民族聚居区和散居区，学者从不同领域、不同群体、不同社区等视角对藏族语言生活进行了不同程度的调查和分析，并提出了一些有价值的建设性建议或对策，为我国民族地区的语言规划、语言服务、语言生态等建设做出重要的贡献。从成果数量来

---

① 戴庆厦主编：《语言国情调查概论》，中国社会科学出版社2017年版，第17页。
② 中国社会科学院民族研究所、国家民族事务委员会文化宣传司主编：《中国少数民族语言使用情况》，中国藏学出版社1994年版。
③ 中国社会科学院民族研究所、国家民族事务委员会文化宣传司主编：《中国少数民族语言文字使用和发展问题》，中国藏学出版社1993年版。
④ 瞿霭堂：《中国藏族语言文字研究五十年》，《中国藏学》2004年第1期。

看，西藏、甘肃和青海相关的研究成果较为突出，四川、云南次之。

（一）双语使用和语言态度研究

语言使用调查是了解居民语言能力、语言活力，官方制定语言规划、语言服务的重要依据。双语使用是多语言环境下语言接触的现象之一，是多民族文化交融、双语习得的必然产物。语言态度属于语言的社会心理范畴，对语言人的语言能力和语言行为产生深刻的影响，[①]是语言使用研究中必不可少的一部分内容。

藏族语言生活调查研究进展缓慢，直到19世纪末才逐渐增多。其一，林向荣较早地对四川阿坝的藏、汉、羌、回等民族的语言使用情况进行了调查；[②] 随后其他学者还研究了四川其他民族语言文字的使用[③]、甘孜县语言生活现状；在甘孜地区的相关调查中发现汉藏双语现象日渐增多。[④] 其二，周炜有关西藏语言生活的研究取得的成果较多，《西藏的语言与社会》[⑤]《中国少数民族语言生活研究——以西藏自治区为例》[⑥] 和一系列著述，对拉萨城镇居民、农村居民、城关区学生、职工的语言生活进行了细致的调查；他还借鉴其他学科理论和方法对拉萨城镇居民双语使用的若干影响因素、西藏现代化过程中语言使用模式、西藏人口构成与语言使用的互动等进行了分析和讨论。其三，较早涉及甘肃、青海藏族语言生活的学者是万明钢、王鉴等，他们对甘肃甘南夏河县拉卜楞镇成年人的语言选择和语码转换态度进行了调查。[⑦] 姚春林分别调查了甘肃天祝华藏寺镇[⑧]、

---

① 王远新：《论裕固族的语言态度》，《语言与翻译》1999年第2期。
② 林向荣：《阿坝藏族自治州双语使用情况调查》，《民族语文》1985年第4期。
③ 唐韵：《四川兄弟民族语言文字的使用及研究概述》，《四川师范学院学报》1996年第5期。
④ 沈群英、付挺刚：《四川甘孜藏区个人用语现状调查研究》，《四川民族学院学报》2015年第2期。
⑤ 周炜：《西藏的语言与社会》，社会科学文献出版社2018年版。
⑥ 周炜：《中国少数民族语言生活研究：以西藏自治区为例》，人民出版社2013年版。
⑦ 万明钢、王鉴：《藏族双语人双语态度的调查研究》，《心理学报》1997年第3期。
⑧ 姚春林：《城市化进程中甘青藏区语言文化生活研究——以甘肃省天祝藏族自治县华藏寺镇为个案》，《中央民族大学学报》2013年第6期。

菊花村①，甘肃甘南玛曲尼玛镇②和青海黄南马克唐镇③等地的语言生活。王浩宇对甘肃天祝藏族居民、学生群体的语言使用现状、青年语言能力进行了调查与思考，还对语言能力和社会经济地位关系进行了调查。④ 另外，也有学者发现青海互助县松多村部分青少年对本民族语不太了解，主要因素源于社会经济和就业形势。⑤ 从研究结果来看，不同区域的语言生活具有相似之处，也存在差异，如这些地区藏族居民比较认同汉藏双语教育；而在语言活力方面有所不同，如天祝地区藏族居民的语言使用呈现出明显的代际差异，儿童和青少年转用汉语现象突出；⑥ 甘肃甘南尼玛镇⑦和青海黄南马克唐镇⑧的主要交际用语是藏语，汉语的社会功能有待增强。其四，王富银和史文洁⑨对云南迪庆州居民语言生活进行了调查，认为社会发展与民族杂居、教育水平提高和语言态度转变是影响语言使用的重要因素。通过不同时期调研情况来看，居民的语言生活状况发生了一些变化。如前期德钦县奔子栏村居民在日常交际中主要使用藏语，较少使用汉语；而后期调研显示迪庆地区汉语的使用范围逐步扩大，双语人口明显增加。

---

① 姚春林：《藏汉双语社区的语言文化生活——天祝藏族自治县菊花村一组语言使用及语言态度研究》，《中国社会语言学》2012 年第 2 期。
② 姚春林：《藏族牧区小城镇的语言文化生活——甘肃省甘南藏族自治州玛曲县尼玛镇语言使用及语言态度研究》，《重庆工商大学学报》2014 年第 1 期。
③ 姚春林：《城镇化背景下青海省黄南藏族自治州马克唐镇语言使用及语言态度研究》，《语言学研究》2013 年第 2 期。
④ 王浩宇：《藏族青年语言能力与社会经济地位关系调查研究：以天祝县为例》，《语言战略研究》2019 年第 1 期。
⑤ 公保当周：《关于互助县松多藏族乡松多村藏语言文化教育状况的调研报告》，《中国民族博览》2018 年第 2 期。
⑥ 王浩宇：《民族语言衰微地区青少年语言使用现状与反思——以天祝县藏族学生群体为例》，《内蒙古民族大学学报》2015 年第 5 期。
⑦ 姚春林：《藏族牧区小城镇的语言文化生活——甘肃省甘南藏族自治州玛曲县尼玛镇语言使用及语言态度研究》，《重庆工商大学学报》2014 年第 1 期。
⑧ 姚春林：《城镇化背景下青海省黄南藏族自治州马克唐镇语言使用及语言态度研究》，《语言学研究》2013 年第 2 期。
⑨ 王富银、史文洁：《云南省迪庆州藏族语言使用现状调查研究》，《现代语文》2018 年第 9 期。

(二) 特殊群体的语言使用研究

学生的语言使用、语言能力和语言态度因学历提升、环境变化等因素影响而存在差异。其一，藏族聚居区中小学生对汉藏双语使用持肯定态度。如拉萨市某中小学的学生、家长和教师对汉语持肯定的态度；[1] 南通西藏中学生语言态度的影响因素存在差异，如对汉语、英语态度的理性成分更多，对藏语态度的情感因素起重要作用；[2] 武汉西藏中学生认为"汉语非常好听"，他们在与父母、同学交谈时使用汉语的情况较多，且更倾向阅读和浏览汉藏双文的书籍和网页，使用双文书写，[3] 认为掌握汉语能力更有利于个人发展。新时期，西藏中学生对使用汉藏双语持肯定态度；在家庭领域主要使用藏语，与同学交流使用汉语、藏语，与教师交流时多使用汉语，在社会生活与媒体用语中使用汉语的比例达40%以上。[4] 这种状况与甘孜康定地区中学生[5]和青海海南、海北的民族学生双语态度的调查[6]结果相似。才让措通过对青海共和、同仁等其他9所牧区学校学生的语言能力分析观察，发现学生语言能力总体起点高，速度平稳，随年级增高而不断上升，汉语能力总体起点低、提升速度快，随年级增高而不断发展。[7] 其二，在大学生的语言生活方面，北京藏族大学生在学校主要使用汉语，大多数学生的汉语能力有所提高，但其汉语的书面表达能力和口

---

[1] 雷永生、朱红、王学海：《西藏中小学校双语态度个案调查》，《西藏民族学院学报》1999年第4期。

[2] 肖健：《三语现象调查研究——以南通西藏中学为例》，《民族论坛》2008年第6期。

[3] 土登贡布：《藏族中学生双语态度对双语教学的影响——以武汉西藏中学为例》，硕士学位论文，中南民族大学，2014年，第35页。

[4] 王云飞：《藏族中学生语言态度及语言使用研究》，硕士学位论文，中国人民大学，2008年，第1页。

[5] 张喜洪：《甘孜藏区藏族学生的语言态度——以康定县藏文中学为例》，《语文学刊》2014年第9期。

[6] 林星、才让措：《民族学生双语学习状况及态度研究》，《西北成人教育学院学报》2017年第4期。

[7] 才让措：《藏汉双语教学研究》，社会科学文献出版社2015年版，第134页。

语表达能力要低于藏语文能力。① 而在藏族聚居区，西藏大学生的汉语文基础相对薄弱。② 另外，也有学者从语言经济学视角对青海某县大学毕业生的汉藏语双语水平与收入的相关性进行了调研，发现当地毕业生的双语水平与收入之间呈正相关性，普通话水平与收入的相关性更加显著，藏语水平与收入的显著性不明显，但其价值在实际工作中得到了"增值"。③

教师的语言态度具有多重性和复杂性，是一种认识、责任、情感交织的肯定态度。④ 有学者通过对 23 所藏族地区学前双语教师的语言态度研究，认为藏族和汉族教师的普通话使用存在显著差异，前者以融合性动机为主，后者以工具性动机为主；研究提出促进儿童双语能力均衡和共生发展的双语教育取向是最具发展性的语言态度。⑤ 另外，也有学者对西藏和甘肃地区中小学藏族教师的普通话普及状况进行了调查研究，⑥ 结果显示因地理环境因素，不同聚居区、杂居区教师的语言能力存在差异。

有关工作人员语言生活的具体研究相对较少，主要侧重部分地区藏族公务员语言使用的研究。丁石庆对北京藏族工作人员的社区和家庭语言进行了调查，被试在工作中的语言文字使用情况分为单语双文型、单语单文型、双语单文型、双语双文型；在工作中的语言文字使用频率特征表现为双语双文型；组成的家庭以单民族家庭为主，多民族家庭以汉语为主，在家庭中与长辈交流倾向于使用藏语。⑦ 另外，

---

① 邬美丽：《在京少数民族大学生语言使用与语言态度调查》，博士学位论文，中央民族大学，2007 年，第 59 页。
② 赵平平、范友悦、王姣锋：《西藏高校学生汉语言文字水平现状调查与教学策略研究》，《语文学刊》2012 年第 5 期。
③ 英吉卓玛、张俊豪：《语言经济学视角下藏族大学毕业生藏汉双语水平与收入的相关性研究——以青海省 T 县藏族大学毕业生为例》，《民族教育研究》2016 年第 3 期。
④ 才让措：《藏汉双语教学研究》，社会科学文献出版社 2015 年版，第 244 页。
⑤ 蔡红梅、李姗泽、尕措吉：《学前藏汉双语教师的双语使用态度研究》，《当代教育与文化》2016 年第 2 期。
⑥ 袁伟、付帅：《西藏与甘肃藏区中小学教师普通话普及状况调查对比分析》，《语言文字应用》2017 年第 4 期。
⑦ 丁石庆主编：《社区语言与家庭语言》，民族出版社 2007 年版，第 174 页。

还有学者在调研北京藏族知识分子的城市社区语言时观察到，职业妇女和北京出生并生活的第三代的语言变异较为明显。① 王远新在调查青海同德县公务员语言使用和语言态度时发现，当地藏族公务员主要使用藏语，在公务活动和族际交往中主要使用汉语方言。② 从成果数量和深度来看，有关藏族公务员、医生或银行等其他行业工作人员语言服务方面的相关研究不多。

(三) 双语教育研究

学术界围绕汉藏双语教育的研究成果较多，包含双语政策、双语教学模式、双语教学调查、双语教学改革实践、师资队伍建设等。本书仅涉及双语教育中有关语言文字使用的相关问题。

我国藏族地区逐步规范的双语教学模式主要有两种，即"一类模式"（以藏语授课为主、单科加授汉语文）和"二类模式"（以汉语文授课为主，单科加授藏语文），部分地区存在"三类模式"（部分课程用汉语授课，部分用藏语授课）。③ 目前，西藏双语教学的主体类型是藏语文授课加汉语文型、汉语文授课加藏语文型，而其他双语教学类型所占比例较低；④ 青海双语教学以一、二类模式为主，兼有三类。学者通过田野调查、教学实践等途径对不同双语教学模式进行了深入探讨、验证，如才让措采取"第二语言口语优先发展"模式，曾在青海同仁地区进行了双语教学改革实验研究，采用此模式三年后发现学生的汉语口语能力获得了较大发展。⑤ 可见，目前我国汉藏双语教育模式基本相同。

教学中有关语言使用方面的论文比较丰富，学者从言语社区、话语分析、语言权力等理论视角对师生的语言态度、语言能力、语码转

---

① 刘宏宇、李琰：《北京藏族知识分子城市社区语言调查》，《西北民族大学学报》2012年第3期。
② 王远新：《青海同德县公务员语言使用、语言态度调查》，《中央民族大学学报》2011年第6期。
③ 才让措：《藏汉双语教学研究》，社会科学文献出版社2015年版，第56页。
④ 周炜：《西藏的语言与社会》，社会科学文献出版社2018年版，第392页。
⑤ 才让措：《藏汉双语教学研究》，社会科学文献出版社2015年版，第57页。

换等做了大量的实证研究。专著如《藏汉双语"一类模式"教师队伍建设研究——甘南藏族自治州民族类中学田野工作与理论阐释》等；硕博论文诸如《甘南藏汉双语教育历史与发展研究》《安多藏区藏族学生汉语普通话的学习现状研究——以青海省海南州第一民族高级中学为例》①等；单篇论文的研究除了涉及以上内容外，还有教学策略、教学方法、教学环境等方面的探讨，这对汉藏双语教育的发展起着重要的推动作用。

（四）语言文字规划、术语规范和社会用字研究

官方刊物有关语言文字规范方面的研究主要是介绍性类文章，如西藏自治区藏语言文字委员会和青海省藏语文工作委员会在省内刊《藏语文工作》及其他刊物中论述藏语言文字的使用、基本政策和藏族社会语言应用等问题。②国家语言文字工作委员会每年发布的《中国语言生活的状况报告》《中国语言政策研究报告》对国家有关藏语言文字的规划部署与制度建设、藏语文使用和规范相关的研究成果进行简单介绍。如西藏大力推进地市一级藏语文工作制度建设，指导和督促各地（市）分别制定《关于进一步加强藏语言文字工作的意见》等。③

相关研究性论文主要涉及语言规划、语言规范、语言使用及语言景观等方面内容。其一，在语言规划方面，有影响并取得社会效应的是《关于西藏自治区学习、使用和发展藏语文若干规定的建议》（1990），促成了西藏有关法规的出台和实施。《藏语言文字研究史》对现代藏语文规划及社会使用研究进行了综述，认为现阶段相关的语

---

① 虎技能：《藏汉双语"一类模式"教师队伍建设研究——甘南藏族自治州民族类中学田野工作与理论阐释》，民族出版社2016年版；王洪玉：《甘南藏汉双语教育历史与发展研究》，博士学术论文，中央民族大学，2010年；尕桑吉：《安多藏区藏族学生汉语普通话的学习现状研究——以青海省海南州第一民族高级中学为例》，硕士学术论文，青海师范大学，2012年。

② 完玛冷智、多杰东智、周毛草：《藏语言文字研究史》，社会科学文献出版社2012年版，第177页。

③ 教育部语言文字信息管理司：《中国语言生活状况报告》，商务印书馆2016年版，第59页。

言规划研究主要是围绕民族标准语展开的。① 其二，在语言规范方面，有学者认为藏语地名被译成国家通用文字时缺乏统一的译写规则与管理。② 其三，在语言使用方面，马锦卫等学者对四川藏语文的基本情况、存在问题及其对应措施等进行了讨论；③ 四川甘孜藏区社会领域主要使用汉语文，汉藏双语和汉藏英多语现象日渐增多。④ 其四，在语言景观方面，学者在青藏铁路沿线车站、列车的广播及工作用语的调查中发现车站工作人员主要使用普通话，藏族乘务员一般使用普通话、藏语双语，车站、列车标牌告示及车票一般使用汉字、藏文和英文语码；乘务人员佩戴标志一般使用汉字。⑤ 可以说，政府部门和学者对藏族地区语言规划、术语规范等做出了许多努力。

（五）传媒领域的语言使用研究

学者在研究汉语文传媒之外，也对藏语文传媒做了大量研究。目前，藏语文传媒领域研究已涉及广播、电视、报刊和网络等传播媒介，涉及西藏、青海、甘肃和四川等地区，从社会学、传播学、信息技术等视角对藏语文传媒的现状与发展、受众的使用情况、媒体平台建设、民族文化传承与保护、双语文翻译等内容进行了宏观概述和微观的分析。从研究成果来看，涉及传媒领域的语言文字使用、传播效果及受众使用情况三个方面。在网络媒体未出现以前，传统媒体是信息传播最重要的媒介。

广播电视方面的研究。目前，我国使用藏语（包括康巴藏语和安多藏语）的频率为 21 个，中央人民广播电台拥有藏语广播网和中国藏语广播网微信公众平台。西藏和青海有省级民族语言广播，

---

① 完玛冷智、多杰东智、周毛草：《藏语言文字研究史》，社会科学文献出版社 2012 年版，第 163 页。
② 仁增：《藏语地名汉译规范化研究》，《中国藏学》2015 年第 4 期。
③ 马锦卫、蔡华、仁青措、刘诚芳：《四川民族地区民族语言文字应用情况研究》，《西南民族大学学报》2006 年第 8 期。
④ 沈群英：《四川甘孜藏区社会用语调查与分析》，《现代交际》2016 年第 2 期。
⑤ 贺阳、肖应平：《青藏铁路语言文字使用分析》，《语言文字应用》2009 年第 1 期。

青海藏语广播的受众占藏族总人口的一半，但仍有许多覆盖盲区。[①]就相关研究而言，周德仓等学者在论述60年西藏自治区新闻传播发展报告中介绍：汉藏双语传播是西藏大众传媒基本的传播模式，大部分媒介设有汉文、藏文编辑部，广播电视设有汉语、藏语两语频道，或在汉语节目中增设藏语节目。[②]李永斌在讨论西藏媒体时发现，双语的使用情况在农村和城镇存在差异，且居民在接受双语媒体影响状况和自身语言水平与需求相一致。[③]康巴卫视是继西藏藏语卫视、青海藏语卫视之后，我国的第三个藏语卫视频道。《康巴卫视新闻》和《启米时间》新闻类栏目均使用汉语、藏语两种语言，前者的新闻稿件均使用汉语进行创作，再通过藏语翻译、藏语配音后进行编辑；后者则根据主持人当期所使用的语言来进行相应编辑，如使用普通话播报，屏幕下方同步滚动播放藏文字幕。在采访中，记者主要根据采访对象而选择使用不同的语言。[④]玉珍的传统媒体藏语新闻传播研究显示藏文网站中汉文、藏文、英文语码并存，藏文使用较少。[⑤]

相关实证调研如大众媒介对西藏乡镇居民生活方式影响[⑥]、甘南地区大众传播现状调查[⑦]等。在西藏乡镇电视仍是主要使用的媒介，纸质媒体在缓慢的发展中并没有很大的变化，新媒体使用在西藏乡镇居民的日常生活中有了新的变化，对其生活方式产生了新的影响。同时，也存在播音主持人的专业技能不强，不能灵活切换藏语和汉语等

[①] 罗哲宇：《我国民族语言广播现状调查》，《新闻与写作》2016年第5期。
[②] 周德仓：《西藏自治区新闻传播发展报告（1951—2010）》，《新闻学论集》第27辑2011年，第12页。
[③] 李永斌：《论西藏媒体语言对汉藏双语使用的影响》，《西藏民族学院学报》2012年第3期。
[④] 陈潇：《电视类媒体关于康巴藏区的民族新闻报道研究——以康巴卫视新闻节目为例》，硕士学位论文，重庆大学，2013年，第10页。
[⑤] 玉珍：《传统媒体藏语新闻传播的现状及发展》，《西藏日报》2015年2月6日。
[⑥] 周洁：《大众媒介对西藏乡镇民众生活方式影响研究——关于卡孜乡和金达镇的实证考察》，硕士学位论文，西南交通大学，2015年，第25页。
[⑦] 朱杰：《甘南藏族地区大众传播现状的调查与思考——以夏河县科才乡为例》，《西藏研究》2007年第2期。

问题。① 由此可呈现传播媒介在藏族地区语言生活中的传播力、影响力。

报刊图书的语言文字使用情况。国内的七家藏文出版机构均设有少年儿童读物编辑部，如编写了《看图识字》（汉文、藏文、英文）等读本，学者认为要加强组织精通汉语、藏语双语，有丰富翻译经验和能力的作者队伍，并提高编辑人员的业务素质和水平。② 拉萨市青少年目前对于藏文的阅读量有所减少，对于汉文的翻译也大多采用直译的方式；升学压力、新媒体影响的误区等是重要影响因素。③ 就成果数量来看，有关此方面的研究并不多，这与当前纸质传媒的传播困境及受众需求等因素有较大关系。

新媒体是信息传播的重要媒介，相关研究成果丰富。尕藏草对藏族地区进行了15年来互联网络数字民族志调查，对互联网发展的不同阶段及传媒受众、议题和舆论变化等进行了分析。截至2013年年底，西藏互联网普及率为67.5%，藏族学生、青年工作者是主要构成者。④ 通过对青海地区城镇、农区和牧区受众使用新媒体的能力、喜欢的媒体资源类别及新媒体普及情况的调查发现，当地的信息技术水平有了很大提高，数字广播电视覆盖面超过90%，互联网接入家庭数量、智能手机、平板电脑的普及率逐年提高。⑤ 网络时代背景下，藏族的语言使用发生了很大变化，就研究成果的关注对象来看，学生群体的被关注度较高，其他群体涉及较少。⑥

微博、微信的语言传播研究是藏区新媒体研究的热点之一。如"快搜西藏"App是集资讯、搜索、生活服务和互动为一体的移动服

---

① 格桑德吉：《传播视角下的藏语言文化推广问题及对策》，《传播力研究》2018年第16期。
② 旦知草：《藏文版少儿读物选题策划的若干思考》，《中国出版》2014年第6期。
③ 薛海波：《拉萨市青少年课外阅读现状调查研究》，《西藏科技》2016年第2期。
④ 尕藏草：《我国藏区互联网络的发展与变化》，《当代传播》2014年第6期。
⑤ 王静、高洁、刘璐：《新媒体对藏族民众文化生活的影响调查研究》，《陕西教育学院学报》2016年第32期。
⑥ 安英全：《新媒体形势下少数民族传媒的转型——以藏语传播为例》，《新闻研究导刊》2015年第17期。

务平台，主要使用国家通用语言文字，用户种类的范围相对较小。四川康巴卫视的"香巴拉资讯"App是汉语、藏语双语客户端，内容可以在双语之间实现切换；汉文版以普通话为基础，四川地区以汉语方言为辅，藏语版主要使用藏语，方言则以康巴藏语为主。①江涛等介绍当前有将近80%的藏文微博以汉藏文混合文本形式呈现。②从传播视角研究藏区新媒体的学者有李炜、张硕勋、周文、刘卉、多措、章波等，认为新媒体传播对农牧区影响日渐深刻③、对地区经济起促进作用④、在舆论引导、维护地区和谐稳定方面也发挥着重要作用。⑤学者对藏语文传媒进行的多方面探讨，呈现了传媒领域藏族语言生活的大体情况。

（六）双语文信息化研究

汉藏双文信息化及软件使用情况调查项目由中国社会科学院民族学与人类学研究所的语音学与计算语言学实验室（2006）具体实施。学者研究发现藏族迫切希望快速推进藏语文信息化，用户使用的藏语文操作系统有面向出版印刷行业的专业系统（包括汉文、藏文和英文）和一般用户的通用系统（同元藏文）。目前较有影响力的藏语文用户网站有几十个，网站内容包括新闻广播、教育、民俗文化、语言文字等，点击浏览量也逐渐增加。相关单位或个人用户会通过该软件出版藏语文书报、制作课件、文字处理、广电编辑或信息互动等；同时，也出现藏文软件编码标准混乱，用户数量较少等问题。⑥另外，

---

① 蓝瑞琪：《我国藏区党媒手机新闻客户端内容研究——以快搜西藏和香巴拉资讯手机客户端内容分析为例》，硕士学位论文，电子科技大学，2018年，第28页。

② 江涛、袁斌、于洪志、加羊吉：《基于多特征的藏文微博情感倾向性分析》，《中文信息学报》2017年第3期。

③ 张硕勋、王晓红、韩亮：《多媒体传播视阈下甘南藏区大众媒介传播格局的嬗变》，《新闻大学》2012年第2期。

④ 周文、吴永强：《现代信息传播媒介：藏区经济发展中的助推器》，《西南民族大学学报》2003年第6期。

⑤ 多措、章波：《坚持正确舆论导向，促进藏区社会和谐》，《青海民族研究》2010年第3期。

⑥ 教育部语言文字信息管理司：《中国语言生活状况报告》，商务印书馆2006年版，第169页。

由国家语言文字工作委员会主编的《中国语言文字事业发展报告》也对藏语文信息化工作的成果和进展情况进行介绍,如青海海南藏族自治州藏文信息技术研究中心承担的藏文信息化平台建设项目"云藏藏文搜索引擎系统平台建设"通过验收。① 随着网络时代的发展,藏语文信息化及软件使用研究有逐渐增多的趋势。

通过对相关语言生活研究成果的梳理和评述,较为清晰地呈现了我国藏族聚居区语言生活的研究现状。为了促进相关研究取得更大的发展,为学者提供新的研究方向或思路,厘清研究中存在的不足之处和研究趋势显得尤为重要。

第一,理论视角开阔,但研究深度不够。目前国内主要是以传统的理论方法和研究范式对藏族地区语言生活进行研究,大多是运用言语社区、语言接触等理论和田野调查的方法分析、描述语言使用现状,而在理论创新方面略显不足。研究者需要结合时代特征,有效利用语料库、新媒体技术等路径,探索新的理论和方法,从语言经济学、语言传播学、民族学、语言地理学、社会学等多学科角度拓宽研究视野,讨论语言能力、语言使用、语言态度等所隐含的更深层问题。同时,亦可引介更多有关语言生活的研究成果,使学者的研究视野更加开阔,优化研究理论和方法,进行深入的研究,为国家制定语言政策、提升语言服务打下坚实基础。

第二,研究内容丰富,但部分内容的研究尚未全面展开。从取得的成果来看,学者比较重视对藏区居民口语和书面语使用情况的调查研究,所涉及的内容比较丰富,如关注了双语文使用和教学、特殊群体的语言使用、网络语言使用、社会用语等,但有关行政司法、传媒、医疗等部分领域的语言使用调查尚未全面展开。如在新媒体功能日益凸显的时代背景下,居民在网络空间和移动客户端中的语言使用现状研究;社会治理、城市形象建构、话语传播等视角下公共空间语

---

① 教育部语言文字信息管理司:《中国语言文字事业发展报告》,商务印书馆2018年版,第44页。

言文字使用状况的研究等。

第三，调查范围和深入程度不够，缺少不同地区语言生活的比较研究。藏族分布地区辽阔，方言和语言使用的情况十分复杂，有关居民语言使用的个案研究较多，主要集中在西藏、青海、甘肃、四川和云南藏族聚居区的个别市区、城镇和牧区，选取的调查点也偏少，仅能大致了解当地语言生活。而实际上，调查的范围和深入的程度与实际情况存在较大差距。若较准确地把握地区语情，需选取不同地域且具有代表性的言语社区进行调查，然后进行对比分析，客观地反映该区域语言生活的整体情况。另外，因地理分布、民族构成、经济文化等因素的影响，不同地域语言生活也不尽相同，学者可以对不同藏族地区的语言生活进行比较研究，呈现语言发展的共同规律和差异所在。

第四，语言生活的宏观研究和微观研究不平衡。目前，国内藏区语言生活的研究大多侧重于宏观方面、共时视角的研究，而对语言接触所引起的语言借用、语言混用、语码转换等微观方面研究，语言生活发展演变的历时视角研究尚不深入。其中重要的一个原因是许多研究者尚不具备精通民族语言的能力，在进行语言生活的微观研究时会受到阻碍。

第四节 研究对象及方法

一 研究对象

甘肃省甘南藏族自治州是以藏族为主体的多民族聚居区，分纯牧区和半农半牧区、民族聚居区和民族杂居区。本书主要的调查对象是合作市、碌曲县及其所辖部分农牧区居民，同时也通过抽样方式选取了夏河县等其他地区的部分居民为调查对象。

合作市是甘南藏族自治州州府所在地，也是全州政治、经济、文化、科技和金融中心，东连卓尼县，南靠碌曲县，西临夏河县，北接临夏州和政、临夏县，是以藏族为主体的多民族杂居区。本书选取的调查对象是合作市藏族小学、藏族中学、第三中学和甘南师范学校、甘南民族师范学院的部分民族班、双语班、普通班的藏族学生和教师，部分行政、司法、企业单位的藏族工作人员，舟曲路社区的居民。合作市那吾乡加拉村距离市区2.3千米处，属典型的城乡接合部村，选取调查对象为当地居民。合作市勒秀乡位于市区南部30余千米处，东连加茂贡乡，西接碌曲县阿拉乡、夏河县博拉乡、吉仓乡，北依那吾乡，是一个以藏族为主的半农半牧乡，乡人民政府驻地安果村；调查对象为安果村居民、参木道村加贡茂中心小学。

碌曲县城距州府合作市78千米，历史悠久，民俗风情浓郁，旅游资源丰富，被誉为世外天堂，人间香巴拉，境内地形复杂，[①] 是一个民族聚居区。该县所选取调查对象为县藏族小学、藏族中学的教师、学生，部分行政、司法、企业单位的工作人员，部分居民。碌曲县尕海乡位于碌曲县南部，属于纯牧业乡，选取调查对象为尕海中心小学学生和教师、尕秀村居民。抽样调查的有夏河县曲奥乡香告村，该村位于夏河县东北部，是甘肃省"千村美丽"示范村，是从临夏州进入甘南州及安多藏区的第一个村子，有"甘南第一村、青藏第一关"的美誉，属于半农半牧区，调查对象为该村居民。另外，还对碌曲县加格村的居民、夏河县王府村、桑科乡和舟曲县的居民进行了抽样调查。

二 研究方法

语言生活的理论研究需要大量的实证研究，通过对甘南地区市、县和村镇的6个样本言语社区、6所学校及若干行政、司法单位及医院的实地观察、问卷和访谈，了解当地语言生活的整体现状和国家通用语言文字推广的情况。

第一，问卷调查法。此方法是通过书面形式，以严格设计的测量项目或问题，向研究对象收集研究资料、信息和数据的一种方法，[②]

[①]《甘肃发展年鉴》编委会编：《甘肃发展年鉴（2017）》，中国统计出版社2017年版，第248页。

[②] 张廷国、郝树壮：《社会语言学研究方法的理论与实践》，北京大学出版社2008年版，第165页。

也是服务于多种研究目的的研究方法，表现出便捷、客观、实用、经济等特点。该方法广泛应用在社会语言学语言使用、语言变异、语言接触等方面研究。本书通过半结构式问卷调查对甘肃省甘南藏族自治州居民进行抽样调查，内容涉及语言习得、语言能力、语言使用、语言态度、语言服务等方面。

第二，访谈法。此方法是访问者通过口头交谈等方式向被访问者了解社会事实情况的方法，具有互动性和灵活性。[①] 本书以结构式访谈为主，通过采用事先设计的结构问卷进行访问；同时结合无结构式访谈，按照粗线条访问提纲进行自由交谈，获得与研究问题有关的更为丰富、准确的社会背景材料，以弥补问卷调查的不足，印证问卷的真实性。

第三，观察法。此方法是研究者通过感官或录音、录像等设备，有目的、有计划、有系统地对被观察者的行为、语言、表情、动作等进行观察和描述，以了解某种语言现象、事件和被观察者的心理活动的一种研究方法。[②] 作者通过实地观察甘南地区的整体环境，了解合作市、碌曲县的语言景观和居民生活的日常状态等，增加问卷调查、深入访谈的客观性和真实性。

第四，数据分析法。本书主要运用SPSS22.0统计软件对调查问卷、语言景观的图片信息进行定量、定性的研究。

第五，比较法。本书的比较法是多层次、多维度的，对甘南地区语言生活的研究既有共时、历时的比较，亦有不同地域、职业、年龄等各种社会变项之间的语言能力、语言使用、语言态度的比较，以探求当地居民语言生活变迁的影响因素，剖析语言生态环境形成的深层原因。

[①] 周璐：《社会研究方法实用教程》，上海交通大学出版社2009年版，第155页。
[②] 张廷国、郝树壮：《社会语言学研究方法的理论与实践》，北京大学出版社2008年版，第212页。

第二章 甘南地区语言生活的生态背景及发展脉络

甘南藏族自治州地处特殊的地缘区位，具有独特的经济文化特征，是一个以藏族为主体的多民族聚居区。了解甘南地区的地理位置及自然环境、历史沿革及人口分布等语言生活的生态背景，了解不同时期居民语言生活的基本面貌是调查研究甘南地区语言生活现状的重要前提。本章为后文探讨语言生活影响因素等提供了重要的基础性参考。

第一节 甘南地区语言生态背景

一 地理位置及自然环境

甘南藏族自治州是中国十个藏族自治州之一，位于中国甘肃省西南部，地处青藏高原东北边缘与黄土高原西部过渡地段，是藏、汉文化的交汇带，是黄河、长江的水源涵养区和补给区，被费孝通先生称为"青藏高原的窗口"和"藏族现代化的跳板"，并被国家确定为生态主体功能区和生态文明先行示范区，境内草原广阔，海拔2960米，平均气温1.7°C，无霜期短，日照时间时长，是典型的大陆性气候。最高海拔4920米，最低海拔1172米。

甘南与四川阿坝州相连，西南与青海黄南州、果洛州接壤，东部和北部与陇南市、定西市、临夏州毗邻，地理坐标位于东经100°46′—104°44′、北纬33°06′—36°10′。下辖合作和临潭、卓尼、迭部、舟曲、夏河、玛曲、碌曲七县一市，总面积4.5万平方公里，总人口73.07万人，藏族占54.2%。甘南被中国社会科学院西部发展研究中心评为"西部最具魅力的旅游景区"，被美国最具权威的旅游杂志《视野》《探险》评为"'让生命感受自由'的世界50个户外天堂"之一，被《中国国家地理》《时尚旅游》评为"人一生要去的50个地方"之一，被联合国人居环境发展促进会、世界华人联合会评为"中国最具民族特色旅游目的地""中国最美旅游胜地"，被中国摄影家协会授予"中国摄影创作基地"荣誉称号。[1]

甘南境内河流纵横，有黄河、黑河、洮河、大夏河和白龙江，分别属于黄河水系和长江水系；玛曲、碌曲、卓尼、临潭和夏河县在黄河流域，黄河及其支流洮河、大夏河贯穿全境，迭部、舟曲及碌曲的郎木寺一带属于长江水系。[2]

多样化的自然地理环境对甘南地区社会经济的发展起到了一定的约束及影响作用。从地理生态环境来看，高寒气候是其自然环境的主要特征，因海拔高、积温不足、生长期短，当地仍以牧业为主，少部分地区有农业；另外，由于地域面积广阔、人口稀少、少数民族成分复杂且人口比例较大，处于生态环境的脆弱地带，历史时期的传统粗放式生产开发和生活活动，导致本地区土地的盐碱化、草地荒漠化和农区水土流失，土地承载力急剧下降，生态环境破坏十分严重。[3]

二　历史沿革及人口分布

甘南历史悠久。新石器时代在三河一江流域就有人类开发这块亘古荒原，随着历史的进程，甘南的羌部逐渐建立自己的部落联盟或依

---

[1] 《甘肃发展年鉴》编委会编：《甘肃发展年鉴（2017）》，中国统计出版社2017年版，第236页。
[2] 洲塔、乔高才让：《甘肃藏族史话》，青海人民出版社2004年版，第5页。
[3] 张宝成、青觉：《民族地区政府能力的内涵与特征》，《内蒙古师范大学学报》2008年第3期。

附中原王朝，民族间的交流便逐渐频繁起来。秦时部分地方已属临洮管辖。西汉时，东部属陇西郡、北部属金城郡，设白石、羌道两县。隋时的临洮郡、枹罕郡、宕昌郡分别管辖今甘南的西北和东南部部分地区。唐朝初年废郡置州，甘南境内曾为洮州、芳州、迭州的全部和河州、宕州的部分，西北部属吐谷浑、吐蕃的范围。元代属宣政院管辖，吐蕃等处宣慰司统领。明代属陕西都司管辖，清乾隆时，州境大部属巩昌府，夏河由循化抚番厅管辖。1913年废府设道，临潭县属兰山道，西固县（今舟曲县）属渭川道。1928年建立夏河县、改属甘肃管辖，1937年成立卓尼设治局。1949年9—12月，临潭、卓尼、夏河、西固相继解放。1952年7月设立甘南藏区委员会，1953年10月甘南藏族自治州成立，1955年7月1日改为甘南藏族自治州。州府设在合作市，是全州政治、经济、文化中心。

甘南藏族自治州2019年年末全州总人口74.97万人，其中藏族人口42.38万人；全州常住人口72.32万人，其中城镇人口26.76万人，城镇化率37.0%，人口自然增长率7.35‰。[1]

第二节 甘南地区语言生活的发展脉络

人们的语言生活是动态发展的，在不同的时期因社会性质、经济文化、语言意识等主客观因素的影响而呈现出不同的特征，尤其是民族地区的语言生活所凸显的特征更为复杂、多元化。甘南州是一个以藏族为主体的多民族地区，经历了从封建农奴制到新时代变迁的漫长时期，其语言生活也随之发生了巨大而曲折的变化。

一 民国时期至新中国成立甘南地区语言生活
（一）社会领域中语言文字使用情况

甘肃地区在未建立县级政权之前，历代中央政府主要通过各地的

---

[1] 甘南藏族自治州地方史志编纂委员会办公室：《甘南州年鉴（2020）》，中华书局2020年版，第45页。

土司、千百户头人行使权力,也未设立专门从事文字工作的机构。中央与地方之间的公文往来一般使用藏文或汉藏双文;土司、千户向百姓发布的命令或告示等行文及百姓的各类呈文均使用藏文。当中央政府向藏区下达各类公文时,多以汉藏双文发行;而各地向上级呈文基本使用藏文。但因广大农牧民居民多为文盲,有时土司、头人在下达命令时多采用口头形式,很少使用文字。

封建农奴社会末期,藏族知识分子掌握和使用藏文。新中国成立前,在日常生活中,大多数居民很少使用藏文,只有一部分掌握文字的人在书信往来、买卖交易、各种行业的记账、立约、诉讼呈文时使用藏文。可见,此阶段该地区居民在日常交际中多使用藏语,藏文的范围很小,一般限于本民族的高层次领域内,整体民族文化素质受到一定的制约。[①]

(二) 教育领域中语言文字使用情况

教育是提高人们语言能力、文化素养,丰富其语言生活的重要途径。甘南地区居民早期教育主要集中在寺院和土司设立的私塾内,普通家庭子女接触教育的机会很少。早在清代,甘南地区开始设有府学、州学和私塾等各级各类教育机构,对藏族居民教育产生了一定的积极作用。清代末期,卓尼县的土司在自己衙门内设立私塾,几代土司"幼习汉书、汉文,汉语皆甚畅通"。临潭县的昝土司和小杨土司也曾设立私塾,请教师教其子弟,培养精通国家通用文字、汉藏双文的世袭土司,学习《千字文》《三字经》"四书""五经"等。民国时期,因对外交往和行文的实际需求,土司衙门要求其子弟积极入学,能够阅读书报。1922 年,卓尼私塾改为高等小学校,设立卓尼第一区第一小(今日的"柳林小学"),教师为汉族教师,采用汉藏双语教学的形式。但因当时交通闭塞、群众因循守旧,藏族愿意送子女上学的很少,甚至出现托人说情免于上学、雇用汉族子弟替上学等情况。从私塾所学内容、私立小学的教学模式来看,明末清初时期,甘南地区藏族已

---

① 安世兴:《藏文在甘青藏区的使用和发展》,《民族研究》1996 年第 2 期。

◇❖ 语言与社会：甘南地区语言生活

经开始学习汉字，了解中华文化；虽然受教育范围有限，但也反映了较早时期甘南藏族居民双语、双文使用的初级状态。①

  1927年，甘南拉卜楞藏族小学创建；1928年，卓尼高等小学改为公立，临潭县初级中学成立。1934年，甘肃省教育厅制定了《推进藏族教育计划》，设立了藏族中心初级小学，并对藏族子弟提供一些优惠政策；所需师资由各县遴选受过师范教育、略通藏语的汉族充任。随后，藏族小学相继成立，但因办学经费等问题，大多处于停滞状态。1939年西固（今舟曲县）建立藏民初级小学2所，学生各50人，藏族学生约占半数，教师仍由汉族教师担任。因儿童入学基本不会说汉语，师生之间沟通存在障碍，教学的实施也比较困难。20世纪40年代中期，甘南地区藏族小学已有13所；解放前夕，甘南有中小学校91所，学生1900余人，其中少数民族学生645人，入学率仅占适龄儿童的1.3%；有中学2所，师范1所，学生83人，其中藏族学生仅2人，全部中小学教职工仅90余人；而较为落后的碌曲、玛曲、迭部三县当时没有一所学校。②

  因社会制度、语言环境、学生来源等因素的影响，藏族学生的语言表达能力存在差异。新中国成立前，藏语文主要集中在极少数的民族小学，学生基本是藏族儿童和少部分汉族、回族儿童，口语交际中多使用藏语，教学和课程基本是藏语文，虽然设置了一门汉语文课，进行双语教学，但学生小学毕业时汉语文水平仍不过关，藏语文水平较高。而也有一部分藏族学生接触汉语的机会相对较多，此时期的中学还未开设藏语文课程，三所中等学校中藏族学生比例很小，日常主要与汉族、回族学生接触，所学课程以汉字为主，其汉语文水平能力则相对较高。③

  根据以上资料可见，新中国成立之前，甘南地区居民的语言生活

---

① 《甘南藏族自治州教育史》油印稿，转引自虎技能《藏汉双语"一类模式"教师队伍建设研究——甘南藏族自治州民族类中学田野工作与理论阐释》，民族出版社2016年版，第73页。
② 《甘南藏族自治州概况》编写组：《甘南藏族自治州概况》，甘肃人民出版社1987年版，第216页。
③ 安世兴：《藏文在甘青藏区的使用和发展》，《民族研究》1996年第2期。

相对简单，虽然未收集到较多有关其口语方面语言使用的资料，但通过当时的社会结构、经济状况和地域特征，可推测当地主要使用藏语，一些从事手工业等的藏族在与其他民族接触过程中兼用汉语等。就书面语而言，藏文使用的范围较窄，主要用于行政事务、封建上层和群众日常记账、书信等领域中。另外，甘南州教育事业十分落后，教学任务主要由汉族教师来充任，但藏族教育已初具规模，对藏族语言生活、文化素养和人才培养等方面都起到了积极作用。

二 新中国成立后至改革开放甘南地区语言生活

新中国成立后，因社会性质的变更及国家民族政策的实施，甘南地区语言生活有了新的发展，尤其是书面语的使用范围逐渐扩大，价值功能明显增强。各级政府部门、学校、医院、传媒、学术研究等领域的语言文字传播对藏族的文化素养提高，教育、经济及文化发展等发挥了重要价值。

（一）社会领域中语言文字使用情况

落实党的民族政策是民族地区工作的重要内容之一。在文字使用方面，大致经历了三个阶段：从新中国成立后到1958年以前，甘南地区坚持和推进汉字的文化学习计划，大力开展语言文字的学习和使用，在组织机关和企事业干部、职工学习双文的同时，也在民族聚居的农、牧区开办学校、识字班，学习语言文字、扫除文盲，并定期对具体实施情况进行检查。改革开放以后，随着党的民族政策的全面落实，甘南地区开展和学习文字的相关工作逐步开展，但效果并不明显，藏族居民的文盲数量仍然很高。但政府仍进行语言文字使用的许多工作。[1]

甘南州人民政府于1956年设置了翻译科，专门指导民族语文工作和从事公文、报告，以及各种学习资料的语言文字翻译，大量培养藏语文翻译人员。党和人民政府的主要文件、布告、法令、重要会议、机关

---

[1] 安世兴：《藏文在甘青藏区的使用和发展》，《民族研究》1996年第2期。

◆◈ 语言与社会：甘南地区语言生活

门牌、印章及人民司法机关的审讯、判决等，均使用汉字、藏文两种语言文字。① 各单位也会受理广大居民用藏文书写的诉讼书、来信等；当地所有厂矿、学校、车站、商店、医院等门牌、标语、广告和所生产的产品商标、说明书等均使用汉字和藏文印刷、书写。另外，在寺院里，藏文除了传播文化，而且在政府与寺院之间的公文往来、佛教协会等各种会议的报告、寺院范围内的广告、标语等中均被使用。可见，甘南州十分重视干部和普通居民的语言能力培训、语言文字的管理和监督工作，为顺利开展各项工作和提高居民文化素质做了很大的努力。

（二）教育领域中语言文字使用情况

甘南地区教育得到迅速发展。1953年，经中央教育部批准，夏河和卓尼等县的藏族小学高年级增加了藏文课的时间。1953年，全州少数民族专设小学51所，学生2572人，其中藏族1293人；1954年，为了贯彻全国第一次少数民族教育会议精神，甘南州确定了甘南民族双语教育的措施；1955—1957年，全州各类学校有214所，学生18760人，其中藏族3437人，占1957年藏族人口的1.8%。1962年甘南州文教卫生会议指出藏族地区的小学要以藏语文为主，兼开汉语文课；1963年年底，全州专设学校达109所，均开设了藏语文课。就教师队伍而言，西北民族学院（现西北民族大学，1950年成立）、甘南州夏河初级师范学校（前身是"甘肃省立夏河简易师范学校"，1966年又改为甘南师范学校）、卓尼初级师范学校（建于1952年，1962年停办）、甘南民族学校（现甘南藏族综合专业学校）等为甘南州双语教育培养和输送了大量师资。②

各类学校中的汉语文、藏语文使用情况有所差异。小学课程中存在两种类型：在藏族聚居的农、牧区的民族小学一、二年级全部开设藏文课，从三年级开始加设一定量的汉语文课，但藏语文的总课时偏

---

① 《甘南藏族自治州概况》编写组：《甘南藏族自治州概况》，甘肃人民出版社1987年版，第96页。

② 虎技能：《藏汉双语"一类模式"教师队伍建设研究——甘南藏族自治州民族类中学田野工作与理论阐释》，民族出版社2016年版，第78页。

多于汉语文课时。民族中学主要采用藏语文教学，其中初中部的藏文课时在总体上多于汉语文课时，高中部的国汉语文和藏语文课时均衡。普通中学的藏族附设班采用汉藏双语文教学，其他学校除藏语课外，数、理、化等课程均使用汉语讲授。[1] 从甘南双语教育情况来看，藏族的入学率明显增加，其文化素质不断提升，语言能力逐渐增强，汉语文的使用范围也相应扩大。

（三）传媒领域中语言文字使用情况

报纸、广播等媒体是丰富群众文化生活和语言生活的重要媒介。《甘南报》是全国藏区诞生最早的地方党报。该报创办于 1952 年 4 月，前身是《夏河报》（石印报纸，有汉文、藏文版），隶属于甘肃省委领导。1953 年 7 月更名为《甘南报》[2]。1955 年，《甘南报》藏文、汉文分版，该报进入新的发展时期而遇挫折，停刊而又复刊，在 1965 年前后，其发刊量曾达 23068 份。[3] 甘南广播电台筹建于 1959 年，1960 年 1 月正式开播，每天 5 小时 30 分钟是藏语广播，占总播音时数的 66.25%。但各县在广播上的比例并不完全一致，如民族聚居区的县使用藏语广播的情况较多，而民族杂居区的县使用汉语广播较多。另外，在文学艺术领域，除了汉语的传媒形式以外，使用藏文制作或译制的电影、戏剧、歌舞、磁带等传媒形式逐渐出现、公开发行，不仅极大地丰富了广大居民的文化娱乐活动，而且在传播文化、学习语言等方面起到了推动作用。

整体来看，这个时期甘南地区居民的文盲率较高，汉语文能力很低，大多数人不通晓汉语，掌握汉字能力的人更少。[4] 党和国家推行民族政策、双语教学方针对甘南地区社会和经济的发展起到了积极的推动作用，甘南地区语言生活趋向多样化，在提高居民语言能力的同

---

[1] 安世兴：《藏文在甘青藏区的使用和发展》，《民族研究》1996 年第 2 期。
[2] 内容根据《甘南日报》的访谈资料整理而成。
[3] 南长森：《西北地区少数民族新闻传播与国家认同研究》，陕西师范大学出版社 2014 年版，第 43 页。
[4] 安世兴：《藏文在甘青藏区的使用和发展》，《民族研究》1996 年第 2 期。

时，还提高了自身的文化素质，接触和学习了汉语文。

三 改革开放后至今甘南地区语言生活
（一）行政领域中的语言文字使用①

语言文字工作机构的设立。1981 年，甘南州人民政府翻译科扩编为编译局；1997 年，甘南州撤销原甘南州编译局，设立了州藏语言文字工作委员会，并对其工作机构、职责等做了明确规定，使甘南州语言文字工作走上了规范化、法制化的管理轨道。

语言文字的推广及使用。1991 年，甘南州藏语办主要采取离职培训和在职自学加辅导相结合的办法，通过报纸、广播等传播媒介，学习专栏、座谈会、讲座、研讨会等形式推进相关工作；并与相关单位协商，在考核干部时将语言文字学习作为一项考核内容，在招工、招干时，同等条件下优先录取汉藏双语兼通的人才。州、县各行政单位及企事业单位发至民族聚居区、村一级的政策、法令、布告、文件、宣传材料等基本上都使用汉藏双文；所召开的各类大型会议根据实际需要使用了两种语言文字。州机关及各企事业单位的公章、文头、牌匾、奖状、标语、证件、布告、广告、车辆、机关单位名称等，州内生产的各种产品的商标、说明书和州内销售的商品价格标签均使用汉藏双文；州内各公共服务部门，如医院、邮电、车站、旅馆、商店、粮站等部门职工中选配通晓双语的职工充任口语翻译。另外，州藏语办创办了《藏语文工作简讯》，主要介绍藏语文有关法律法规和政策，藏语文发展情况、发展规划等动态，相关科研成果。1994 年，州藏语办对合作地区的语言文字学习、使用情况进行检查、督促。1995 年，对全州各中小学有关藏语文工作进行了全面宣传和调查。2009 年，为了提高广大公务人员的双语能力，有效开展日常工作，全州为各级党政、企事业单位和社会各行业配备了学习藏语文

---

① 甘南州地方史志办公室：《甘南州年鉴（1991—1995）》，甘肃人民出版社 1996 年版，第 332 页；甘南藏族自治州地方史志编纂委员会办公室：《甘南州年鉴（2010）》，甘肃人民出版社 2010 年版，第 400 页。

教材和"轻轻松松学藏语"软件,并对其进行定期、不定期跟踪督查,针对金融、电信、移动、邮政等省属行业的具体开展情况进行了检查,并联系工商、城建、城管等单位对其联合治理。

语言翻译方面。甘南州编译局 1991—1995 年共计翻译各种文件达 115 万多字,并从州第十一届全国人民代表大会第三次会议起首次直接以藏文采编简报,增强了汉语的听、说程度欠佳的藏族代表们的议政能力;历届会议期间,藏语委还为会议配备了口头翻译,对代表们的议案提案及时翻译,翻译《人大通讯》8 期;此外,还为相关单位翻译文件、宣传材料及牌匾、印模、横幅等。2009 年,共翻译各类材料、文件、公章、文头、广告等共 12.4 万多字,翻译、审定各类图书、法规等 40 余万字。如翻译了《甘南藏族自治州学习实践科学发展观活动读本》《消费者维护指南》《甘南州地方法律法规汇编》等,为州藏文网站翻译页面等 300 余条 1 万多字。另外,编译局还编译出版了藏文小学语文、算术等方面内容。

古籍整理方面。该工作起步于 20 世纪 80 年代中期,编译局通过汉藏语文兼通的业务人员的努力,在 1991—1995 年共整理出版了 10 册古籍丛书,收入藏族著名学者 21 人的 36 篇作品,印数达 5.1 万册,为州内外相关工作者提供了有价值的资料;还会同省级相关单位联合整理其他藏语文古籍。

(二) 教育领域中的语言文字使用[①]

改革开放后至 20 世纪末,甘南州教育事业迅速发展。初期,甘南州相继制定下发了一系列重要文件,如 1980 年初,甘南州教育局制定的《发展民族教育试行意见》中提出:"凡是有藏族学生的中小学均开设一门藏语文课程……牧区小学均以藏文为主进行教学,并从四年级起加授汉语文课,在藏族中有运用汉语文习惯和基础的地区,小学同时用汉藏双语进行教学。鼓励和支持汉族和其他民族的学生学

---

① 虎技能:《藏汉双语"一类模式"教师队伍建设研究——甘南藏族自治州民族类中学田野工作与理论阐释》,民族出版社 2016 年版,第 83 页。

习藏语藏文"。1982年，甘南州政府颁布的《甘南藏族自治州中小学试行工作条例》规定："藏族中小学教学用语以藏语为主，牧区小学从四年级起加授汉语文课，在通行汉语的藏族聚居区小学，同时用藏、汉两种语言文字教学。"《甘南藏族自治州实施义务教育法条例》规定："以招收藏族学生为主的中小学，要实行藏汉'双语'教学，积极提倡学习外语。"1986年颁布的《甘南藏族自治州少数民族义务教育试行条例》规定："牧区、半农半牧区、群众通用藏语的地方，教学以藏语为主，单科加授汉语文。城镇或藏汉杂居区，群众通用汉语的地方，教学以汉语文为主，单科加授藏语文。"

同时，州政府还对教师的语言能力做了相关要求。如1982年的《甘南藏族自治州中小学试行工作条例》中规定"在藏族中小学工作的汉族教师要认真学习藏语文，学会用民族语言讲课；藏族教师要在学习好本民族语言文字的同时，努力学习汉语，力争达到汉藏语文兼通，以适应民族教育需要"。1989年的《关于进一步发展藏族教育的规定》中指出："力争到1992年，藏文教师必须达到中师藏文程度和初中汉文程度，汉文教师必须达到中师汉文程度和初中藏文程度。"2009年，州教育局还出台了《甘南州师资素质提升工程实施方案》等。

这个阶段，甘南州的双语教育规模逐渐扩大。20世纪80年代初期，甘南州各县、城乡之间的教育水平差别很大，城镇入学率较高，而农牧区上学的人较少，虽然政府采取了上学享受助学金、供应口粮等办法，但是效果也不明显。纯牧区的玛曲欧拉公社，1980年秋季入学215人，到年末在校生仅剩42人，入学流动率高达80.5%，巩固率只有19.5%。[1] 到1984年，当地有各级各类学校705所，其中小学676所，藏族学生占35%以上；到1989年止小学入学率达到75%以上，该州农牧民文盲率由解放前的95%以上下降到目前的65%以下。[2] 90年代初

---

[1] 关连吉、秦蛰：《对甘南藏族自治州少数民族人口问题的几点看法》，《西北人口》1981年第1期。

[2] 格桑达吉：《甘南藏族自治州农牧区调查研究报告》，《中国藏学》1993年第3期。

期,藏族教育依然坚持"两个为主"的教学体系,全州有 214 所双语类中小学,812 个班开展了双语教学,寄宿制藏中 6 所,学生总数中有藏族学生 3.23 万人,约占 46.2%,藏族适龄儿童入学率 67.73%。为了推进小学语文的教学工作,开展了小学藏语文、藏数学 1 至 4 年级学生假期作业的编纂工作;所编写的《藏语文》教材 12 册及其大纲通过了国家教委的审核。合作民族师范专科学校有教职工 194 人,其中少数民族教师 37 人,在校专科生 504 人,少数民族学生占 94%;学校设有 5 个专业,藏语文专业的主干课均使用藏语讲授,数学专业增招藏语数学班;《合作民族师专学报》(双文版)定期公开发行。2009 年全州实行"双语"教学的中小学 184 所,在校生 48053 名,以藏族为主要学生 36558 名,专任藏文教师 1232 名。中小学及幼儿园中少数民族学生 89845 名,其中藏族学生 72978 名,占学生总数的 51.19%;藏族儿童入学率达 97.97%。两类教学模式并存的主要分布在合作市、卓尼县和夏河县,临潭县只有双语类小学 2 所;全州专任藏文教师 1232 人,藏族儿童入学率 97.97%。[1] 截至 2014 年年底,甘南州实行汉藏双语教学的中小学共 143 所,占总数的 30.23%,所涉及的学生有 41585 人,双语教学中"一类模式"和"二类模式"并存。

(三)传媒领域中的语言文字使用[2]

1997 年,《甘南报》正式使用电脑排版胶版印刷;2000 年报纸汉文版创办周日版,报纸的广告主要以汉文版为主。藏文版四开四版,每周 3 期,每星期二、四、六出版,每年出版 154 期。1997 年发行量为 2000 份,2000 年发行量为 2300 份。2009 年《甘南日报》(藏文版)由报社藏文编辑部出版,报纸为彩色对开大报,每周出版 3 期。2010 年,报纸进行了版面改版,并增加了新栏目,全年采写、翻译

---

[1] 王洪玉:《甘南藏汉双语教育历史与发展研究》,博士学位论文,中央民族大学,2010 年,第 75 页。

[2] 甘南州地方史志办公室:《甘南州年鉴(1991—2000)》,甘肃人民出版社 2003 年版,第 290 页;甘南藏族自治州地方史志编纂委员会办公室:《甘南州年鉴(2010)》,甘肃人民出版社 2010 年版,第 336 页。

和刊登新闻稿件2400多篇条，撰写言论、评论30多篇条，其中有19篇获全国藏区报纸奖。

广播电视方面。甘南州人民广播电台以藏语为主，汉语、藏语互配，每天播音8小时40分钟。甘南有线电视台（站）和玛曲、夏河于1996年开通了加密电视频道，有线用户达1.3万户，广播覆盖率为53.84%，电视覆盖率为67.96%。1998年，新购置了甘南电台转播中央台藏语新闻节目设备，并恢复中央藏语新闻节目的收转工作。1999年，随着国家"村村通"工程的实施，全州完成援藏资金广播172个站（室）的建设任务。2000年，通过国家"西新工程"的全面启动，完成了州、县各台的设备维修和项目规划，使州、县各调频台、转播台的设备得到了更新改造，广播电视基础设施进一步改善，广播覆盖率为73.27%，电视覆盖率为82.10%。2010年，电视台全年播出汉语、藏语双语新闻7100条；全年播出汉语、藏语《甘南新闻》735组5346条，翻译编发《新闻译播》335期3650条，播出汉语、藏语专题节目714组2809条，制作汉语、藏语新闻和专题节目238期。

影视译制和刊物方面。1965年甘南州采用声带涂磁后再配音解决对白的方法，运用藏语进行影片翻译、配音录制工作；1972年2月，甘南藏族自治州电影甘肃译配组成立，当时仅有技术人员1名、配音演员2名、一台设备和四样器材，就译制成功第一部藏语配音影片《奇袭》；到1986年初，译制181部影片，在放映汉语片时则用藏语插话解说。1996年1月，甘南州电影译配组改为"甘南藏族自治州藏语电影电视译制中心"，工作人员增至10人。曾译制的电影有《龙江颂》《泪痕》《喜盈门》《羊城奇遇记》《英雄儿女》《上甘岭》等，并制作录像带、VCD光盘发放到全州各基层电影放映队和录像厅放映。① 2009年录制完成了《任长霞》《危情时刻》等影视剧100集，在甘南电视台藏语《影视剧》栏目中先后播出各类影视剧286部

---

① 赵东华：《论甘肃少数民族语言电影译制现状与发展前景》，《新一代》2017年第3期。

(集)，累计播出时间约12870分钟，有效地丰富了甘南电视台藏语频道的节目内容，基本满足了藏族居民对电影的需求。曾多次荣获国家民族事务委员会、广播电影电视部、文化部等颁发的优秀译制影片奖。此外，《达赛尔》是甘肃省唯一的藏文文学刊物，2010年共出版4期，内容包括小说、诗歌、散文、翻译、评论、摄影等，每期字数10万多，总字数40多万。[①]

（四）社会领域中的语言文字使用

专门研究甘南州公务人员及社会群众语言使用状况的成果并不多，从所收集到的著作、论文等中可以窥视当地居民语言使用情况：日常生活中基本使用藏语，但通晓普通话、汉语方言的人数呈上升趋势，居住在民族杂居区农牧民的语言能力明显高于民族聚居区农牧民的语言能力。[②] 1986年，有学者对卓尼县木耳乡的多坝村、石灰窑村进行了调研，二村均为半农半牧区、民族杂居的村落，共有497人，汉族305人，藏族192人，在92户中有38户会使用汉藏双语。[③] 1994年，在甘肃省少数民族语言使用情况的抽样调查中涉及甘南州夏河县拉卜楞镇塘乃合村（农业村）、卓尼县完冒乡塔乍村（牧区）藏族居民（样本数分别为45人、55人）的语言使用。调查结果显示，被试人均掌握本民族语，掌握汉语的人数分别为4人、5人，略懂汉语的人数为14人、20人，不懂汉语的人数为24人、30人，[④] 完全通晓汉语的人数比例仅为9.5%、9.1%。1996年，当地80%以上的藏族居民尚未掌握汉语；[⑤] 通过对该镇119名居民的语言选择和语码转换态度的调查，被试对学习汉语持积极的态度，且在

[①] 甘南州地方史志办公室：《甘南州年鉴（2010）》，甘肃人民出版社2010年版，第398页。

[②] 关连吉、秦蛰：《对甘南藏族自治州少数民族人口问题的几点看法》，《西北人口》1981年第1期。

[③] 谷苞：《旧传统和新变化——甘南藏族自治州卓尼县木耳乡的调查报告》，《新疆社会科学》1986年第4期。

[④] 中国社会科学院民族研究所、国家民族事务委员会文化宣传司：《中国少数民族语言使用情况》，中国藏学出版社1994年版，第241页。

[⑤] 安世兴：《藏文在甘青藏区的使用和发展》，《民族研究》1996年第2期。

家庭和本民族交流时使用藏语。[1]

  进入 21 世纪以来，有学者从传媒语言的传播效果视角，对甘南夏河县科才乡居民接触传媒的频率、语言能力、汉语学习途径等进行了调查。结果显示有 80% 被试不识字或识字很少，大多只能用藏语进行交流；接触报刊率极低（1%）、广播接触率不高（2.6%），电视接触率尚可（61.33%）；在其他媒体方面，100% 家庭没有电脑，89.66% 家庭没有影碟机，81.61% 家庭无固定电话；汉语学习的途径主要有与他人交流（26%）、通过学校学习（17%）、通过广播电视学习（9%）。此阶段甘南农牧区居民的汉语能力很低，除电视外，较少接触其他传媒。[2] 玛曲县尼玛镇语言生活的调查结果显示藏语是当地的主要交际用语，大部分居民具备汉藏双语能力，认为汉语文非常有用，希望双语文在当地得到发展、后代接受双语教育的同时可以接受英语教育。[3] 由此可见，甘南农牧区居民此阶段的语言态度发生了较大转变，具备双语能力的人口明显增多。

  甘南地区语言生活由此进入了全面发展的阶段，其中语言文字方面开展的一系列工作对当地社会、经济和民族发展都起到了积极的推动作用。语言文字相关机构的逐步完善、公务人员双语能力的提升、双语教育的大力发展和传媒领域语言文字的广泛传播等丰富了当地语言生活，促进了居民语言能力的提升，使其更加深刻地认识到汉语文的重要性。同时，在甘南推进各项语言文字工作中也显现出许多问题。一是语言文字机构设立不健全、经费不足。二是缺少专业管理和翻译人员。甘南州社会用字存在翻译不正确、用词不统一、书写不规范等现象。三是教育信息化建设缓慢。国家虽然加大了对甘南州教育信息化的投入，但教学手段仍十分落后，信息技术资源、教师资源、

---

[1] 万明钢、王鉴：《藏族双语人双语态度的调查研究》，《心理学报》1997 年第 3 期。
[2] 朱杰：《甘南藏族地区大众传播现状的调查与思考——以夏河县科才乡为例》，《西藏研究》2007 年第 2 期。
[3] 姚春林：《藏族牧区小城镇的语言文化生活——甘肃省甘南藏族自治州玛曲县尼玛镇语言使用及语言态度研究》，《重庆工商大学学报》2014 年第 1 期。

教学设备等十分紧缺。[①] 整体来说，改革开放至 21 世纪初期的这个阶段，甘南地区语言生活发生了巨大变化，各领域中语言文字的使用、传播范围更加广泛，汉藏双语文教育教学质量得到很大程度的提升，对促进当地经济文化发展、素质教育提升、双语人口增加等起到了非常积极的作用。

小　结

本章节通过对甘南地区的地理位置及自然环境、历史沿革及人口分布等语言生活生态背景的梳理，呈现了不同时期藏族语言生活的基本面貌。甘南藏族自治州地处青藏高原东北边缘与黄土高原西部过渡地段，是一个以藏族为主体的多民族聚居区，其语言生活因社会性质、经济文化、语言意识等主客观因素的影响而呈现出不同的特征。民国时期至新中国成立之前，甘南地区语言生活相对简单，藏语是当地的主要交际用语，兼用汉语的情况很少，教育事业落后。新中国成立后至改革开放时期，党和国家推行民族政策、双语教学方针对当地社会和经济的发展起到了积极的推动作用，藏族群众接触和学习了汉语文，掌握汉语文能力的人口增加，但整体上文盲率较高。改革开放至 21 世纪初期，甘南地区各领域汉语文的使用、传播范围更加广泛，双语文教育教学得到全面发展，藏族的语言生活发生巨变，国家通用语言文字能力和语言素养明显提升。

[①] 刘晋：《〈藏语言文字工作条例〉保障了藏语言文字和双语教学的和谐发展——甘南藏族自治州藏语言文字工作的调查》，《甘肃民族研究》2007 年第 2 期。

第三章　甘南地区日常生活领域语言生活现状

日常生活领域是关注人类生存活动的重要方面，是一种潜意识的、本能性的生存状态，是个人生活、家庭生活以及常态性的社会公共生活的密切交织领域；① 是一个具有很大空间的领域，表现出明显的自由、多样化和个性化特征。日常生活领域的语言生活能够反映人们自然、常态的语言使用状况、语言态度倾向等。本章通过语言习得、语言能力、语言文字学习途径、语言使用、语言态度五个方面的调查和分析，呈现甘南地区居民在日常生活领域中的语言使用现状。

第一节　调查设计及问卷信效度检验

一　问卷设计及调查工具

本书的调查问卷主要参阅了以往语言生活的调研内容，编制了《甘南地区语言生活状况调查问卷》（包括公务员版、教师版、学生版、居民版）及访谈提纲（各领域相关单位）；问卷咨询了社会语言学、民族语言学方面的专家、教授，根据其意见对问卷进行了不断地修改和完善，最后形成了问卷定稿。调查问卷主要分为两部分，即研

---

① 崔国富：《大学生职业素质构成与综合培养研究》，光明日报出版社2010年版，第20页。

究对象基本信息和调查问卷主体部分，其中第二部分包括被试语言习得、语言能力、语言使用、语言态度、语言服务方面的调查，且多数题目为连续性变量的题目。在正式调查前，作者先选取了合作市的10名居民、20名学生进行了样本试测，利用SPSS22.0对调查数据进行了信度和项目分析，删除了不合理的题项，并对问卷进行了修正和完善。整体来说，问卷设计兼顾了本书研究目的的需要和调查对象填写的便利性，问卷主要采用简单易答的选择题形式，能够得到调查对象较好的配合。

二 问卷信效度检验

（一）问卷的效度检验

问卷效度是指调查问卷的有效性和可行性。本书采用了主观评价法就问卷的结构、内容向专家进行了咨询（专家组主要由一些相关专业的科研教授，行政司法、教育传媒单位的领导、学校优秀教师组成）。随后再根据专家所提出的意见和建议对初稿进行修改、补充；再请专家对问卷做出定性评价（见表3-1），评价结果表明：问卷的结构和内容有效性符合要求。

表3-1　　　　　专家构成及问卷有效性专家评价

职称（务）	教授		相关单位领导	优秀教师
人数	5		7	3
类别 结论	可行	基本可行	建议修改	不可行
公务员问卷	6	8	1	0
居民问卷	5	8	2	0
教师问卷	5	9	1	0
学生问卷	3	10	2	0

(二) 问卷的信度检验

信度关注的是研究结果的一致性和可重复性,是效度的前提条件。为了反映调查对象语言使用情况的真实程度,提高问卷调查结果的可靠度,本书采用了重测信度法,即用同一种测验对同一群体受试者前后测验两次,再根据受试者两次测验所得的分数计算出两次测验的相关系数,是一种最普遍、常用的信度检测方法。① 因本书的问卷总量较大,作者仅对不同领域、社区的部分对象进行了再测量,通过计算和检验两次问卷调查结果,发现它们之间呈现显著性相关($P<0.05$),可说明本书的调查结果具有可信度。

三 问卷抽样

作者于2018年6月、8月两次赴甘肃甘南藏族自治州调研,调查主要以合作市、碌曲县及所辖村镇的739名公务人员、教师、学生、农牧民、个体工商户等为调查对象,样本构成见表3-2。本书将调查问卷与结构化访谈相结合,通过社会变项视角了解当地居民的语言使用情况及其自身的语言态度等,与调查问卷的数据相互验证。语言生活调查问卷共发放780份,收回760份,其中有效问卷739份,有效率为94.7%,其中行政、司法等单位所发放的问卷数量不一(5—10份不等)。另外,本书还设计了传媒领域语言使用问卷,内容主要是对语言生活调查问卷内容补充,如传媒语言选择、经济收入、语言能力与职业规划等,获得有效问卷147份。整体来看,样本具有一定的代表性。

调研结束后,先对收回的问卷进行了整理,并剔除无效问卷,对有效问卷进行了编码,将问卷信息录入数据库;再利用SPSS22.0软件对相关数据进行分析处理。本部分内容主要依据访谈和问卷调查获取的材料撰写。

---

① 张廷国、郝树壮:《社会语言学研究方法的理论与实践》,北京大学出版社2008年版,第97页。

表 3-2　　　　　　　甘南地区被试基本资料统计

类别	基本情况	样本数（$N=739$）	比例（%）
性别	男	325	44
	女	414	56
年龄	7—18 岁	244	33
	19—30 岁	221	29.9
	31—50 岁	190	25.7
	51 岁以上	84	11.4
学历	从未上过学	86	11.6
	小学	123	16.6
	初中	56	7.6
	高中/中专	146	19.8
	大专/本科	298	40.3
	研究生以上	30	4.1
职业	农牧民	84	11.4
	公务员	132	17.9
	学生	323	43.7
	医生	11	1.5
	教师	96	13
	企业职工	21	2.8
	个体工商户	31	4.2
	其他	29	3.9
居住地类型	城市	303	41
	县城	185	25
	农牧区 1	139	18.8
	农牧区 2	72	9.8

注：因"公务员、医生、教师、企业职工"被试多受过高等教育，故在"学历"类别中"大专/本科"学历被试在总样本量中的比例较高；农牧区 1 为民族聚居区，农牧区 2 为民族杂居区。

第二节　语言习得及语言文字学习途径

一　语言习得

语言习得是人们在特定的语言环境中自然而然学会的语言。而语言环境是影响个人语言习得的重要因素，如小时候的家庭语言、小学教育中的教学语言环境等。甘南地区既有单语家庭，亦有汉藏双语家庭，在不同家庭语言环境下儿童所习得的语言也存在差异。民族聚居区一般只有民族小学，实施的是汉藏双语教学，而民族杂居区有民族小学和普通小学，大多数藏族学龄儿童就读的是民族小学。

据表3-3数据可知，被试最先习得的语言、与父母交流使用的语言主要是藏语，比例分别为84.6%、87.8%、88.7%，习得、使用普通话、汉语方言的比例较低。这反映出被试家庭语言环境与语言习得的同质性较高，藏语单语家庭缺少习得、使用普通话、汉语方言的语言环境。大多数被试最先习得的语言是藏语，且比例较高，较少被试最先习得汉语。从语言习得环境来看，被试父亲、母亲其交流所使用的语言与习得语言的同质性较高，反映出单语家庭的语言环境对被试语言习得产生了重要影响；双语家庭所占比例很小，被试缺乏汉语习得的语言环境。

表3-3　　　　　　　　被试语言习得整体情况统计

题　目	普通话		藏语		汉语方言	
	人数	比例（%）	人数	比例（%）	人数	比例（%）
小时候最先习得的语言	11	1.5	627	84.6	101	13.7
小时候和父亲交流使用语言	23	3.1	646	87.8	103	14
小时候和母亲交流使用语言	19	2.6	650	88.7	91	12.4

注：1题为单选题（$N=739$），2-3题为多选题。

二 语言文字学习途径及动机

（一）语言文字学习途径

据表3-4、表3-5数据显示，在语言学习方面，学校教育是被试学习普通话的主要途径，电视网络媒体、社会交往等途径次之；家庭影响是其学习藏语的主要途径，学校教育、社会交往等途径次之；社会交往是其学习汉语方言的主要途径，家庭影响次之；学校教育是其学习英语的主要途径，电视网络媒体、培训班等途径次之。在文字学习方面，学校教育是被试学习汉字、藏文、英文的主要途径；电视网络等媒体、培训班是其学习汉字、英文的重要途径；家庭影响、报刊图书是其学习藏文的重要途径。整体来看，被试学习普通话、汉字的积极性比较高，社会交往所带来的语言环境为被试学习汉语方言提供了良好的学习氛围。

表3-4　　　　　　　　被试语言学习途径情况统计

语言	学校教育 人数	比例(%)	社会交往 人数	比例(%)	电视、广播和网络等媒体 人数	比例(%)	培训班 人数	比例(%)	家庭影响 人数	比例(%)
普通话	557	75.5	296	40.1	312	42.3	87	11.8	43	5.8
藏语	414	56.1	259	35.1	79	10.7	48	6.5	618	83.7
汉语方言	76	8.5	543	74.3	/	/	/	/	110	15
英语	515	69.9	40	5.4	100	13.6	70	9.5	/	/

注：选项均为多选题。

表3-5　　　　　　　　被试文字学习途径情况统计

语言	学校教育 人数	比例(%)	报刊图书 人数	比例(%)	电视、广播和网络等媒体 人数	比例(%)	培训班 人数	比例(%)	家庭影响 人数	比例(%)	自学 人数	比例(%)
汉字	634	85.8	163	22.1	243	32.9	92	12.4	68	9.2	60	8.1

续表

语言	学校教育		报刊图书		电视、广播和网络等媒体		培训班		家庭影响		自学	
	人数	比例(%)	人数	比例(%)	人数	比例(%)	人数	比例(%)	人数	比例(%)	人数	比例(%)
藏文	487	66.1	129	17.6	79	10.7	40	5.4	197	27	46	6.2
英文	527	71.4	/	/	91	12.3	67	9.1	/	/	26	3.5

注：选项均为多选题。

（二）语言学习动机

据表 3-6、表 3-7、表 3-8 数据显示，"应该学会""社会交往需求"是被试学习普通话的主要动机，占比分别为 57%、52.9%；"传承语言文化""便于沟通交流"是被试学习藏语的主要动机，占比分别为 68.5%、50.6%；"学校要求"是被试英语学习的主要动机，占比为 51.1%，"较普遍 需了解"占比次之，比例为 23.9%。据此可知，被试学习普通话的动机比较明确，意识到普通话社会地位、语言功能的重

表 3-6　　　　　　　被试普通话学习动机情况统计

语言	应该学会		社会交往需要		学校单位要求		获取学习机会		无特别目的	
	人数	比例(%)	人数	比例(%)	人数	比例(%)	人数	比例(%)	人数	比例(%)
普通话	420	57	390	52.9	200	27.1	146	19.8	82	11.1

注：选项均为多选题。

表 3-7　　　　　　　被试藏语学习动机情况统计

语言	传承语言文化		便于沟通交流		使用广泛需学会		学习工作需要		无特别目的	
	人数	比例(%)	人数	比例(%)	人数	比例(%)	人数	比例(%)	人数	比例(%)
藏语	502	68.5	371	50.6	290	39.6	205	28	156	21.7

注：选项均为多选题。

表 3-8　　　　　　　　被试英语学习动机情况统计

语言	学校要求 人数	学校要求 比例（%）	较普遍 需了解 人数	较普遍 需了解 比例（%）	工作社交需要 人数	工作社交需要 比例（%）	个人兴趣 人数	个人兴趣 比例（%）
英语	375	51.1	175	23.9	168	23	132	18

注：选项均为多选题。

要性；认识到藏语在当地日常交际中的普遍性，希望继续被使用、传承；意识到英语学习在个体学习或社交中具有重要价值。

访谈个案：

××××，女，藏族，50 岁左右，甘南民族师范学院校门口商店店主，未受过教育，访谈地点：店铺内，访谈时间：2018 年 6 月 15 日

我以前只会说藏语，普通话能听懂但不会说，自从在这里开了商店以后，因为好多大学生买东西时经常说普通话，时间久了，我也慢慢地跟着学会了简单的日常用语，不过不太标准。

××××，男，藏族，38 岁，大专学历，甘南师范学校教师，访谈地点：学校内，访谈时间：2018 年 6 月 15 日

我是卓尼人，会说藏语，但是小学上的是普通学校，不会藏文，后来参加工作就在这所学校上班，由于工作需要，我就通过藏语软件自学藏文，现在藏文水平还可以，会看会写了；在家里，我和媳妇、孩子说的都是藏语，孩子上的学校是合作市藏小，也会说普通话。我平时在单位或遇到外地人时一般会使用普通话，但发音不太标准，与本族同事、学生交谈时使用藏语。

××××，男，藏族，23 岁左右，牧民，未受过教育，合作市阿木去乎镇人，访谈地点：公路边，访谈时间：2018 年 8 月 11 日

我去外面打过工，学会了一点普通话，因为语言存在障碍，外出打工很不方便，现在回来了待在家，在路边带着游客骑马挣点生活费。我媳妇也是藏族，但是只会藏语，听不懂汉语，也不

会写字，不会看手机；孩子3岁了，今年计划去镇子里上学，那里的老师会说普通话、藏语；家里的老人说的都是藏语，没有上过学。我现在自己通过手机学习汉字、藏文，在这里放马，通过和人交流也能提高我的普通话水平；希望以后还能到外面打工。

通过以上访谈可知，未受过教育被试学习普通话或汉语方言主要是通过社会交往的途径来实现的，其学习动机是为了适应人际交往，或是店铺生意的需要，为了提高自身的语言能力等。这与被试自评的语言学习途径和动机是相一致的。

第三节　语言能力

社会语言学比较重视交际和语言的实际使用，在语言生活研究中，"语言能力"是一个被学者经常提及的术语。关于语言能力的定义，不同学者对其界定存在差异。"能力"（competence）一词是由乔姆斯基（Chomsky）最早提出的，是指说话人—听话人的内在语言知识，或称内在语法。后来，海姆斯（Hymes）认为乔姆斯基的"能力"未涉及语言的使用，也未系统考虑人们在社交中对语言的合适使用，便对其进行了扩充和修正，提出"交际能力"，并认为语言能力是交际能力的组成部分，一个人不仅要获得语言规则的知识，还要获得语言在社交中使用的规则。可见，两个概念虽完全不同，但有相同之处，认为能力包括语言体系方面和语言使用的各种规则。[1] 巴克曼（Bachman）又将语言交际能力分为语言能力、策略能力和心理—身体机能，其中语言能力包括组织能力与语用能力。[2] 国内学者王培光把语言能力分为狭义和广义两种，前者是指"一般人说的语言能力，多数指语言的运用能力而言，那就是听、说、读、写与翻译等方面的

---

[1] 黄国文：《Chomsky 的"能力"与 Hymes 的"交际能力"》，《外语教学与研究》1991 年第 2 期。

[2] 杨文秀：《语用能力・语言能力・交际能力》，《外语与外语教学》2002 年第 3 期。

能力";而后者应还包括语感能力,它能够判断语言的恰当与否。[①]由此可见,有关"语言能力"的界定虽各有不同,但总体而言,包括语言语法的掌握能力和社会语言使用中得体使用语言的能力。在语言政策研究中的语言能力一般包括国家语言能力和个人语言能力两个层面,本书的语言能力主要侧重后者,主要考察被试者的听、说、读、写能力,即使用语言的熟练程度,将听、说归为口头语言能力,读、写归为书面语言能力,并认为前者是语言交际的基本要求,后者是其较高层次的要求,具体分为非常不熟练、不熟练、一般、熟练、非常熟练五个指标。

一 语言能力整体情况

甘南地区藏族会使用普通话、藏语、汉语方言,受过学校教育的被试也会使用比较简单的英语。被试整体自评语言能力具体见表3–9,结果显示,在听的能力方面,被试藏语能力均分为4.71,汉语方言能力均分最低;藏语听说的能力均分仍最高,普通话和汉语方言能力的均值相当;在读、写能力方面,汉字的读写能力均值高于藏文。可见,被试普通话的听说能力与其读写能力之间存在一定差异性。

表3–9　　　　　　被试整体语言能力测量结果分析

对象	类别	普通话	藏语	汉语方言	英语
整体被试 ($N=739$)	听的能力	4.38	4.71	4.06	2.17
	说的能力	4.16	4.60	4.04	2.12
		汉字	藏文		英文
	读的能力	4.18	4.16		2.29
	写的能力	4.14	4.11		2.29

注:其中每项1分,最高分值为5分。

[①] 王培光:《语言能力与中文教学》,北京师范大学出版社1995年版,第2页。

二 语言文字掌握程度

据表3-10观察,听说掌握程度后两项之和排序为藏语>普通话>汉语方言>英语。绝大部分被试熟练掌握藏语,大部分被试熟练掌握普通话,部分被试熟练掌握汉语方言,掌握英语能力的被试比例很小,其中被试普通话"听"的能力高于"说"的能力。表3-11结果显示被试文字读写掌握程度的后两项之和排序为汉字>藏文>英文。大部分被试熟练掌握汉字、藏文,其"读"的能力与"写"的能力相当。

表3-10   被试听说能力情况统计 ($N=739$)

	语言掌握程度	普通话 N	%	藏语 N	%	汉语方言 N	%	英语 N	%
听	完全听不懂	34	4.6	12	1.6	28	3.8	252	34.1
	基本听不懂	22	3	18	2.4	55	7.4	177	24
	能听懂简单用语	48	6.5	29	3.9	102	13.8	245	33.2
	基本能听懂	323	43.7	80	10.8	285	38.6	63	8.5
	完全能听懂	312	42.2	601	81.3	269	36.4	2	0.3
说	完全不会说	52	7	12	1.6	47	6.4	259	35
	基本不会说	48	6.5	19	2.6	81	11.0	186	25.2
	会说简单用语	60	8.1	32	4.3	121	16.4	242	32.7
	基本能交谈	314	42.5	86	11.6	256	34.6	51	6.9
	熟练交谈	265	35.9	590	79.8	234	31.7	1	0.1

日常交际中会使用语言(可多选)的统计结果($N=739$):藏语(666人次/90.1%)>普通话(514人次/69.6%)>汉语方言(491人次/66.4%)>英语(23人次/3.1%)>其他语言(9人次/1.2%)。

日常书写中会使用文字(可多选)的统计结果($N=739$):汉字

（564人次/76.7%）＞藏文（531人次/72.2%）＞英文（97人次/13.2%）。

表3-11　　　　被试读写能力人数统计（$N=739$）

文字掌握程度		汉字		藏文		英文	
		N	%	N	%	N	%
读	完全看不懂	78	10.1	83	11.2	253	34.2
	基本看不懂	47	6.4	49	6.6	171	23.1
	能看懂便条	53	7.2	60	8.1	169	22.9
	能看懂简单文章	242	32.7	225	30.4	138	18.7
	能看懂文章	319	43.2	322	43.5	8	1.1
写	完全不会写	79	10.7	86	11.6	254	34.4
	基本不会写	46	6.2	54	7.3	149	20.2
	能写便条	52	7	47	6.4	211	28.6
	能写简单文章	237	32.1	213	28.8	119	16.1
	能写文章	326	44.1	339	45.9	6	0.8

以上两组数据显示，结果与表3-10、表3-11被试自评的语言文字掌握程度的数据基本相一致。在口语方面，被试的藏语能力较强，其次是普通话、汉语方言和英语能力；在书写方面，被试的汉语能力较强，其次是藏文、英文。整体来看，多数被试具备汉藏双语能力，一些被试具备多语能力；被试藏语的"听""说"能力高于"读""写"能力，普通话的"听""说"能力之间存在较小差异。

三　不同社会变项的语言能力差异

（一）年龄变项

经SPSS单因素方差分析甘南地区不同年龄层被试在普通话能力上存在显著性差异（$F=37.008$，$Sig=0.000<0.05$），在汉语方言

能力各年龄层上存在显著性差异（F = 79.998，Sig = 0.000 < 0.05），在英语能力各年龄层上也存在显著性差异（F = 62.517，Sig = 0.000 < 0.05），而不同年龄段被试在藏语能力没有显著性差异（F = 1.950，Sig = 0.125 > 0.05），具体数据见表 3 - 12。通过观察可知，19—30 岁被试的普通话能力最强，7—8 岁被试的普通话能力强于 1 岁及以上被试，显现出 31—70 岁被试随年龄增加，其普通话能力愈弱的趋势。19—50 岁被试的汉语方言能力相对较高；7—18 岁被试的英语能力强于 19 岁及以上被试，19—30 岁被试的英语能力强于 31 岁及以上被试，显现出被试年龄越大，其英语能力越弱。

表 3 - 12　　　　被试语言能力在年龄变项中的差异

语言能力	年龄	人数	平均值	标准差	F 值	显著性	差异性
普通话能力	7—18 岁	244	4.11	0.86	37.008	0.000	组间有差异
	19—30 岁	221	4.28	0.96			
	31—50 岁	190	3.70	1.36			
	51—70 岁	84	2.83	1.68			
藏语能力	7—18 岁	244	4.66	0.71	1.950	0.125	组间无差异
	19—30 岁	221	4.48	1.10			
	31—50 岁	190	4.65	0.83			
	51—70 岁	84	4.62	0.90			
汉语方言能力	7—18 岁	244	3.69	1.12	79.998	0.000	组间有差异
	19—30 岁	221	3.81	1.19			
	31—50 岁	190	3.83	1.19			
	51—70 岁	84	3.50	1.40			
英语能力	7—18 岁	244	2.52	0.79	62.517	0.000	组间有差异
	19—30 岁	221	2.34	0.97			
	31—50 岁	190	1.71	0.95			
	51—70 岁	84	1.27	0.61			

（二）居住地变项

经单因素方差分析，不同居住地类型的被试在普通话、藏语和汉语方言能力上均存在显著差异（Sig = 0.000 < 0.05），据此可知，被试的普通话能力、藏语能力和汉语方言能力因居住地类型的不同而呈现显著差异，具体统计结果见表 3 – 13。通过比较可知，居住在城市的被试的普通话能力要强于其他居住地被试，县城被试的普通话能力强于农牧区，农牧区 2 被试的普通话能力强于农牧区 1。城市被试的藏语能力要弱于其他居住地。居住在城市的被试的汉语方言能力要强于其他居住地被试，而县城被试的汉语方言能力强于农牧区，农牧区 1 被试的汉语方言能力最弱。整体来看，四种居住地类型被试的藏语能力均较强，汉语方言能力水平相当，城市与县城被试的普通话能力要强于农牧区。

表 3 – 13　　被试语言能力在居住地变项中的差异

语言能力	居住地	人数	平均值	标准差	F 值	显著性	差异性
普通话能力	城市	385	4.39	0.71	113.643	0.000	组间有差异
	县城	185	4.04	1.04			
	农牧区 1	139	2.63	1.48			
	农牧区 2	30	2.90	1.49			
藏语能力	城市	385	4.44	1.04	9.724	0.000	组间有差异
	县城	185	4.74	0.65			
	农牧区 1	139	4.80	0.73			
	农牧区 2	30	4.93	0.25			
汉语方言能力	城市	385	4.01	1.04	17.687	0.000	组间有差异
	县城	185	3.62	1.18			
	农牧区 1	139	3.22	1.29			
	农牧区 2	30	3.47	1.63			

注：农牧区 1 为民族聚居区，农牧区 2 为民族杂居区。

（三）受教育程度变项

经单因素方差分析，甘南地区被试的普通话能力、藏语能力、汉语方言和英语能力因受教育程度的不同,各分组呈现出显著差异(Sig=0.000<0.05),具体统计结果见表3-14。通过比较可知,大专/本科和研究生学历被试的普通话能力要强于具有其他学历的被试,高中/中专学历被试的普通话能力强于初中、小学和无学历被试的普通话能力,显现出随学历层次的提升,普通话能力呈上升趋势。未受过教育被试的藏语能力强于受过教育的被试。受过研究生、大专/本科教育被试的汉语方言能力略强于其他学历的被试,未受过教育被试

表3-14　　　　　被试语言能力在学历变项中的差异

语言能力	学历	人数	平均值	标准差	F值	显著性	差异性
普通话能力	未上过学	86	1.79	1.20	151.483	0.000	组间有差异
	小学	123	3.37	1.31			
	初中	56	3.77	0.91			
	高中/中专	146	4.30	0.79			
	大专/本科	298	4.47	0.58			
	研究生以上	30	4.45	0.59			
藏语能力	未上过学	86	4.97	0.18	10.348	0.000	组间有差异
	小学	123	4.80	0.61			
	初中	56	4.89	0.49			
	高中/中专	146	4.60	0.68			
	大专/本科	298	4.36	1.15			
	研究生以上	30	4.53	1.01			
汉语方言能力	未上过学	86	3.02	1.41	9.243	0.000	组间有差异
	小学	123	3.76	1.24			
	初中	56	3.48	1.10			
	高中/中专	146	3.79	1.06			
	大专/本科	298	3.94	1.13			
	研究生以上	30	4.03	0.96			

续表

语言能力	学历	人数	平均值	标准差	F值	显著性	差异性
英语能力	未上过学	86	1.01	0.11	41.773	0.000	组间有差异
	小学	123	2.14	1.03			
	初中	56	2.20	0.92			
	高中/中专	146	2.56	0.77			
	大专/本科	298	2.11	0.95			
	研究生以上	30	2.97	0.81			

的汉语方言能力最弱。受过研究生教育被试的英语能力最强，受过高中/中专教育被试的英语能力次之，显现出随着受教育程度的提升，居民的英语能力增强。

（四）职业变项

经单因素方差分析，被试的普通话能力、藏语能力和汉语方言能力因受职业类型的不同，各分组呈现显著差异（Sig = 0.000 < 0.05），具体结果见表3-15。

表3-15　　　　　被试语言能力在职业变项中的差异

语言能力	职业	平均值	标准差	F值	显著性	差异性
普通话能力	农牧民	1.96	1.321	65.916	0.000	组间有差异
	公务员	4.61	0.519			
	学生	4.19	0.796			
	医生	4.45	0.522			
	教师	4.44	0.680			
	企业职工	4.52	0.750			
	个体工商户	2.90	1.680			
	务工人员	3.83	1.030			
	其他	2.84	1.762			

续表

语言能力	职业	平均值	标准差	F 值	显著性	差异性
藏语能力	农牧民	4.96	0.187	6.032	0.000	组间有差异
	公务员	4.61	1.273			
	学生	4.62	0.796			
	医生	4.64	0.674			
	教师	4.61	0.956			
	企业职工	4.57	0.870			
	个体工商户	4.87	0.341			
	务工人员	4.83	0.577			
	其他	4.89	0.433			

注：职业变项在被试语言能力上均呈现显著性差异，在此仅列出部分数据。

通过比较可知，在政府、企事业工作的被试的普通话能力强于个体工商户或农牧民等被试，且差异较为明显。具体为公务员＞企业职工＞医生＞教师＞学生＞务工人员＞个体工商户＞其他＞农牧民。就被试的藏语能力而言，虽然呈现出农牧民＞其他＞个体工商户＞务工人员＞医生＞学生＞公务员＝教师＞企业职工，但数据之间的差异并不大。

第四节　语言使用

语言使用是人们在现实社会生活中为了适应人际交往的需求而进行的一种语言选择行为，是反映语言使用者语言态度、语言认同等方面最直观的外化形式。其内涵非常广泛，包括语言使用者在不同言语社区所做出的各种语言选择。而"语言域"是费什曼（Fishman）结合具体的言语社区的实证角度提出的一个概念。他认为语言域是一个社会空间，例如家庭、学校、校区、工作单位、媒体结构、各级政府，可从参与者、地点和话题划分。[①] 本节结合语言域理论，将甘南

---

① [以] 博纳德·斯波斯基:《语言管理》，张治国译，商务印书馆2016年版，第2页。

地区语言使用的语言域分为家庭域和社会域。家庭域指其参与者的身份关系多为亲属,地点多在家庭等私有场合,又称内部语言域;社会域指参与人的身份关系多为朋友、师生、同事、陌生人等,地点多在学校、市场、商场等外在公共场合,又称外部语言域。①

一 语言使用整体情况

对于被试语言使用情况的调查,本章节只涉及日常生活领域中被试在内部语域中与父母、配偶、兄弟姐妹、子女交谈时的语言使用情况,在外部语域中在集贸市场、政府、银行、外地等场合或与陌生人、本族人、外族人交谈时的语言使用情况,具体情况见表3–16。工作、学习等场合中的语言使用情况会在专门领域中单独呈现。

表3–16　　　　　被试语言使用整体情况统计　　　　（单位:%）

语言域	题目	普通话	藏语	汉语方言
内部语域	与父亲	3.7	87.5	18.3
	与母亲	3.5	88.1	17.8
	与兄弟姐妹	11.7	85.6	25.9
	与配偶	7.2	68.8	17.8
	与子女	15.8	69.5	18.7
外部语域	在集贸市场	37.5	73.5	57.6
	在政府、银行等	38.1	25.3	46.7
	在外地	55.7	6.4	29.5
	与本族人	6.1	86.8	13.9
	与外族人	35.5	10.3	51.9
	与陌生人	71.4	48.3	26.5

注:$N=739$,多选。

---

① 瞿继勇:《湘西地区少数民族语言态度研究》,博士学位论文,陕西师范大学,2014年,第95页。

调查发现，内部语域被试在面对不同的家庭成员时，藏语的使用比例最高，汉语方言次之，普通话最低。其中藏语使用比例最高的是与父母亲交谈，与配偶交谈时的比例相对较低；汉语方言使用比例较高的是与兄弟姐妹交谈，与其他的交谈对象使用比例相当，差异不大；普通话使用比例较高的是与子女交谈，其次是与兄弟姐妹、与配偶交谈。故推断，藏语在内部语域占主导地位，是其家庭内部重要的交际工具（比例均值为79.9%），汉语方言和普通话的使用机会较少（比例均值分别为19.7%、8.38%）。这反映出被试与父母、同辈、子女三代的语言使用存在微小的差距，具体数据特征见图3-1、图3-2。

在外部语域的各种交际环境中，被试使用藏语、普通话和汉语方言的比例相当，比例分别为41.8%、40.7%、37.7%。藏语使用场合主要是在集贸市场，以及与本民族人交谈时，与外地人使用的比例最小；普通话使用场合主要是在外地，或与陌生人、外族人交谈时；汉语方言使用主要集中在集贸市场、政府、银行等场合，或与外族人交谈时。这表明在外部语域，普通话和汉语方言的使用率明显上升，藏语使用率下降的趋势较为明显。

综合被试在内部、外部语域的语言使用情况来看，藏语是被试使用的主要语言，汉语方言、普通话次之，使用比例分别为60.85%、28.7%、24.54%。藏语不仅用于内部语域，还应用于部分外部语域，汉语方言、普通话多用于外部语域，在内部语域中较少使用。整体呈现出藏语的使用范围为内部语域＞外部语域，汉语方言、普通话的使用范围为外部语域＞内部语域的特点。

二 不同语域及社会变项的语言使用差异

（一）内部语域不同社会变项的语言使用差异

1. 年龄变项

从图3-1可知，被试在家庭内部语域中因年龄变项所表现出的语言使用存在差异性，但不明显。与父亲、母亲、兄弟姐妹交谈的语言使用情况会随着被试年龄变化而存在一些差异，如被试年龄越低，与家人使用汉语方言、普通话的比例呈上升趋势，使用藏语的比例呈下降趋势。其中 51 岁以上被试的藏语使用比例均在 86.3% 以上，7—18 岁被试与兄弟姐妹交谈时汉语方言、普通话使用比例相对较高（25.1%、15.5%），藏语使用的下降趋势较为明显。与配偶交谈时，51 岁以上被试的藏语使用比例最高，而 31—50 岁被试汉语方言的使用比例（22.3%）相对高于其他年龄段，且汉语方言与普通话使用之间均存在一定差距。在与子女谈话时，藏语使用呈下降趋势，其中 50 岁以下被试的汉语方言、普通话使用呈缓慢上升趋势，且它们之间的差距逐渐缩小。显现出在内部语域与父母交流时的语言使用代际差异特征不明显，而与兄弟姐妹、配偶、子女交谈时存在稍微明显的代际差异。

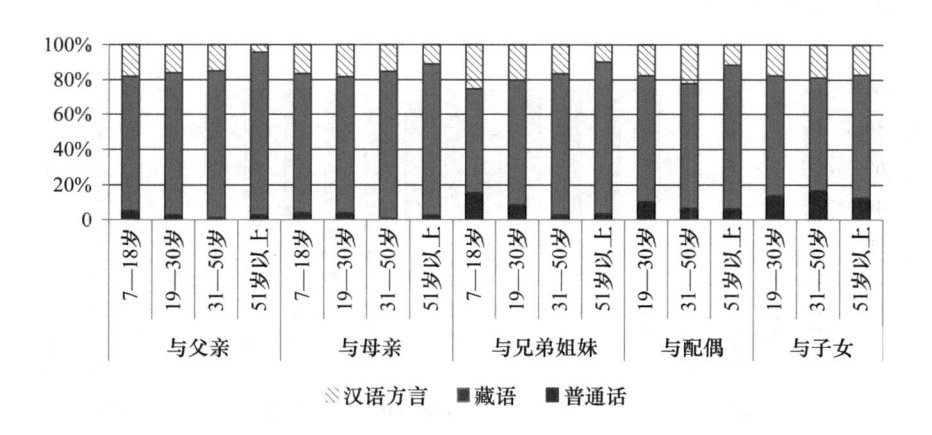

图 3-1 被试在内部语域与年龄变项的语言使用比例

2. 居住地变项

被试在家庭内部语域藏语、汉语方言、普通话使用情况因居住地变项呈现出较为明显的差异性，见图 3-2。城市被试在家庭语域使用汉语方言、普通话的比例高于县城、农牧区 1 和农牧区 2，虽比例不高，但整体呈现上升趋势；农牧区 2 被试家庭语域使用藏语的比例高于农牧区1、县城和城市，呈下降趋势。同时，被试与父亲、母亲、兄弟姐妹、配偶、子女交谈时语言使用情况亦因居住地变项存在差异，如被试与父亲、母亲交谈时使用普通话的比例明显低于家庭其他成员，且集中在城市，占比很低，比例分别为5.4%、5.0%；被试与兄弟姐妹、配偶、子女交谈时汉语方言、普通话使用的比例呈现较为明显的递增趋势，如被试与子女使用普通话的比例明显高于家庭的其他成员，且主要集中在城市、县城，比例分别为24.5%、11.9%；使用藏语的比例呈降低趋势，如比例依次为89.1%（农牧区2）、88.0%（农牧区2）、68.6%（县城）、54.3%（城市）。由此可见，甘南地区藏族被试在家庭内部语域的主要交际用语是藏语，普通话、汉语方言虽使用，但比例不高；普通话普及、推广仍是当地农牧区家庭教育的重要工作。

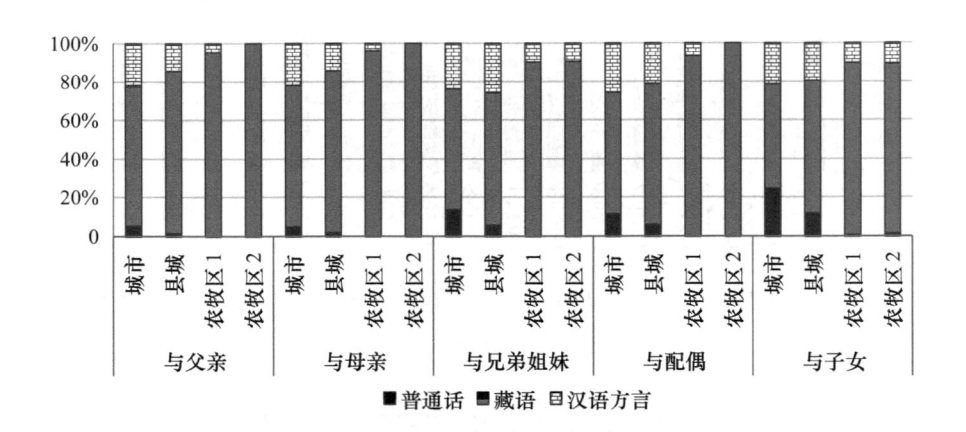

图3-2 被试在内部语域与居住地变项的语言使用比例统计

（二）外部语域中不同社会变项的语言使用差异

1. 性别变项

从图3-3可知，被试在社会外部语域中因性别变项所表现出的语言使用存在差异性，但仅局限于个别语言环境。男性、女性被

第三章 甘南地区日常生活领域语言生活现状

试分别在集贸市场，或与本族人、外族人交谈时所使用的语言比例相当；在与陌生人交谈时出现微小差异，男性使用普通话的比例略高，藏语略低。但在外地时，女性被试使用普通话的比例（88.3%）明显高于男性比例（61.8%），而男性被试使用汉语方言的比例（31.5%）则高于女性（0.9%）。显现出女性被试在外地使用普通话的行为倾向比较明显，说明普通话是被试在外地与人交往的重要交际工具。

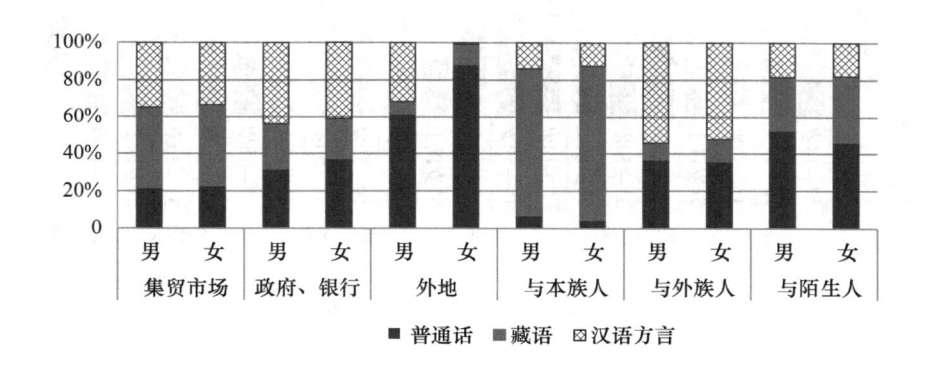

图 3-3 被试在外部语域与性别变项的语言使用比例统计

2. 年龄变项

被试在外部语域中因年龄变项所表现出的语言使用存在明显的差异性（见图 3-4）。在集贸市场，藏语使用比例相对较高，多集中在 51 岁以上和 7—18 岁被试（46.9%—53.8%），31—50 岁被试使用汉语方言较多（50.8%），19—30 岁被试较多使用普通话（33.1%）。在政府、银行等场合，31 岁以上被试主要使用汉语方言（42.9%—52.8%），19—30 岁被试使用普通话比例最高（46.2%）。在外地，50 岁以下被试使用普通话的比例最高（63.8%以上），51 岁以上被试多使用汉语方言。而被试在与本族人交谈时未因年龄变项而产生较大差异，仍以藏语为主，汉语方言使用比例相当，普通话使用仅见于少数 30 岁以下被试。在本地被试与外族人交谈时，汉语方言和普通话的语言功能比较凸显，也因年龄差异而发生变化。如 7—18 岁被试主要使用汉语方言，19 岁以上被试随着年龄的增长，普通话的使用比例降低。当遇到陌生人时，30 岁以下被试主要使用普通话，汉语方言使用率最低。整体来看，被试在不同场合、面对不同交际对象所使用的语言因年龄变项存在代际差异。

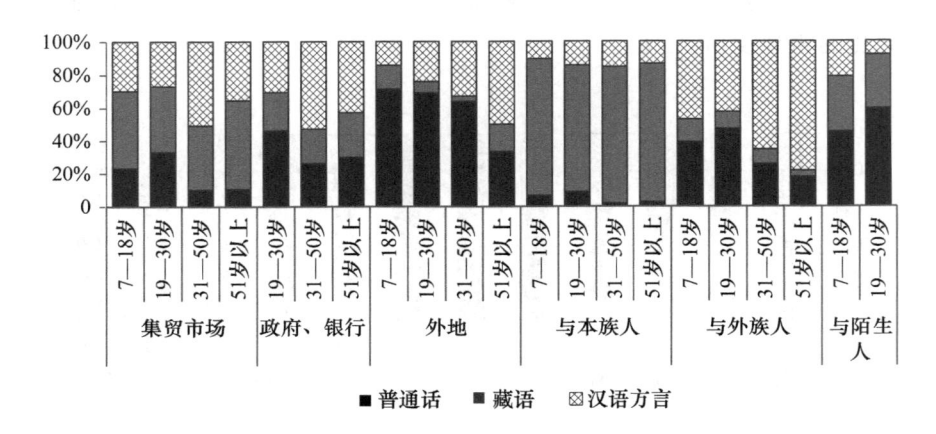

图 3-4　外部语域被试语言使用在年龄变项中的比例统计

3. 居住地变项

据图 3-5 所示，被试在外部语域中因居住地变项所呈现的语言使用存在明显的差异性。被试在与本族人交谈的语言使用情况因居住地不同呈现出比较规律的差异性（75.5%—100%），城镇＜农牧区。如城市被试使用普通话机会最多的场合是在外地（74.2%），其次是在本地与陌生人交流（61.1%），在政府、银行等场合（48.5%）；当与外族人交谈时主要使用汉语方言。县城被试在外地主要使用普通话（72.4%），当与外族人交流或在政府、银行、集贸市场较多使用汉语方言（54.6%—43.7%）。农牧区 1（民族聚居区）和农牧区 2（民族杂居区）被试的语言使用存在一些差异，在外地或与外族人交谈时的普通话使用比例为农牧区 2＞农牧区 1，汉语方言使用比例为农牧区 1＞农牧区 2。整体显现出城镇居民在外部语域使用汉语方言、普通话的情况明显高于农牧区,人际交往对象及语言环境的多样化对被试语言选择产生重要影响。

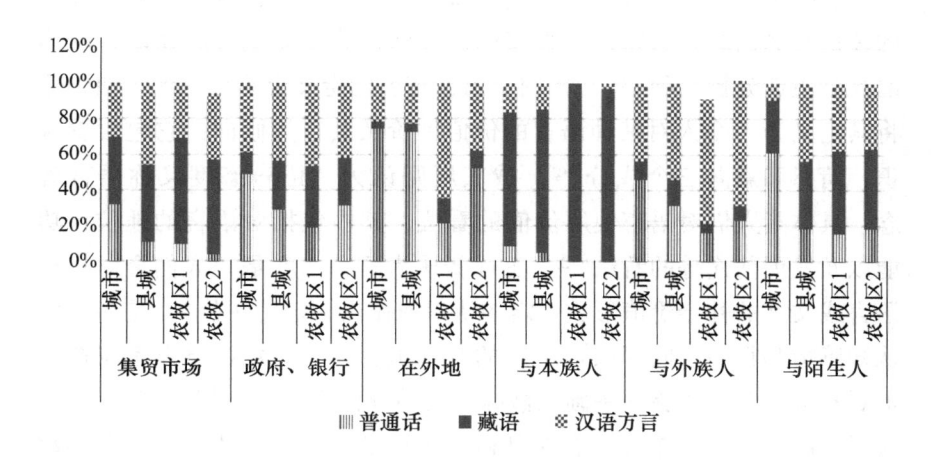

图 3-5 外部语域被试语言使用在居住地变项中的差异

第五节 语言态度

语言态度属于社会心理范畴,是深入探索人类语言生活的重要维度,亦是社会语言学研究的重要课题。国外学者对"语言态度"进行了开创性的研究,阿格海伊西(Agheyisi)和费什曼(Fishman)将"语言态度"界定为一种对不同语言及其语言使用者的情感、认知和行为的价值反应,并将其分为三类:对语言本身的态度、对语言及其使用者的态度、对不同类型语言态度的履行;贝克(Baker)认为语言态度是一个复合概念,社会可能同时对一种语言持有正面或负面的情感。语言态度的形成与语言人的心理因素及语言选择、语言使用等行为是密切联系的,加德纳(Gardner)和兰伯特(Lambert)从工具性动机和整合性动机(凝聚性动机)两个方面探讨了语言态度的形成原因。工具性动机指语言人对某种语言的实用性和功利性的价值认知,并希望通过学习该语言获得经济利益与社会地位,整合性动机是指语言使用者通过学习一种语言使自己成为该语言社群的成员。后来，不同学者还对语言态度的评估要素进行了深入讨论，如包含社会地位、审美品质、吸引力、动力等。瑞恩（Ryan）、吉尔斯（Giles）将语言态度的评估和测量的方法归纳为直接测量方法、简介测量方法和语言变体的社会境遇分析三种。① 在国内，语言态度的定义也不尽一致，如张伟将其定义为"个人对某种语言的价值评价及其行为倾向，它包含着认识、情感和意向三个成分"②。戴庆厦则认为"语言态度又称语言观念，具体指人们对语言使用价值的看法，其中包括对语言的地位、功能以及发展前途等的看法"③。王远新认为语言态度是"人们会对一种语言或文字的社会价值形成一定的认识或做出一定的评价"，是一个由认知感情和行为倾向等因素组成的有机组合体，并建议研究者应在实地观察甚至亲身体验的基础上做综合性的分析研究。④ 另外，郭熙、陈松军、高一虹、道布等学者对其做了不同的定义。总体来看，大多数学者认为价值评价是语言态度的核心，由认知、情感、行为倾向三个因素构成。本节主要通过问卷调查的方式呈现被试对不同语言的特征表达及看法。

一 语言态度整体情况

本节语言态度的大部分题目有4—5个连续型变量关系的选项，每项1分，最高分4—5分，根据得分和变量之间的递进关系，表示语言态度的积极性和认同度。将问卷中涉及语言态度的题目进行统计，具体情况见表3-17。据数据可知，藏语文的均值最高（3.66），汉语文的均值略低（3.40）。可见，甘南地区藏族对这两种语言文字的认同度非常高。

---

① 瞿继勇：《湘西地区少数民族语言态度研究》，博士学位论文，陕西师范大学，2014年，第11页。
② 张伟：《论双语人的语言态度及其影响》，《民族语文》1988年第1期。
③ 戴庆厦：《社会语言学教程》，中央民族大学出版社1993年版，第144页。
④ 王远新：《中国民族语言学：理论与实践》，民族出版社2002年版，第89页。

表 3-17　　　藏族被试语言态度的整体测量结果分析

语言文字	最大值	最小值	均值	标准差
汉语文	4	1	3.40	0.473
藏语文	4	1	3.66	0.561
英语文	4	1	2.82	0.985

二　语言态度各因素分析

(一) 认知态度

1. 社会地位评价

社会地位是语言态度分析的重要维度，具体是指某种语言能够带给个体竞争力、有用、重要等相关感受。语言本身无高低之分，但其社会地位的高低能反映语言使用者的社会政治经济地位高低；当语言具有较高社会地位时可能会诱发个体产生工具性动机，并做出相应的语言调试行为。[①] 此处，主要从语言文字有用度评价、语言重要性排序、语言混合认知来对其进行分析。

语言文字有用度评价。语言文字有用度是反映语言社会地位的主要评价要素，从表 3-18 可知，普通话和藏语有用度的均值相当，且评价较高，汉语方言在一定范围内有用，英文的有用度均值最低；文字方面，汉字有用度均值最高，英文最低。这呈现出国家通用语言文字在甘南地区具有较强的语言功能和较高的社会地位。

语言重要性排序 ($N = 288$)。被试对语言重要性的先后排序结果：藏、方言、普、英（79 人次/27.4%）>藏、普、方言、英（66 人次/22.9%）>普、藏、英、方言（49 人次/17%）>藏、普、英、方言（32 人次/11.1%）>普、藏、方言、英（25 人次/8.7%），还有多种组合形式因所占比例较小均列入其他项（37 人次/12.8%）。此结果与被试语言能力的自评结果基本相符。

---

① 瞿继勇：《湘西地区少数民族语言态度研究》，博士学位论文，陕西师范大学，2014 年，第 12 页。

表 3-18　　　　　　　被试语言文字有用度测量结果分析

类别	语言	均值	标准差
语言	普通话	3.70	0.543
	藏语	3.73	0.574
	汉语方言	3.01	0.742
	英语	2.64	1.078
文字	汉字	3.85	0.390
	藏文	3.77	0.490
	英文	2.76	1.067

注：语言文字有用度选项为：1. 非常没用；2. 没用；3. 有用；4. 非常有用。

2. 语言文字发展前景期望度

被试对语言文字发展前景期望度的统计情况见表 3-19。结果显示，在语言发展方面，普通话和藏语的均值较高，普通话的发展前景优于藏语，英语方言的发展前景优于汉语。在文字发展方面，汉字和藏文的均值较高，汉字的发展前景优于藏文。

表 3-19　　　　　　被试语言文字发展前景期望度测量分析

类别	语言	均值	标准差
语言	普通话	3.76	0.515
	藏语	3.65	0.606
	汉语方言	2.77	0.726
	英语	2.89	0.922
文字	汉字	3.84	0.442
	藏文	3.75	0.506
	英文	2.99	0.875

注：1. 将来不再使用；2. 任其自然发展；3. 一定范围内发展；4. 有很大发展。

(二) 情感态度

被试对语言的情感态度测量结果见表3-20，普通话的均值低于藏语。就情感认同方面，被试对两种语言均比较认同，认为"好听、很优美"。此结果与被试的语言能力、语言使用及其对语言的认知态度、期望度等情况相符。同时，这也从侧面反映出普通话的推广、普及及其社会功能的凸显对甘南藏族居民语言认知方面产生重要影响。

表3-20　　　　　　　被试情感态度测量结果分析

题目	均值	标准差
藏语好听、很优美	3.63	0.592
普通话好听、很优美	3.02	0.174

(三) 行为倾向

行为倾向是分析语言态度的一个方面，指某种行为发出的可能性。[1] 表3-21显示，被试非常希望后代学习普通话。同时，被试希望后代在不同阶段的语言学习选择方面存在明显差异，如普通话的学习倾向度为大学＞中学＝小学＞上学前，藏语的学习倾向度为上学前＞小学＞中学＞大学，英语的学习倾向度为大学＞中学＞小学＞上学前，汉语方言的学习倾向度上学前＞小学＞中学＞大学。可见，普通话、英语的学习倾向度随着学历层次的提高而明显上升，藏语和汉语方言则随之明显下降。另外，通过"您最想学习的语言"的统计结果显示，普通话占比最高，藏语、英语、汉语方言次之，反映了被试学习普通话具有积极的行为倾向，对汉语方言的学习期望度不高。

---

[1] 瞿继勇：《湘西地区少数民族语言态度研究》，博士学位论文，陕西师范大学，2014年，第12页。

表 3 – 21　　　　　　被试行为倾向的语言选择结果统计

题目	普通话 人数	普通话 比例（%）	藏语 人数	藏语 比例（%）	汉语方言 人数	汉语方言 比例（%）	英语 人数	英语 比例（%）
希望后代上学前应学会的语言	209	38.6	287	79.5	10	2.8	17	4.7
家乡小学最好使用什么语言教学	619	87.8	544	77.2	15	2.1	63	8.9
家乡中学最好使用什么语言教学	621	87.8	482	62.8	11	1.6	87	12.3
家乡大学最好使用什么语言教学	582	90.5	362	34.3	6	0.9	106	16.5
您最想学习的语言	133	72.3	107	58.2	9	4.9	66	35.8

注：第 1 题 $N=361$，学生未选填此题；第 5 题 $N=184$，有一部分问卷未设计此题。

（四）语言态度的因素关系分析

甘南地区藏族居民的语言情感因素、认知因素、行为倾向之间的关系由 SPSS 统计软件进行了皮尔逊相关性分析。[①] 结果显示，在不同语言文字的三因素之间的关系中，认知因素与行为倾向之间的相关较高，分别为 $r=0.114$、$p<0.01$；$r=0.140$、$p<0.01$，反映出被试会依据语言文字的社会地位、功用和发展前景，并基于自身的需求，做出相应的行为倾向。但是其他因素之间未呈现出明显的相关性，反映了被试对语言文字的情感程度与其对语言文字的社会地位、发展前景等方面的认知，语言行为倾向之间的影响并不明显。

三　不同社会变项的语言态度差异
（一）学历变项

本节语言态度所含题目中包括一部分离散型变量和一部分连续型变量，本书仅分析后者与社会变项的相关性。经 SPASS 单因素方差分

---

① Pearson 相关系数是英国统计学家皮尔逊于 20 世纪初提出的一种计算相关的方法，主要用于度量两个变量之间的相关程度，用 r 表示，其值介于 -1 与 1，相关系数大于 0 表示变量之间存在正相关，相关系数小于 0 表示变量之间存在负相关。若达到 0.01 显著性水平时，右上角用"＊＊"表示极显著。

析，不同学历层次分组在被试语言态度的部分变量上存在显著性差异（见表3-22），如在国家通用语的社会地位评价及其发展前景的行为倾向上均呈现明显差异。受过教育的被试比未受过教育的被试对国家通用语的有用度认知和发展前景预测表现出更加乐观、积极的态度。另外，因学历层次不同而呈显著性差异的变量还有汉语方言（F=4.492，Sig=0.000＜0.05）、藏语（F=4.313，Sig=0.001＜0.05）、英语（F=42.091，Sig=0.000＜0.05）、英文（F=36.862，Sig=0.000＜0.05）的社会地位评价；国家通用文字（F=10.012，Sig=0.000＜0.05）、藏文（F=3.908，Sig=0.002＜0.05）、英文（F=9.431，Sig=0.000＜0.05）的发展前景。由此反映出，被试教育程度的高低与其语言态度之间存在一定的关系，对不同语言的认知、评价和行为倾向产生影响。

表3-22　　　　　　　被试语言态度在学历变项中的差异

语言态度	学历	平均值	标准差	F值	显著性	差异性
普通话的社会地位评价	1	3.45	0.543	4.346	0.001	组间有差异
	2	3.57	0.622			
	3	3.68	0.471			
	4	3.79	0.541			
	5	3.76	0.508			
	6	3.67	0.507			
普通话的发展前景	1	3.49	0.778	6.248	0.000	组间有差异
	2	3.62	0.434			
	3	3.73	0.447			
	4	3.82	0.439			
	5	3.82	0.460			
	6	3.73	0.450			

注：1. 未上过学；2. 小学；3. 初中；4. 高中/中专；5. 大专/本科；6. 研究生以上。本表仅列出具有显著差异的部分变量。

(二) 居住地变项

被试居住地因分组不同在语言态度的部分因素上存在显著性差异,如:居住地变项在国家通用语的社会地位评价($F=13.486$,$Sig=0.000<0.05$)及其发展前景期望度($F=15.685$,$Sig=0.000<0.05$)上有显著差异。从表3-23中可观察到,国家通用语的社会地位均因居住地变项不同呈现明显差异,居住在城市的被试对国家通用语的社会地位评价最高,其次是县城>农牧区2>农牧区1;相反,居住在农牧区的被试对本民族语的情感取向更加积极,其次是农牧区2>县城>城市。就语言的发展前景度来看,居住在城市、县城的被试认为国家通用语的发展前景很好,其次是农牧区2>农牧区1,反映出居住地语言环境与被试预测国家通用语的发展前景存在关系。在行为倾向方面,不同居住地被试表现出的态度也存在差异,如城市、县城被试的相关态度并不明显,这与生活在农牧区的居民更能体会到在社会交往、信息接触、在外务工等方面所遇到的语言障碍问题比较明显有关,所表现的态度则相对积极一些。另外,因居住地不同而呈显著性差异的变量还有英语($F=30.149$,$Sig=0.000<0.05$)的社会地位评价;藏语($F=4.532$,$Sig=0.004<0.05$)、英语($F=28.659$,$Sig=0.000<0.05$)的发展前景。

表3-23　　　　　　被试语言态度在居住地变项中的差异

语言态度	居住地	平均值	标准差	F值	显著性	差异性
普通话的社会地位评价	1	3.82	0.450	13.486	0.000	组间有差异
	2	3.66	0.657			
	3	3.41	0.542			
	4	3.52	0.535			

续表

语言态度	居住地	平均值	标准差	F 值	显著性	差异性
藏语的社会地位评价	1	3.59	0.631	14.599	0.000	组间有差异
	2	3.76	0.532			
	3	3.91	0.415			
	4	3.85	0.083			
普通话的语言发展前景	1	3.87	0.371	15.685	0.000	组间有差异
	2	3.69	0.567			
	3	3.53	0.718			
	4	3.64	0.504			
成为汉藏双语人的行为倾向	1	3.01	0.917	6.222	0.000	组间有差异
	2	3.00	0.940			
	3	3.35	0.777			
	4	3.53	0.490			

注：1. 城市；2. 县城；3. 农牧区（民族聚居区）；4. 农牧区 2（民族杂居区）。本表仅列出具有显著差异的部分变量题目。

第六节 语言接触

甘南地区是一个多种语言资源共存的地区，各民族在长期交往中必然产生语言接触。语言接触（language contact）是社会语言学的重要部分，反映人们的语言使用情况，是指"使用两种或多种不同语言或变体的个人或群体，在直接或间接接触过程中所发生的各种语言使用现象及其结果所产生的各种变化情况"[①]。语言接触现象表现在许多方面，如语言借用、语码转换、语言混用、语言混合、语言兼用等。本节主要呈现的是作者在调查甘南地区语言生活时观

[①] 张兴权：《接触语言学》，商务印书馆 2013 年版，第 5 页。

察到的语言借用和语言混用情况。

一 语言混用

语言混用是语言和文化接触的产物，又称"语码混用"［language mixing（use）］，"是在两种语言接触的地方里，以一种语言作为主导语言，同时'不适当地'夹用另一种语言的成分的现象"①。随着民族聚居区现代化步伐的加快，语言混用的现象日益增多，通常出现在人们的口头表达中，如普通话、少数民族语、汉语方言、外语语码之间的混用。在此仅以作者在田野调查时收集的语言混用的部分语料为例。

（一）语言混用的案例

会话1（场景：入户调查时，作者的藏族朋友与某牧民之间的对话）

A：ཁྱེད་ཚོའི་ཕྲུག་པ་གཙོས་དང་ལན་ཀྲུ་སོགས་ལ་སློབ་སྦྱོང་ལ་འགྲོ་མི་ཡོད།

你们的孩子有没有去过合作或兰州上学的？

B：合作བོད་ནས་卫校མཐར་ཕྱིན་པ་ཡོད།

合作卫校毕业的有。

A：ཁྱེད་ཚོའི་ཕྲུག་པ་ཕྱིར་碌曲县ཡོང་ནས་ལས་ཀ་འཚོལ་བ་མི་ཡོད།

你们的孩子有没有工作的？回碌曲工作的有吗？

B：རེད། ལས་ཀ་འཚོལ་རྒྱུ་ཧ་ཅང་དཀའ་གི།

对，找工作很难。

A：ཕྱིས་པ་ཚོ་ལས་招聘ཞུགས་མྱོང་ངམ།

你们的孩子有没有参加过招聘？

B：མེད།

没有。

……

A：ད་སྐབས་བོད་སྐད་ཀྱི་བརྙན་འཕྲིན་མང་གི། དཔེར་ན། མཚོ་སྔོན་台དང་ཁམས་པའི་བརྙན་འཕྲིན་སོགས།

现在有藏语台，比如青海电视台和康巴卫视。

---

① 张兴权：《接触语言学》，商务印书馆2013年版，第193页。

B：ཁ་པར་ནང་ནས་信息བསྐུར་བོད་ཡིག་མང་ངམ་རྒྱ་ཡིག་མང་།

你们发短信藏文多还是汉文多？

A：བོད་ཡིག་བསྐུར་མཁན་མང་།

藏文发得多。

会话2（场景：餐厅里，顾客和服务员之间的对话）

A：གཅིག་མ་གཏོགས་གཉིས་མི་དགོས།

就要一个菜，不要两个！

B：སྔོན་གྱི་荷兰豆མི་དགོས་པར་木耳གཅིག་པུ་ཚིག་གས།

前面的荷兰豆不要了，光要木耳，是吧？

A：རེད་རེད།

是，是！

会话3（场景：入户调查时，作者的藏族朋友与被访者之间的谈话）

A：ཁྱོད་大学འགྲོ་མྱོང་།

你上过大学没？

B：འགྲོ་མ་མྱོང་།

没上过。

A：ཁྱོད་སྐབས་འཕྲིན་རེད་ཨེ་སྤྱོད།

你平时用微信吗？

B：སྤྱོད་ཀྱི་ཡོད།

在用。

会话4（场景：在某藏族小学，课后老师和学生之间的对话）

A：ཞིན་འགགས་ནས་彩排རེད་དུས་ཚོད་མེད་ཀི

过几天是彩排，现在不是没时间吗？

B：གནང་ཞིན་ནས་བཟུང་星期一、星期二、星期三རེད་དུས་ཚོད་མི་འདུག

后天开始是星期一、星期二、星期三。没时间。

以上语料主要来源于作者同当地藏族调查者（通晓双语）在调查问卷、访谈、就餐等语言环境中收集的自然会话语料，且均为藏族内部之间的言语交际中使用语码混用的四段对话。从观察句子内部的句

75

子成分及词性来看，大多是句子内部的词汇替换，且比较典型的是名词（如"卫校、信息、荷兰豆、星期一"）的替换，也有一些动词（如"彩排"）的替换；也有一些名词是将两种语码相混合，如"电视台"是由藏语"བརྙན་འཕྲིན་"和汉语"台"组成的。

（二）语言混用的态度

被试认为藏语中夹杂汉语原因（多选）的统计结果：只是习惯，无特别意图（296人次/45.2%）＞有些词使用汉语更简洁（170人次/26%）＞藏语里没有相对应的词（168人次/25.6%）＞表示既懂藏语又懂汉语（103人次/15.7%）＞受周围人语言习惯的影响（41人次/6.3%）＞使对话更有趣（23人次/3.5%）。

从以上数据可知，约半数被试认为只是习惯而已，少部分被试认为使用汉语更加方便、藏语里没有相应的词汇。如作者在商店对店主访谈时，一名年龄30左右的男性藏族买东西时使用的藏语中夹杂了汉语"香皂"。他告诉作者："只是习惯而已，我们说话时经常夹杂一些这样的词，尤其是当汉语里有新词语出现时，藏语里没有相对应的词，人们就直接把汉语借过来用，等这个词被翻译成藏语后，有的人就开始使用藏语新词，但有的人还是习惯性地用汉语词。"访谈时也有一个藏族被试（男，31岁，民族学院藏语系教师，藏语的表达能力优于汉语）表示："在藏族之间的对话中夹杂汉语的情况是比较常见的，多出现在日常对话中，上课的时候老师也会用到的，但是在正式场合使用藏语表达时夹杂汉语的情况比较少。在藏族聚居区，那些卖东西的汉族、回族在说汉语时也经常夹杂着藏语。"

有学者在收集大量实例之后发现，民族聚居区一般较少出现语言混用现象。主要原因在于居民的文化程度相对不高，汉语习得和使用水平很低；而熟练双语的藏族居民的语言表达能力和语言的丰富性相对较高。[①]

[①] 李永斌：《语言和谐背景下西藏的汉语习得和使用》，中国藏学出版社2013年版，第189页。

第三章 甘南地区日常生活领域语言生活现状

二 语言借用

语言借用又被称为"语言成分借用"，是"由于语言之间长期接触的结果，一种语言成分借入另一种语言里的现象。它具体指语言要素的借用"①。从现代语言学角度来看，语言借用包括语音、词汇、语义、语法等方面的借用。多种语言在接触、交融过程中相互影响，彼此借用对方的一些语言成分，其中最为明显的是词汇借用。在甘南地区的多民族交往中，藏族和汉族的互动较为频繁，藏汉语之间的影响也比较深刻。长此以往，藏语中出现了大量表达新事物、新现象和新观念的汉语借词；藏语词汇也出现在汉语、裕固语、土族语等语言中。

（一）藏语中的借词

藏语除了使用本民族语言材料构造新词外，还向其他语言吸收词语以丰富和发展词汇系统。藏语词汇借用历史悠久，在现代藏语中还存在着许多早期借词，但来源不一，如ཇ（茶）、ལཕུག（萝卜）来自汉语，རྐང་འབག（袜子）来自蒙语，མུ་ཏིག（珍珠）、པདྨ（莲花）来自梵语等；其中汉语借词较多，且基本成为藏语常用词汇的重要组成部分，如མོག་མོག（馍馍）、ཅོག་ཙེ（桌子）、ཁང་ཟུར（坎肩）、ཚལ་མ（菜）等。②藏语新词术语的吸收方式有音译、意译、半音译或半意译。从语音形式看，意译遵循藏语语音规律和特点进行组合，多为双音节词，还有多音节词、单音节词，如电脑、手机；从构词方式看，符合法较多，如电子表；从词性看，主要有名词与名词组合、名词与形容词组合、名词与动词组合。③以甘南夏河藏语中的汉语借词为例，其借用方式有多种，但大多为语音形式和词义均来自汉语的音译词，还有汉藏合璧词或短语，即音译借用汉语成分，意译成分

---

① 张兴权：《接触语言学》，商务印书馆2013年版，第94页。
② 金鹏：《藏语简志》，民族出版社1983年版，第31页。
③ 周毛草：《藏语新词术语的使用与发展》，载郝时远、格勒《纪念柳陞祺先生百年诞辰暨藏族历史文化论集》，中国藏学出版社2008年版，第660—663页。

是夏河话。张建民研究发现这些音译词的主要特征：语音完全相同；夏河话里无复元音，往往将汉语中的复元音改为与藏语音相近的单元音；夏河话有二合辅音，汉语声母介入后，有时被改为复辅音，加上 h/ɣ 或 n。①

音译词：　藏文转写　　汉借词　　　汉音　　　汉义
　　　　　muɦu　　　　mu　　　　　mu　　　　亩
　　　　　son phug　　son phan　　suan phan　算盘
　　　　　ske tshe　　hke tshe　　tɕie tshai　芥菜

汉藏合璧词：kan（音译）+ ɬo（意译）　　→ kan ɬo　甘南
　　　　　　　甘　　　　　　南
　　　　　　ȵa（音译）+　tʂhoŋ（音译）→ȵa tʂhoŋ 床
　　　　　　睡眠、卧　　　　床

　　从 20 世纪中期开始至 80 年代，藏语新词的意译词使用频率较高，那时信息的传播媒介非常单一，人们一般会根据自己对事物的了解予以命名；20 世纪 80 年代至今，广播电视、电脑网络等电子传媒加速了信息传播，呈现出新词术语层出不穷的景象。通过调查及访谈等掌握的材料来看，口语中使用借词的频率高，其原因一是主要与实物及其形貌、功能特征等是否被亲见或者是否被经常使用有很大关系；二是与是否及时、广泛地推广使用关系密切；三是传播媒体所产生的影响比较大，许多媒体栏目为非本民族语，本民族创作的影视剧及翻译的作品中使用一些借词太"文"了，老百姓不好理解。②

（二）藏语新词术语的使用情况

　　新词术语是丰富藏语词汇的重要方面，此项工作一般主要由藏

---

① 张建民：《夏河藏语中的汉借词语汉语西北方音》，《中国藏学》2011 年第 2 期。
② 周毛草：《藏语新词术语的使用与发展》，载郝时远、格勒《纪念柳陞祺先生百年诞辰暨藏族历史文化论集》，中国藏学出版社 2008 年版，第 660 页。

区的各地编译局或翻译部门负责。新词术语词典的出版有效地促进了新词术语的推广。西藏近年来陆续出版了汉藏对照的数学、物理、生物、法律、生理卫生、历史、地理等多种专业术语词汇的专著;① 全国藏语术语标准化工作委员会发布十八大以来审定的1500条藏语新词术语（2018），其中涉及许多互联网相关词汇，如微信、红包、支付、刷屏、条码、数字货币等；甘南州整理印刷了《汉藏对照新词术语》（2017）第7辑;② 青海发布了《汉藏对照新词术语》（2019），共收录1万余条新词术语，既有"一带一路""爱心卡""百度"等新术语，亦有如地震、军事、射箭、路标、法律等专业术语。甘肃民族师范学院和中国藏学研究中心联合编纂出版了《中小学藏文词典》《中小学常用汉字汉藏词典》（2018）。通过对新词术语使用的现状调查，结果显示藏语新词术语主要流行于网络，在书面语中应用较多，一般多出现在书面语中，平时与人交流时使用的较少；半数被试认为大众媒体中的藏语新词术语比较符合本民族文化的特点，表示愿意使用；而也有一部分被试表示老百姓更容易接受直译的借词。③

新媒体时代，网络空间是新词语产生的重要途径。伴随着互联网技术的不断革新和移动客户端的出现，网络新词的使用频率和社会地位大幅度提高，社会影响力愈加深远，大量的网络新词融入藏族人民的语言生活。如藏语中出现大量的ཙིགས་གྲངས།（鼠标）、དྲ་གྲོགས།（网友）、སྐད་འཕྲིན།（微信）、དངུལ་སྤྲོད།（支付宝）等与科技、网络有关的新词语。网络语言是网民在互联网进行交际所使用的各种语言符号，而网络流行语是网络语言中最活跃的表现形态，了解其使用情况是观察甘南藏族接受新词新语不可忽视的视角。

---

① 李永斌:《藏语词汇和借用与创新》，《西北第二民族学院学报》2008年第2期。
② 甘南藏族自治州地方史志办公室:《甘南州年鉴（2017）》，甘肃文化出版社2017年版，第366页。
③ 李万军:《浅析藏语新词术语翻译及其应用问题》，《祖国》2019年第2期。

小　　结

　　本章通过对甘南地区居民的语言习得、语言能力、语言使用、语言态度和语言接触方面的调查和分析发现：多数藏族最先习得藏语，其次是汉语方言、普通话。多数被试熟练掌握藏语，具备双语文能力，部分被试熟练掌握汉语文，其汉语文读写能力优于藏语的读写能力；其语言能力与年龄、职业、居住地社会变项具有相关性。另外，家庭影响、学校教育对被试语言学习产生重要影响，学校教育、电视、广播和网络媒体是被试普通话学习的主要途径，社会交往是被试汉语方言学习的重要途径。被试能够意识到国家通用语言文字的重要性，认为它是个体语言能力的基本要求。

　　从语言使用情况来看，藏语的使用频率较高，汉语方言、普通话的使用频率次之。在内部语域中，被试与家庭成员交谈时主要使用藏语、汉语方言，且与父母、同辈、子女三代的语言使用存在微小差距；在外部语域中，被试使用藏语、普通话和汉语方言的比例相当，但在不同交际环境中的使用存在差异，如在集贸市场、与本民族人交谈时主要使用藏语，在与陌生人、外族人交谈时或在外地主要使用普通话，在集贸市场、政府、银行等场合中主要使用汉语方言；同时也在性别、年龄、居住地社会变项中存在显著差异。在语言态度方面，被试比较认同国家通用语言文字的重要性，表示愿意学习和使用汉藏双语或多语。另外，因各民族间的长期交往和语言接触，藏语中普遍存在语言混用、语言借用的现象。

第四章　甘南地区专门领域语言生活

新世纪以来，随着社会经济的迅速发展、多元文化的融入、传统媒体与新媒体的融合、国家通用语的逐步推广、普及，人们的语言生活已经进入了一个主体多元的新局面，尤其是民族地区语言生活更加丰富多彩，呈现出较为明显的变化，形式和内容更为丰富，语言领域不断扩大。第三章主要从宏观视角调查和分析了甘南地区居民日常生活领域语言使用的整体状况。为了进一步细致观察语言生活在各个领域的特征，本章主要从行政司法领域、教育领域、传媒领域三个部分呈现甘南地区语言文字使用及相关群体的语言使用情况，以便全面观察国家语言政策的实施和落实情况，居民的语言生活现状、特征等。

第一节　行政司法领域语言生活现状

民族自治地方的自治机关在执行职务时使用当地通用语言文字是法律赋予的权利。《中华人民共和国宪法》（2018 年修订，以下简称《宪法》）第一百二十一条规定："民族自治地方的自治机关在执行职务的时候，依照本民族自治地方自治条例的规定，使用当地通用的一种或者几种语言文字。"1984 年实施、2001 年修订的《中华人民共和国民族区域自治法》（以下简称《自治法》）第二十一条规定："民族自治地方的自治机关在执行职务的时候，依照本民族自治地方自治条例的规定，使用当地通用的一种或者几种语言文字；同时使用几种通用的语言文字执行职务的，可以以实行区域自治的民族的语言文字为主。"

此外，甘南藏族自治州制定实施的《甘南藏族自治州藏语言文字工作条例》（1996年实施、以下简称《条例》）及《甘南藏族自治州藏语言文字工作条例（实施细则）》（以下简称《实施细则》）对加强藏语言文字工作有着十分重要的意义，对保障民族语言文字自由、促进当地政治、经济、文化事业的发展等方面发挥着重要作用。其中涉及相关行政、司法领域语言文字使用的相关规定。

甘南地区以国家通用文字作为主要的公务用语，还使用藏语文。在行政、司法和执法等领域中均使用双语，可帮助公务人员和广大群众更好地沟通、降低执法难度、提高工作效率，对民情上传和政策下达起着重要的作用。本章节旨在了解行政、司法、执法单位的语言使用状况、语言服务情况等。甘南自治州行政领域设有藏语言文字工作委员会（简称"甘南州藏语委"），司法领域未设专门机构。本章调查主要关注自治州藏族语言文字工作委员会和藏语文工作相关的部门及工作人员，在甘南州专题访谈了州、县两级行政、司法和执法部门。[①]

一 行政司法领域语言文字使用[②]

（一）行政领域语言文字使用

国家法律和条例对民族自治地方行政领域的语言文字使用做了相关规定。《自治法》第四十九条规定："民族自治地方的自治机关教育和鼓励各民族的干部互相学习语言文字。汉族干部要学习当地少数民族的语言文字，少数民族干部在学习、使用本民族语言文字的同

[①] 文中"行政部门"指地方政府相关部门及下属机构；"司法部门"包括检察院、法院，"执法部门"指公安局，三个部门简称"公检法"。因执法部门所涉内容较少，暂时归入司法领域的章节中。

[②] 本部分主要根据对甘南州、碌曲县两级的藏语委、政府办公室、宣传部、民族宗教事务局、人力资源和社会保障局、教育局等单位的访谈内容整理而成。

时，也要学习全国通用的普通话和规范汉字。民族自治地方的国家工作人员，能够熟练使用两种以上当地通用的语言文字的，应当予以奖励。"《条例》第四条规定："自治州的各级国家机关在执行公务时，使用藏汉两种语言文字，两种语言文字具有同等效力。"第十条规定："自治州各级国家机关发至乡、村的重要文告和宣传材料，根据实际需要使用藏文或同时使用藏汉两种文字；县、乡级的上行文书，使用藏、汉两种文字的任何一种，也可同时使用藏、汉两种文字。"第十一条规定："自治州国家机关召开重要会议或集会，悬挂藏、汉两种文字会标；会议用语、会议材料使用藏汉两种语言文字。自治机关各部门和企事业单位召开的工作会议，根据实际需要使用藏汉两种语言文字。"

1. 语言文字工作的主管部门

甘南州藏语委是甘南州人民政府主要负责藏语言文字工作的部门。其要负责宣传、执行党的民族政策，如贯彻执行《宪法》《自治法》《甘肃省实施民族区域自治法若干规定》《条例》及其《实施细则》等法律、法规中有关语言文字的条款，负责管理全州藏语言文字工作，制定、贯彻、落实措施，检查、督促、协调全州藏语言文字工作，推动藏语言文字的学术研究、协作交流和人才培养，负责全州藏语文规范化、标准化工作的执法检查，编纂、审定、出版全州各级各类藏语文学习、培训教材等工作。现设办公室、藏语言文字政策科、藏语文古籍整理科、翻译科和藏语文网络信息中心5个内设机构；核定人员编制为18名，其中研究生学历5人，且均为藏族。碌曲县人民政府办公室总编制为49人，2010年10月，县委办、县政府办联合发文将信访局、法制办公室、外事办公室、藏语言文字工作办公室（简称"藏语办"）划入县政府办公室，办公室负责全县藏语言文字工作的传承发展、规范应用、监督指导工作，促进藏语言文字规范化、标准化、信息化。

2. 工作用语用文

州党委主要采用普通话宣传相关政策和方针，各级部门执行情况良好，向上级汇报的材料一般使用汉字，各单位或基层干部进村入户宣讲国家政策或开展工作时通常使用藏语。国家政府机关的公章和文头均使用汉藏双文；自治州制定的其他条例或办法大部分被翻译成藏文版；各类文件和报告中的主要部分相关宣传材料有汉藏文双文版，其他一般只使用汉字单文；政府公共服务窗口的名称一般均有藏文标志，市县乡政府机构门牌均为汉藏双文；行政办事大厅有藏族工作人员。碌曲县有部分藏族驻村干部，日常主要负责开展政策宣传、工作动员、入户调研、政策落实等各项工作；而多数汉族驻村干部因不懂藏语，在与不通晓普通话的农牧民交流时存在语言障碍问题。

3. 宣传用语用文

甘南州委宣传部现在编人员有39人，其中藏族干部占45%；碌曲县宣传部设有事业编制和行政编制，其中藏族干部约占50%。单位的工作语言主要是普通话，工作人员到基层宣讲国家政策时，主要使用藏语、汉语方言。单位汇编的双语政策读本使用汉藏双文，如"十九大宣传""精准扶贫""法制宣传"等资料。党委宣传部每年会针对农牧民居民需要知晓的文件政策进行翻译、讲解。另外，州内主要翻译工作一般由州藏语委专门翻译或由各单位、行业部门自行组织人员完成。

4. 语言翻译

甘南州藏语委规划并组织科技、教育、文化、儿童读物、农牧民法律法规等书籍和宣传材料的翻译工作；负责翻译州直各单位发至农牧区基层的各类文件政策、法令、布告以及基层居民的藏文来信或上诉材料；承担州上各类大型会议的文字及口头翻译，翻译书写藏文会标、标语、名称等，编写会议藏文简报。负责编译和检查自治州内生产的产品商标、说明书、商品价格标签，翻译审查和书写州内各单位的公章、文头、信封、牌匾、奖状、证件、布告、广告、街道名称、路标、界牌及车辆门徽等，促进社会语言文字工作；负责藏语言文字新词术语翻译的规范化、标准化、统一化工作。2016年，藏语委完成州人大等会议的文字、口头翻译工作，并翻译相关会议材料30余万字，编写藏文简报30多期；翻译《甘南州"两学一做"农牧村党员干部简明读本》15万余字，《消防安全常识手册》10万余字，《草原管理条例》及《草原防火手册》约20万字，州中级人民法院判决书10篇3万余字；翻译门牌及横幅、会标800多件；为州文化旅游发展委员会翻译全州公路交通标志指示牌5万余字；为中国工商银行甘南分行、州公安局等企事业单位翻译宣传材料6万余字。[①] 2017年，州藏语委共计翻译38万余字，完成了"两会"等重要会议的文字、口头翻译工作，并按工作需要及时翻译了会议相关材料等；翻译了18万余字的《甘南州生态文明教育读本·农牧民分册》；翻译《甘南党建》门户网站藏文版、《甘肃省老年人权益保障条例》，4万余字。此外，州藏语委还为社会各界翻译试卷、门牌、路牌、广告、标语等5万余字。这些工作有力地提高了甘南州经济社会发展服务的功能和水平。碌曲县政府依据语言文字使用、规范的地方性政策法规相关文件材料是《自治法》和《条例》，各类文件、政府工作报告、社会用字等翻译工作主要由语委办负责。在常规的党委宣传工作基础之上，市县各级宣传部还负责其他方面的宣传工作，如完成有关会议材料和惠民政策材料的翻译、地名和市场有关门牌的翻译和横幅制作等。有关印制的宣传材料的翻译工作主要由藏语委和专门翻译工作人员负责。

翻译人才配备方面。各类医院、车站、银行、中大型超市等服务窗口基本配备汉藏双语兼通的导医、导购等服务人员，基本能消除广大农牧民因语言原因在生活、生产上带来的诸多不便，满足广大居民在语言方面的需求。各级公检法单位能够根据各自工作的实际需要配备双语翻译人员（多为口头翻译），积极为当事人提供准确、快捷的翻译服务。为了深入推进全州精准扶贫工作，2018年，甘南州委组织部组建了甘南州"双语"翻译人才库，由各级单位推荐报名后再

[①] 甘南藏族自治州地方史志办公室：《甘南州年鉴（2017）》，甘肃文化出版社2017年版，第365页。

进行知识和实践能力测试。整体来说，甘南地区汉藏双语人才基本能满足相关岗位需求，但司法等部分单位的相关人才还不能满足，被访工作人员表示期望政府加大对甘南的支持力度，建议提高公务员的生活补助，降低招录公务员的条件，并加大财力多培养民族干部人才。

5. 社会用字执法

甘南州建立长效机制，对语言文字工作常抓不懈，积极制定工作目标，并明确工作机构和分工管理负责人制度。为了深入贯彻落实国家和州委语言文字工作，甘南州藏语委及州市县其他负责全州语言工作的相关单位按照《条例》对所管辖公共区域的门牌、标牌、标语、横幅等的语言文字使用进行了监管和检查。2016年4月，为助推甘南"国家全域旅游示范区"创建工作，甘南州藏语委组织合作市综合执法局、藏语办开展了全州7县1市的社会语言文字使用情况的专项检查整治活动，对个别单位、店铺名称中存在文字翻译不准确或文字排列顺序颠倒、比例失调、书写不规范、文字掉落等问题进行了现场指正，共发放限期整改通知单353份，对未做整改的按有关规定予以处理。2017年6月，州藏语委对冶力关景区建设使用牌匾情况进行了专项检查督促；8月对各县市工作落实情况进行了重点检查督导。2018年，下发了《甘南藏族自治州人民政府办公室关于开展全州藏语文使用情况专项执法检查的通知》，检查范围和内容涉及各党政机关、事业单位、工商企业的牌匾，公章，文头，广告牌等语言使用情况；各级乡镇政务服务中心、医院、通信、金融、车站、商场、旅游景区等窗口服务行业语言文字使用及配备语言服务人员情况，各级广播电视台、报刊等新闻单位语言文字使用情况；各级公检法等部门语言文字使用和双语工作人员配备情况。执法检查主要采取了实地查看、抽样检查、查阅资料、听取汇报等方式。

碌曲县严格落实《国家三类城市碌曲县语言文字评估工作实施方案》，开展语言文字规范化工作。2015年，县语委办小组深入党政机关、新闻媒体及公共服务行业各单位，对其语言文字工作进行了督导检查，亦指出了存在的问题，并要求单位及时制定了切实可行的整改方案。同时，学校是语言文字工作规范化的基础和主阵地，是推广国家通用语、规范使用国家通用语言文字的主要场所。2019年12月，州教育局语管科和州语委深入红星月幼儿园和尕海镇尕秀小学进行抽查验收工作。

6. 网络信息化

促进全州语言文字规范化、标准化、信息化处理是州藏语委开展工作的重要内容。部门经常开展语言翻译信息化研究，负责藏语文翻译电子数据库建设、藏语文古籍的信息化建设、藏语文翻译软件的研发和推广使用、语言文字新术语的信息化工作；负责和发展全州藏语言文字信息网络，推进语言文字数据化、网络化进程。

甘南州政府网和中国甘南网等主要媒体网站开设藏文网页，但维护和更新情况不太理想，《甘南日报》社主办的网页"香巴拉在线"的维护工作做得比较到位。藏文网站的更新主要依靠翻译稿件，网站类的文学、民俗等方面内容的访问量相对较大。县各政府部门网站主要使用国家通用文字，有专门工作人员对网站的语言文字及信息进行定期维护，使用情况良好，但个别单位反映目前存在的主要问题是缺少精通汉藏双语的专业人才。

7. 语言培训

语言培训是保证甘南州语言文字工作的重要内容之一，州藏语委组织语言文字各类专业人才的培训工作，对干部职工语文培训教育进行业务指导；协调组织人社部门对机关事业单位招录对象进行考试。州政府每年会组织市、县等各级部门的一定数量工作人员，参加甘南州组织的汉藏双语干部培训和相关双语翻译培训活动，对零基础的干部进行语言能力方面的培训，各单位也会积极选派干部参加双语培训，但名额有限。

2017年，藏语委配合省民委对合作市卡加曼乡香拉村进行了为期两天的"语言文化助力双语和谐乡村"创建和学习培训活动。甘南州委组织部为了提高干部运用语言服务群众的能力，大力倡导全州各级机关干部学用藏语，并对学习藏语文工作做了具体要求，各单位积极制定方案。如2018年相继印发和编写了《甘南州推进干部双语学习工作的实施方案》《安多藏语常用会话手册》。甘南州采取多平台"学"、多途径"训"、多方式"育"、多举措"考"等方式，在全州开展双语学习、培训活动，提高干部联系服务群众水平要求在西北民族大学、甘肃民族师范学院和甘南师范学校挂牌成立甘南州基层干部藏语的规范化教育培训基地，在甘肃法官学院舟曲分院建立甘南州政法干警藏语培训基地，在八县市委党校开设了语言学习课程；要求机关单位全面推广干部"学藏语"活动。再如《碌曲县加强基层干部藏语学习培训工作的实施意见》出台，碌曲县通过开办乡镇干部夜校提高干部语言能力素质，并将其与"学藏语、说藏语、用藏语"相结合，有针对性地设置课程，民族干部与汉族干部结成互帮互学对子，鼓励汉族干部面对农牧民群众多讲藏语，掌握民族语言，以加深民族情感。县工商质监局也创新藏语学习形式，激发广大干部学习藏语的自觉性和主动性，要求干部通过"说、读、练、写、用"基本掌握藏语口语的基础知识，达到能够使用藏语与藏族群众进行沟通交流的目的。

8. 古籍整理及规范化、标准化

州藏语委、民宗局是负责全州藏语文古籍整理的主要单位。藏语委重视与藏族五省区藏文古籍工作部门的横向联系工作；日常主要负责组织、规划、协调和指导全州藏文古籍整理工作，全面抢救、收集、编纂、出版州内藏文古籍文献，承担有关全州藏文古籍的考证、选题和审定工作。民宗局主要负责民族教育、民族文化及科技、卫生、体育、广播、新闻等社会事业方面的有关事项，协助有关部门管理少数民族语言文字和古籍收集、整理、出版等工作。碌曲县民宗委现有工作人员19人，其中藏族17人。在语言文字的规范化、标准化方面，州藏语委先后与四川、青海、西藏、北京等多家报刊和媒体双语翻译部门联系，组成新词术语网络共享平台，相互交流、探讨，交换资料，以此推进工作。为方便农牧民群众学习汉语、藏语，2016年还编印了《藏汉会话初级读本》，并免费在农牧村发放，取得良好效果。这些对藏语的标准与规范、民族交往和地域发展等具有重要的现实意义。

9. 普通话水平测试

甘南州的普通话水平测试中心主要设在甘南州语言文字培训测试站（甘南州教师培训学校，原甘南师范学校）。该学校统一对考试人员进行专业培训和测试，其参考标准与国家普通话考试标准相一致。普通话水平测试主要以商务印书馆2006年出版发行的《普通话水平测试指导用书》为参考教材。参加测试的主体主要由大中专中职学生、教师和部分干部等组成。

普通话水平等级方面。甘南州除了对教师、学生、部分干部的普通话水平等级有要求外，对政府部门、机关单位、窗口行业等工作人员并没有严格的普通话等级要求。一般情况下，教师的普通话水平考试过级率为98%—99%，干部的考试过级率约80%；在推行"双语"教育中，藏族居民的过级率偏低。就地域而言，合作市居民的普通话水平过级率相对较高。目前，大部分双语教师的普通话水平等级是三级甲等，大部分普通教师的等级是二级乙等，二级甲等较少；大部分双语干部的等级是三级乙等，大部分干部是二级乙等，二级甲等较少。

国家通用语言文字的推广和普及。甘南州在国家通用语言文字的推广方面做了很大的努力，加大双语教育中对学生开设汉语文化相关课程的力度、增加开展多种多样的有关国家通用语比赛活动的比例。自2018年开始，国家已计划对甘南农牧区600名青壮年进行普通话培训。在采访中，工作人员表示推广普通话并不会制约和影响少数民族语言文字发展和使用；在学校、机关单位进行普通话推广较容易实施，但在农牧区推广存在一定的难度。其重要影响因素是民族聚居区农牧区居民缺少使用普通话的语言环境。

10. 人才招录

甘南州人力资源和社会保障局（以下简称"人社局"）是负责全州人才招录的主要单位之一，现有20个内设机构；碌曲县人社局现有干部职工20人，其中少数民族干部14人。甘南的公务员考试主要采用汉字；针对少数民族有优惠政策，如考试成绩加5分。报考生主要以藏族、汉族、回族为主，还有东乡等民族，其中藏族考生占60%。各类就业人员在招录考试中有时也会按实际需要将藏语言文字作为一项考试内容，如碌曲县民宗局在协同组织部、人社局招考统战部民族宗教工作人员时，采用藏语面试。人才招录出现部分岗位空缺的主要原因是一些少数民族考生的专业技术水平尚达不到招录单位的要求。

整体而言，甘南州藏语委及市、县政府办公室设立的藏语办科室是负责甘南州语言文字工作的重要部门。全州各级部门能够贯彻执行各类法律、法规中语言文字相关的政策和方针，积极开展社会用语用字执法、信息化、翻译和双语培训、国家通用语言文字推广等工作，且执行情况良好。当前，国家政府机关的公章和文头均使用汉藏双文；自治州制定的其他条例或办法大部分被翻译成藏文版；各类文件和报告中的主要部分相关宣传材料有汉藏双文版，其他一般只使用汉字单文；政府公共服务窗口的名称一般均有双文标志。甘南州政府网和中国甘南网等主要媒体网站开设藏文网页，其他单位网页通常使用汉字，但首页的单位名称一般会使用汉藏双文。各单位或基层干部进村入户宣讲国家政策或开展工作时一般会根据语言环境选择使用普通话、藏语和汉语方言。

（二）司法领域双语文使用[①]

《宪法》（2018）第一百三十九条规定："各民族公民都有用本民族语言文字进行诉讼的权利。人民法院和人民检察院对于不通晓当地通用的语言文字的诉讼参与人，应当为他们翻译。""在少数民族聚居或者多民族共同居住的地区，应当用当地通用的语言进行审理；起诉书、判决书、布告和其他文书应当根据实际需要使用当地通用的一种或者几种文字。"《自治法》第四十七条规定："民族自治地方的人

---

① 本部分主要根据甘南州、碌曲县两级司法局、法院、检察院的访谈资料整理而成。

民法院和人民检察院应当用当地通用的语言审理和检察案件，并合理配备通晓当地通用的少数民族语言文字的人员。对于不通晓当地通用的语言文字的诉讼参与人，应当为他们提供翻译。法律文书应当根据实际需要，使用当地通用的一种或者几种文字。保障各民族公民都有使用本民族语言文字进行诉讼的权利。"《条例》第十二条规定："自治州自治机关保障藏族公民用藏语言文字进行诉讼的权利。当事人用藏语口头或文字提出起诉、申诉、上诉的，司法机关应当接受，不得拒绝。自治州各级人民法院、人民检察院在侦查、起诉、审判案件时，对藏族当事人使用藏语，或为他们翻译，法律文书使用藏、汉两种文字。"

本章涉及的访谈单位有甘南州司法局、甘南藏族自治州中级人民法院、甘南藏族自治州人民检察院，碌曲县司法局、碌曲县人民法院、碌曲县人民检察院的语言文字使用情况。内容主要从案件审理、人员培训、普法宣传、司法翻译、司法考试等方面介绍语言文字在甘南州的使用情况。

1. 案件审理

《宪法》《自治法》明确规定，各民族公民都有使用本民族语言文字进行诉讼的权利，对不通晓当地通用语言文字的诉讼参与人，应为其提供相应的翻译。《条例》也对甘南州少数民族案件审理的语言做了相关规定。

（1）法院

法院在审判中有普通话、藏语双语法官担任审判员或配有专门的翻译工作人员。若审理藏族当事人案件时，一般会事先询问当事人是否需要翻译，若需要则提供翻译。法院设有科技大法庭，若涉及藏族当事人案件审判时，会采用同声传译以保障当事人用藏语进行诉讼的权利。法院对涉及藏族当事人的各类法律文书一律使用汉藏双文书写、打印；法律文书会以电子文本格式或文件的要求存档，若在文本表述中出现文字错误，会及时给予纠正。案件审理结束后，若当事人双方都能看懂汉藏双文，判决文书不会再翻译，偶尔会进行口头翻译。在判决书送达前，法院工作人员会认真对其进行核对，并经州藏语文字委员会审核，未出现过错误情况。

在法律文书的存档方面，若涉及藏族当事人案件，法律文书以双文存档。判决文书中除敏感、不公开审理等法定不予公开的情形案件外，其他判决文书均在网上公布。2016年，在中国裁判文书网上公布裁判文书2670篇，其中藏语裁判文书有15篇。[①] 在立案用语用文方面，中院立案庭没有按语言不同分别立案，但有通晓双语法官接待当事人。立案庭负责处理来信来访、法律知识咨询；在诉服中心配备了语言翻译人员，各类诉讼须知等材料有汉藏双文版，以供当事人随时查阅。

（2）检察院

检察院的控告、检举文字材料，若需要移送有关机关处理，一般以国家通用文字为主，特殊案件会使用汉藏双文，其中使用汉字的案件比例约为80%，汉藏双文的案件比例约为20%。

检察院的诉讼主要使用普通话，部分法律文书使用汉藏双文。在案件审理中，若工作人员和当事人均通晓汉藏双语，则更倾向于使用汉语；笔录一般主要使用汉字，只通晓汉语的工作人员可以为双语当事人做笔录，一般情况下不存在沟通障碍。同时，藏族当事人不通晓汉语的情况比较常见，因而经常要求检察院提供翻译，一般会有翻译人员为其做笔录。笔录一般主要使用汉字，有时会使用藏文。案件审理结束后，若藏族当事人双方均能看懂汉字或藏文，判决文书一般会被翻译成藏文。

（3）庭审个案用语[②]

双语被告人的案件用语案例。庭审信息：案号（2019）甘3026刑初20号；开庭时间：2019年9月10日14：59。整个庭审过程主要使用普通话，审判员、书记员均使用普通话，被告人虽为无学历的

---

① 甘南藏族自治州地方史志办公室：《甘南州年鉴（2017）》，甘肃文化出版社2017年版，第162页。

② 中国庭审公开网（http：//tingshen.court.gov.cn/live/7757547）。

青年牧民，但会使用汉语方言，且比较流利。

单语被告人的案件用语案例。庭审信息：案号（2019）甘3026刑初11号；开庭时间：2019年6月28日09∶00。整个庭审过程主要使用普通话、藏语两种语言，6名被告人中有不通晓汉语的情况，庭审均配有专门翻译的工作人员为其提供翻译。审判员或书记员在宣读庭审纪律、询问或宣判等环节中均使用普通话，翻译员再使用藏语为被告人翻译一遍，或用藏语询问被告人或与其交流后，再用普通话将信息反馈给审判员。

2. 普法宣传

州、县市各部门按照工作职责和"扶贫"联系点组织司法干警、法律工作者、扶贫干部深入基层开展形式多样的送法活动。如2016年3月，在合作市香巴拉广场举行"甘南州法治宣传教育月"活动启动仪式，各县也在县城广场及其繁华地段举办大型普法宣传活动和"送法下乡""法律咨询"等法治宣传教育活动。另外，司法局还设计制作发放普法挂历、手提袋和汉藏双文《农牧民法律知识读本》等法治文化用品。是年，全州共开展各类法治宣传教育活动1023场次，教育人数43.8万余人次，发放双语法律知识资料2.9万余份，散发农牧民法律知识问答宣传册、普法教育漫画宣传册等各类宣传资料15.4万余份，双语宣讲323余场次，展出社区宣传展板1252块，悬挂横幅368条，解答法律咨询0.4万余人次。

州、县市司法局在电信、移动手机上开通汉藏双文手机法治宣传教育平台，每周固定向各级领导干部和群众发送法治宣传教育短信3000条。省、州各类媒体刊登法治宣传信息28篇，州、县广播电台、电视台播放法治宣传工作报道和法治宣传标语34期次，举办法治宣讲52场次。另外，合作市司法局建立"羚城普法"公众微信平台。甘南州的普法杂志报纸有《甘南普法报》《甘南司法》《舟曲普法报》《夏河普法报》等，对司法行政新闻宣传和信息工作起到了重要作用。先后通过电视台、《甘南日报》、甘南司法行政网、微博、微信等各类媒体进行了宣传报道。其中,甘南广播电视台开设了藏语"团结金桥"栏目法律讲座专栏。①

州法院有专门针对藏族居民的法治宣传活动,制定了双语法律规定、条文等,如发放一些宣传手册、图书等,其中各类法律宣传手册均有双文版,以方便居民了解。法院开展活动,悬挂法律用语、格言警句等一般使用汉字,当使用藏族流传的名言警句标语时会使用汉藏双文,且用语规范。除国家规定的法律宣传日外,碌曲县法院一般会结合实际情况,在广场、乡、村和户进行双语宣传,向群众发放藏文版的宣传手册、图书等,服务效果和宣传力度良好。县法院开展活动,悬挂法律用语、格言警句等均使用汉字。

检察院在下乡对居民做法律宣传时,若宣讲工作人员不通晓藏语,一般会通过翻译人员将宣讲内容翻译成藏语再进行一次宣讲。碌曲县司法局举办的普法活动有法律进单位、法律进机关、法律进社区、法律进企业、法律进学校、法律进农牧村、法律进宗教场所、法律进家庭等,使用藏语文举办的普法活动比例达90%以上。司法机构每年会组织相关普法学习工作,学习后有相关测试以检验学习效果。司法局所开展的法制讲座、进藏族小学等普法活动,一般以汉藏双语形式授课。司法机构有下基层普法活动,主要以汉藏双语进行宣讲,发放材料亦使用双文。

3. 双语培训

自治州和碌曲县的两级法院、检察院、司法局各系统积极开展或选派人员参加业务培训。碌曲县司法局设立于1981年,负责全县的司法行政管理、普法依法治理工作,现有工作人员12人,其中藏族7人,本科以上学历6人。2016年州司法局协助省厅举办了4期汉藏双语培训班,全州司法行政系统140名"双语"人才得到培训。各县市选派基层工作人员参加全省少数民族地区政法干警双语提高班,卓

---

① 甘南藏族自治州地方史志办公室:《甘南州年鉴(2017)》,甘肃文化出版社2017年版,第164页。

尼、合作、临潭等县市也结合工作需要，分别组织开展州内业务观摩学习。

州法院组织工作人员参加的培训有最高人民法院举办的少数民族中年法官培训班学习，其培训内容涉及面广、时间较短；计算机技术操作培训、双语人员培训，通过对干警计算机操作能力和审判人员对案件管理系统的运用能力培训，干警的信息化技术和双语翻译能力有了很大的提高；有专门针对藏族法官的双语培训，如甘肃法官学院会定期举办双语培训的基础班、强化班等。2016 年，全州两级法院共142 人次参加各类培训班 19 期，[1] 而有关少数民族律师法律援助方面的实务培训还未开展。在业务学习中，双语法官一般会阅读中国民族语文翻译局翻译的藏语文法律文件、图书等，在审判实务中也会经常参考应用；有工作人员表示对藏语文法律图书有更大的需求。参加双语培训的有些学员表示藏语课程有难度，建议将学员的实际语言能力与课程难易程度相匹配。

国家法官学院舟曲民族法官培训基地、中国—西亚国家法官交流培训基地、甘肃省法官学院于 2013 年在甘南州舟曲县正式成立，是甘肃省高级人民法院直属事业单位，在法律人才培训培养、双语法律人才培训、双语法律教材编写、法制文化研究等方面进行了积极探索和实践，并取得了丰硕成果，培养培训了大批专业化、职业化、正规化法官和大量的精通汉藏双语的政法干警，为推进法制文化研究、维护少数民族群众权益、提升领导干部法治素养、促进社会文明进步做出了特殊贡献。如创办了《民族法制文化研究》辑刊、内部刊物《双语学苑》，开通了国内首家双语法官培训门户网站，设立了国内首家民族法制文化陈列馆，编撰出版了《宪法教程》《刑法教程》《民法教程》等35 部双语法律系列教材，填补了全国尚无系统的汉藏双语法律培训教材的空白，在提高藏区司法能力和水平、保障藏区群

---

[1] 甘南藏族自治州地方史志办公室：《甘南州年鉴（2017）》，甘肃文化出版社 2017年版，第 162 页。

众使用本民族语言文字进行诉讼权利等方面发挥了重要作用。目前，学院已先后举办全国藏区法院院长培训班，全国法院少数民族地区法院基层人民法庭庭长培训班，全省法院、检察、公安以及司法行政系统藏汉双语培训班等105期，参训学员达13953人次。①

甘南州不同级别、不同地区的法院、检察院会组织观摩学习活动，甘肃省法官学院定期对检察院、法院的检察官进行汉藏双语培训，培训周期一般为半年，培训环节主要使用普通话。翻译人员参加州检察院组织的专业术语翻译培训，尚未接受过最高人民检察院的语言文字方面的相关培训。2016年，州检察院配合省院完成"双语"翻译人才培训工作，州县两级院共有27名专兼职翻译人员参加了培训。②

4. 司法翻译

（1）法院

州法院有汉藏兼通的审判员，人数比例约为21%，尚不能满足审判需要。目前，缺少精通双语并能熟练运用双语双文进行审判、书写裁判文书的法官，无通晓汉藏双文记录庭审情况的书记员。另外，州法院设有翻译科，有2名翻译人员。法院在翻译藏族相关的法律文本时，一般会采用对译、意译两种方法。相关文书的翻译比较准确，翻译工作人员一般在翻译前会有专门的翻译人员提前阅知，对于有争议的翻译问题，寻求州藏语委等专业机构的帮助。案件中所涉及专业术语翻译会与中国民族语文翻译局翻译的书籍或文件保持一致。法院翻译人员由法院工作人员兼任，双语人员评定工作正在开展。被访工作人员表示，建议法院工作人员在开庭时尽量使用口语，以便当事人更好地领会诉讼参与人的语义。

碌曲县法院现有汉藏兼通的审判员，能够满足审判需要；有通晓

---

① 多杰昂秀：《藏汉双语法治人才培养与"依法治藏"甘肃省法官学院的经验》，《青藏高原论坛》2019年第2期。
② 甘南藏族自治州地方史志办公室：《甘南州年鉴（2017）》，甘肃文化出版社2017年版，第160页。

双文记录庭审情况的书记员，能满足日常工作记录的需求。单位的部分岗位不能满足招聘要求，目前缺乏精通双语的人才；当单语藏族当事人需要提供翻译时，会有兼通双语的工作人员为其提供翻译服务。

（2）检察院

州检察院、碌曲县检察院均设有专门的翻译科室，现有汉藏兼通的翻译工作人员分别为6人、4人。检察院翻译科室在招录公务员时，对其有语言方面的要求，如需通晓双语，具备较强的语言翻译能力等，但招聘结果有时不能满足招聘要求。目前，州、县检察院表示缺乏双语检察官，其数量不能满足审判需要；在日常工作中若需要翻译人员，一般由专职人员提供翻译；单位尚没有相应的翻译人员任用、考核标准和培训办法。检察院通常会通过同步双语翻译来辨别当事人是否切实理解法庭上的所有环节。另外，单语检察官比较注重参与翻译活动，庭审翻译一般有翻译期限；翻译人员经常学习规范性书籍和文件，在涉及专业术语翻译依据方面，一般会与中国民族语文翻译局翻译的书籍或文件基本保持一致。碌曲县检察院因缺少双语兼通人才，在翻译过程中，办案人员尽量错开使用翻译人员的时间；表示期望单位增加专业翻译工作人员的数量，加强对翻译人员翻译能力的培训。

5. 其他工作用语用文

公证用语用文方面，公证案卷主要使用汉字，但案卷中公证当事人可以用藏文签名。虽然有的公证人员不能读写藏文，但可以用藏语与当事人进行交流。办理公证的当事人提交申请时可以用藏文签名，个人的公证档案中也可以用藏文签名、按手印。同时，为了提高群众对公证工作的知晓率，司法局会使用汉藏双文印制公证宣传资料。

州法院传票、诉讼文书、判决文书，涉及藏族当事人的各类法律文书和需要再审上报高院的藏族案件的诉讼及裁判文书通常使用汉字。向人大提交的工作报告和涉及藏族当事人案件的裁定书一般使用汉藏双文，且执行情况良好。检察院在日常工作中需要翻译人员，主要由专职人员提供翻译；在不同级别、地区的检察院组织过观摩学习活动，主要使用汉字。碌曲县检察院工作人员在执行公务中一般会遇到与藏语言文字相关的问题，如其他民族工作人员与单语藏族交流时，一般需要有翻译人员陪同。

6. 律师及法律援助

在法律服务方面，甘南州建立了律师人才库，并组织开展律师执业执法专项检查，开展扶贫法律服务直通车"一村一法律顾问""法律体检"等专项活动。2016年，合作市、舟曲县组织法律援助中心及公证处21名工作人员分别到天津参加公证律师业务培训，杭州参加全国司法行政系统援藏培训班。

甘南桃江律师事务所（驻碌曲县）有工作人员3人，其中主任1人（藏族，副科级干部）；律师2人（其中汉族1人，现任碌曲县法律援助中心主任，不通晓藏语；藏族1人，现任碌曲县政府法制办主任，精通汉藏双语文），两人均提供过法律援助。法律援助案件补贴是省司法厅制定的，但民族地区可以结合本地区实际翻译费等按案情酌情提高；近两年来，在援助案件中藏族当事人比例占90%以上。另外，在法律服务工作中，县司法局比较重视劳教人员各项权利的保障工作，一般会通过汉藏双语人员对其进行劝说、开导。省司法厅每年会举办少数民族地区律师培训。

×××，男，碌曲县律师，采访地点：办公室，采访时间：2018年8月16日

近年来，各级法院非常重视培养少数民族法官工作，要求使用汉藏双语审理案件，尤其是自2018年以来，没有律师参与的刑事案件被视为不合格的审理案件，被告人和当事人均为藏族的司法案件的要求更为严格。在民族地区的案件审理中，最好有精通汉藏双语的人员参加诉讼，双语律师参与案件的审理。在具体案件中，一些藏族被告人不知晓诉讼权利，也不理解诉讼机关说的内容，不知道自己该如何回答或怎样维护自己的权力；当法官询问时，部分单语被告人只是点头。在《宪法》和《自治法》

中明确规定了民族地区可使用本民族语言文字进行诉讼。我认为作为一名法律服务工作者，要正确实施法律和维护宪法权威、维护当事人的合法权益。甘南地区迫切需要精通汉藏双语的律师，加强双语律师的人才培养。

7. 人才招录

司法系统的公务员招录主要由州公务员考试统一考核、任用，考生并无语言能力要求。在招聘法院少数民族人才时一般有优惠政策，如藏族考生在满足法律职业资格条件方面，只需获得 C 证便可报考。州法院当前仍然缺乏汉藏双语兼通人才，还未专门招录过汉藏双语兼通人员，其中招录门槛高、待遇不高是双语法律人才招不进来、留不住的重要因素。根据省院统一安排，近年来全州法院招录了 59 名双语政法定向人员。2016 年，州中院按照《全省法院司法体制改革员额法官选任办法》开展了首批法官入额选任工作，经省法官遴选委员会最终核定全州 117 名（除合作市法院 11 名）法官确定为入额法官，其中双语法官 36 人，比例约占 30% 以上。碌曲县司法局现有 1 名工作人员参加过甘南州组织的国家司法考试。

另外，单位对兼职翻译工作人员的任用、考核办法与普通干部相同。州人事系统在统一招聘工作人员时，对少数民族在学历等方面没有照顾政策，目前人事局部分岗位不能满足招聘要求，仍缺乏精通汉藏双语的人才；招录人才出现岗位空缺的主要原因是招录检察系统工作人员的条件比较高。被访工作人员表示自然环境较差是影响法律专业人才在当地工作的主要原因之一，建议对外地的专业人才适当给予一些优惠政策或补助，或尽量招录当地户籍人员，适当放宽少数民族考生的报考条件，在优秀大学生选调中注重选拔通晓双语的优秀人才。

8. 网络信息化

州司法局和各县市司法所已基本形成信息化建设规划体系，各级司法行政机关建成移动专线局域内外网。2016 年完成司法行政网站自查及读网检查，工业、信息化部信息备案审核等，要求全体干部熟练掌握"智慧司法"。截至10月底,更新和增加信息4500多条、图片信息50余条。网站每日平均访问量达500多次,网站主页累计访问量83万余次。① 另外,国内首家国家通用语、藏语双语官方网站——国家法官学院舟曲民族法官培训基地门户网站以汉藏双语视频、文字相结合的模式,突出了双语教学的特点,设置了"跟我学藏文""法律天天学""庭审现场"等双语栏目。尤其是为双语教学专门定制的《跟我学藏文》网络教学视频,让不懂藏语的汉族基层法官能够通过登录网站轻松学习藏语,切实增强双语的表达及理解能力。在网站及公众号用文方面,州法院的微博及微信客户端主要使用汉字,每天更新信息,及时发送全州法院的各类信息简报。另外,州法院开通了微信公众号,推文主要是汉字,信息主要来源于各县市法院及本院各部门的推荐信息。

(三) 执法领域语言文字使用②

1. 案件用语用文

在案件审讯过程中,公安局工作人员能用汉藏双文做笔录,并能熟练使用藏文输入软件,一般情况下以汉字进行记录。若只通晓汉语的单语工作人员与藏语单语嫌疑人在沟通存在障碍时,一般均有汉藏双语工作人员为其提供翻译服务,且不存在任何问题;若工作人员和当事人均为双语人,通常会以汉语为主,有时会夹杂藏语,不存在交流障碍。若涉及藏语单语当事人的笔录文件时,通晓藏文的工作人员则使用藏文为其做笔录,笔录结束后再让嫌疑人确认签字。在语言翻译过程中,州公安局会采取复议对比措施避免虚假翻译,且有录音录像留存,以方便后期核对、监督;亦能为法院、检察院提供笔录查阅服务,为其提供证据材料。

2. 其他工作用语用文

州公安局在报案、处理日常事务过程中遇到不懂汉语的当事人的

---

① 甘南藏族自治州地方史志办公室:《甘南州年鉴(2017)》,甘肃文化出版社2017年版,第162页。
② 本部分主要根据州公安局和碌曲县公安局的访谈资料整理而成。

情况较少，而碌曲县公安局遇到的这种情况比较多，若当事人有语言需求，汉藏双语工作人员一般会为其提供语言翻译。涉外或窗口工作人员，在交警大队上街执勤、车管所办理车牌、检车业务，出入境管理处办理护照、通行证等日常工作中，通常均有双语接待窗口或藏语翻译服务。另外，当公安局与法院、检察院配合衔接工作时，合作部门均有相应的双语兼通的侦查人员和审判人员，并且三方已形成从侦查、批捕到起诉、审判一整套的藏语文诉讼链。

3. 人才招录及双语培训

州公安局于1953年随着自治区人民政府的成立而建立，下设24个支队和科室，碌曲县公安局下设19个内设机构，现有编制工作人员129人，其中专科以上学历占82.9%。州县两级公安局均未设置藏语文专职翻译，但有汉藏双语兼通的工作人员，主要分布在各大队、派出所、户政大厅。在人才招聘时，专门招录过双语兼通人才，能按照一定的比例招聘相关工作人员，且能满足岗位需求。目前，双语工作人员能够保障日常工作的翻译需求，但个别县公安局表示目前仍缺乏相关人才。

公安局通过各种形式积极开展语言培训工作。如州公安局以办班、每日学几句的形式组织工作人员进行语言方面的培训，学习内容主要是日常用语、工作窗口用语。另外，单位每年会组织工作人员参加甘肃省法官学院长期定点组织的双语培训。碌曲县公安局会经常组织工作人员培训学习，如利用党员活动日等机会加强工作人员的业务能力，其中有关于语言方面的培训内容，鼓励工作人员学习藏语文，加强与群众之间的交流，促进日常工作的顺利开展。

4. 网络信息化

州公安协调甘南日报社在《甘南日报》开辟了"甘南公安"专栏，还充分发挥了"双微一网"服务功能。如2016年政务微博共发布信息16031条，政务微信共发布信息209期1234条，门户网站共发布信息2419条，还选派9名网站管理员参加省厅举办的政府网站群管理员培训班。

综上所述，甘南地区可依据语言政策使用汉藏双语文从事司法活动，自治州各级人民法院和人民检察院在侦查、起诉和审判案件时主要使用普通话，单语藏族诉讼参与人可使用藏语；单位配备了具有双语文能力的审判员、检察官或翻译工作人员，为藏语单语当事人提供翻译。司法局、法院和检察院能够通过手机、广播电台、电视台等媒介形式开展各种形式的普法宣传工作，如发放双语法律知识资料、读本，进行双语宣讲，开通双文手机法治宣传教育平台，建立普法公众微信平台等。另外，单位还积极开展双语培训、司法翻译、法律援助、网络信息化、人才招聘等工作，且效果良好。甘肃省法官学院、国家法官学院舟曲民族法官培训基地对全州的双语人才建设产生了积极作用；各级法院、检察院的网站及公众号用文一般使用汉字，网页首页有单位的藏文名称。在工作用语用文中，公证案卷中一般使用汉语文书，案卷中公证当事人可以用藏文签名；当工作人员深入基层开展工作时，一般会根据交际对象进行语言选择。公安局是执法领域的重要单位，州县两级单位虽未设置专职翻译岗位，但有双语兼通的工作人员；在案件审讯过程中一般使用汉藏双文做笔录；公安局在报案、处理日常事务过程中所遇到的语言问题存在差异，如合作市公安局遇到不懂汉语当事人的情况较少，而碌曲县公安局遇到的这种情况较多。另外，公安局积极开展双语培训、网络信息化等工作，且效果良好。

二 公务员工作语言使用及语言态度

公务员是行使国家行政权力、执行国家公务的人员，是联系上级和群众关系的纽带，其综合素质的高低直接反映党的执政能力和政府监管能力的高低。在民族聚居区，对公务人员的素养能力要求更高，不仅需要具备良好的业务能力、个人修养，同时还需要具备双语能力，以更好地与基层不通晓汉语的群众沟通、顺利地开展工作。可以说，公务员的队伍建设是加强党执政能力的重要组成部分，对社会发展、民族和谐等方面起着重要的桥梁作用。调查甘南公务员的工作语言使用及相关态度是了解当地语言生活的重要部分。

(一) 样本构成和语言能力

1. 样本构成

本部分主要对甘南州、碌曲县的政府办公室、藏语委、宣传部、民宗局、教育局、人社局、公安局、检察院、法院等单位的153名公务人员的语言能力、语言使用及语言态度进行了调查，其基本资料见表4-1。整体来看，被试多集中于中青年，受教育程度多集中于大专和本科学历，男性被试略高于女性，市区和县城被试比例均衡。

表4-1　　　　　公务员被试调查样本基本情况统计

类别	基本情况	样本数（N=153）	比例（%）
性别	男	82	53.6
	女	71	46.4
年龄	30岁以下	52	34
	31—50岁	87	56.9
	51岁以上	14	9.1
学历	高中/中专	2	1.3
	大专/本科	139	90.8
	研究生以上	12	7.8
工作地点	合作市	79	51.6
	碌曲县	74	48.4
所在部门	行政	108	70.6
	司法*	45	29.4
单位藏族人员构成	几乎都是	49	20.7
	占多数	83	35
	占一半	55	23.2
	占少数	50	20.7

* 注：公安局属于执法单位，因其所占比例很少且为了便于统计，将其计入司法领域数据中。

2. 语言能力

公务员被试整体语言能力的测量结果（见表4-2）显示，在口头表达方面，被试的普通话能力均值最高，其次是藏语能力、汉语方言能力；在书面表达能力方面，国家通用文字的读写能力均值明显高于藏文，英文的掌握程度不高。

表4-2　　　　　公务员被试自评语言能力分析表

对象	类别	普通话	藏语	汉语方言	英语
整体被试 ($N=739$)	听的能力	4.83	4.37	3.89	2.07
	说的能力	4.60	4.20	3.97	2.02
		汉字	藏文		英文
	读的能力	4.89	3.73		2.35
	写的能力	4.63	3.50		2.16

注：语言能力选项：1. 完全不会；2. 基本不会；3. 会简单用语；4. 会使用；5. 熟练使用。

根据表4-3可观察，公务员被试语言掌握程度的后两项之和排序为：普通话＞藏语＞汉语方言＞英语，熟练掌握普通话能力的公务员比例非常高，大多数被试具备普通话、藏语双语能力；少部分被试会说简单的英语，反映了被试虽然受过高等教育，但对英语的掌握程度整体偏低。

表4-3　　　　　公务员被试语言掌握程度情况统计

语言能力	普通话 人数	普通话 比例（%）	藏语 人数	藏语 比例（%）	汉语方言 人数	汉语方言 比例（%）	英语 人数	英语 比例（%）
完全不会说	/	/	10	6.5	8	5.2	56	36.6
基本不会说	/	/	10	6.5	16	10.5	50	32.7
会说简单日常用语	2	1.3	10	6.5	15	9.8	37	24.2
基本能交谈	57	37.3	32	20.9	48	31.4	10	6.5
熟练交谈	94	61.4	91	59.6	66	43.1	/	/

（二）工作语言文字使用

1. 不同场合的语言使用情况

公务员被试语言使用整体情况见图 4-1，多数被试在工作中使用双语或多语，综合来看依次是普通话＞藏语＞汉语方言。在不同场合、面对不同的交际对象，被试所使用的语言存在差异，具体情况见图 4-2。结果显示，被试在单位与本民族同事、工作中接待本民族居民、下乡调研或宣传时主要使用藏语，比例为 63.4%—68.6%，汉语方言使用比例为 35.9%—41.8%，普通话的使用比例为 24.2%—29.4%，其同质性特征比较明显。在单位与其他民族同事交流时使用语言是汉语方言＞普通话＞藏语，在工作中接待其他民族时使用的语言是普通话＞汉语方言；在开会或作报告时绝大部分被试主要使用普通话。另外，通过对"做会议记录或写便条时使用何种文字"的统计显示，被试主要使用国家通用文字（90.8%）。

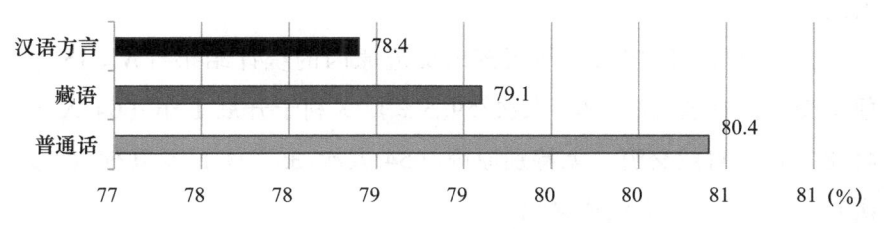

图 4-1　公务员被试语言使用情况

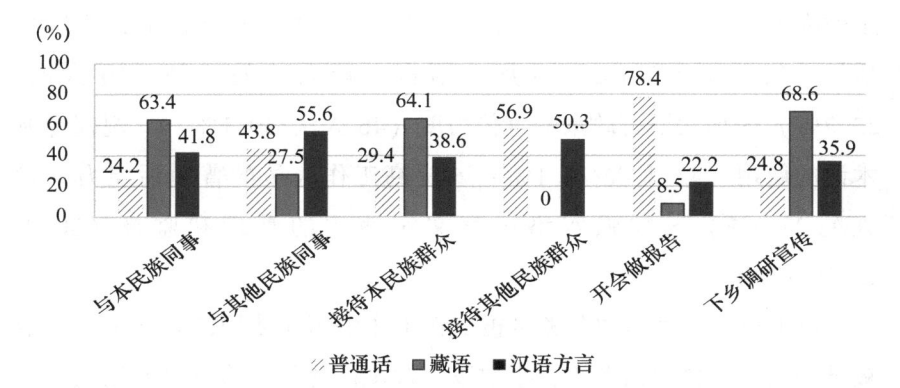

图 4-2　公务员被试工作语言使用情况统计

2. 了解政策法规的途径

公务员了解国家或自治州政策、法规等途径（可多选）的统计结果（$N=42$）：移动客户端（35人次/83.3%）＞电视（29人次/69%）＞广播、图书（20人次/47.6%）＞电脑（18人次/42.9%）＞政府宣传手册/单（16人次/38.1%）＞报纸（15人次/35.7%）＞其他（5人次/11.9%）。可见，移动客户端、电视是大多数公务员被试了解国家政策法规的主要途径，而广播、图书和电脑等也是其了解相关信息的重要途径。

（三）工作语言态度及语言服务评价

1. 语言态度

工作中倾向使用语言的统计结果（$N=739$多选题）：普通话、藏语双语（95人次/62.1%）＞普通话（30人次/19.6%）＞藏语（28人次/18.3%）。

工作中与本民族居民使用藏语交流原因的统计结果（$N=153$）：便于交流，有亲切感（91人次/59.5%）＞利于开展工作（64人次/41.8%）＞自然交流，无特别原因（54人次/35.3%）＞其他（2人次），也有8人不会使用藏语。

单位在语言文字方面需要努力的工作统计结果（$N=153$）：加强工作人员的双语培训（120人次/78.4%）＞提升对居民的语言服务质量（72人次/47.1%）＞加大语言翻译人才的比例（50人次/32.7%）＞加大语言政策的宣传力度（46人次/30.1%）＞规范专业术语的使用（43人次/28.1%）＞提高工作人员的普通话能力（42人次/27.4%）＞加强网络语言文字使用的管理和监督（30人次/19.6%）。

以上可见，大多数公务员被试在工作中倾向使用汉藏双语，少数被试倾向使用普通话单语；半数以上被试认为与本族居民使用藏语更便于交流、有亲切感。另外，被试表示单位在语言工作方面需要做多方面的努力，其中加强工作人员的语言能力培训、提升语言服务所占比例较高。

2. 语言服务评价

语言不仅是重要的信息传递工具，同时也是反映语言使用者对信息接收者态度的重要表征，具有服务属性。狭义的语言服务通常是指语言翻译服务，广义含义指所有语言作为工具或项目内容而开展的服务，可分成语言翻译服务、语言教育服务、语言支持服务、特定行业领域中的语言服务四个类型，且语言服务领域的构成内容是不均质的，其表现具有市场与公益双重属性，是一个分层开放的系统。① 本文的语言服务偏指后者，本部分主要侧重特定行业领域的语言服务评价。公务员是依法从事公务的人员，其语言使用及态度是体现国家政府机关、事业等单位对社会公众语言服务质量的影响因素之一。本节对甘南地区公务员被试的语言服务进行了自评测量，1 分为最低值，5 分为最高值，如表 4-4 结果显示，语言服务的整体测量值均分为 3.47。

表 4-4　　　　　　公务员被试语言服务评价整体分析

语言服务	数量	最大值	最小值	标准差	均值
整体测量值	153	5	1	0.391	3.47

据表 4-5 可知，公务员被试参加语言培训的频率不高，均值为 2.22，并表示单位翻译人才能够满足工作需求的均值为 3.20，反映出甘南地区行政、司法等单位翻译人才并不充足，且对公务员开展的语言培训力度还不够，这与访谈结果基本一致。根据政府机关、事业单位及社会服务型单位为广大居民提供语言服务的必要性（4.07）、公务员为居民提供礼貌性用语的必要性（3.87），工作中

---

① 屈哨兵主编：《语言服务引论》，商务印书馆 2016 年版，第 4 页。

使用礼貌用语的频率（3.68）、政府单位为群众提供的语言服务满意度（3.67）的测量结果来看，公务员被试已意识到语言服务的重要性。

表4-5　　　　　　　公务员被试语言服务评价分析

题目	最大值	最小值	标准差	均值
单位为群众提供语言服务的必要性	5	2	0.526	4.07
参加单位组织的语言培训的情况	4	1	1.034	2.22
单位工作人员为群众提供礼貌用语的必要性	5	1	0.544	3.87
工作中接待群众使用礼貌用语情况	5	1	0.868	3.68
对目前政府等单位语言服务的满意度	5	1	0.858	3.67
本单位翻译人才是否满足工作需求的情况	4	2	0.899	3.20

注：第1、3题：1. 完全没必要；2. 基本没必要；3. 一般；4. 有必要；5. 很有必要。第2题：1. 从未参加；2. 偶尔参加；3. 有时参加；4. 经常参加；5. 总是参加。第4题：1. 从来不用；2. 偶尔使用；3. 一般；4. 有时使用；5. 经常使用。第5、6题：1. 很不满意/满足；2. 不满意/满足；3. 一般；4. 满意/满足；5. 很满意/满足。

三　居民与公务人员的语言互动及相关语言态度

（一）样本构成及语言能力

1. 样本构成

在行政司法领域中，普通居民与相关部门及公务人员的语言互动、语言文字需求是全面考察行政、司法语言域的重要维度。本部分主要对合作市舟曲路社区、加拉村、安果村、碌曲县尕秀村、夏河县香告村及其他言语社区的208名藏族居民的语言能力、语言使用及语言态度进行了调查，其基本资料见表4-6。整体来看，被试多集中于中青年，女性被试高于男性，约半数被试未受过教育，农牧民、个体工商户、学生被试的比例相对较高，农牧区1被试的比例高于城市，县城和农牧区2被试的比例均衡。

表4–6　　　　　居民被试调查样本基本情况统计

类别	基本情况	样本数（$N=208$）	比例（%）
性别	男	91	43.8
	女	117	56.2
年龄	19—30 岁	59	13.9
	31—50 岁	70	33.7
	51 岁以上	56	26.4
学历	从未上过学	86	41.3
	小学	48	23.1
	初中	23	11.1
	高中/中专	27	13
	大专/本科	24	11.5
职业	农牧民	84	40.1
	公务员	3	1.4
	学生	29	1.45
	医生	3	1.4
	教师	3	1.4
	企业职工	14	6.7
	个体工商户	31	14.9
	其他	29	14.0
居住地类型	城市	57	27.4
	县城	32	15.4
	农牧区 1 *	89	42.8
	农牧区 2	30	14.4

* 注：农牧区 1 为民族聚居区，农牧区 2 为民族杂居区。

2. 语言能力

据表 4–7 居民被试整体语言能力的测量结果可知，在口头表达能力方面，藏语 > 汉语方言 > 普通话 > 英语，其中普通话的听、说能力存在差异，藏语的听说能力相当。在书面语表达能力方面，被试汉字的读写能力均值略高。整体来看,部分被试能够听懂普通话、汉语方言,汉字、藏文能力的掌握程度较低,均值在3.00—3.15,英语的各方面能力均非常低。

表4-7　　　　　　　　居民被试语言能力分析

对象	类别	普通话	藏语	汉语方言	英语
居民	听的能力	3.74	4.95	3.92	1.39
	说的能力	3.18	4.89	3.50	1.33
		汉字	藏文		英文
	读的能力	3.14	3.15		1.47
	写的能力	3.12	3.00		1.50

注:语言能力:1.完全不会;2.基本不会;3.会简单用语;4.会使用;5.熟练使用。

根据图4-3可知,居民被试语言能力的后两项掌握程度为:藏语>汉语方言>普通话>英语,居民熟练掌握藏语(98.1%),半数以上具备汉语方言能力(60.6%),也有接近半数的居民不具备普通话能力(54.3%),大多数被试完全不会说英语,仅有极少数会简单用英语。

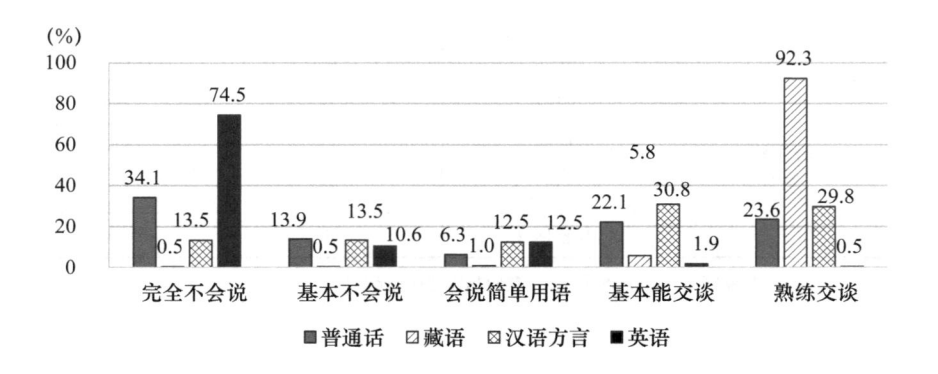

图4-3　居民被试语言掌握程度情况统计

（二）语言使用

居民被试与不同单位公务员的语言互动情况见图4-4。在政府部门办事时，公务员与居民交流主要使用普通话、藏语、汉语方言，其中藏语比例较高，普通话与汉语方言的使用比例相当；当公务员进社区与居民互动时主要使用藏语，普通话和汉语方言次之。此结果与公务员自评的工作语言使用情况基本一致。另外，公安局、法院、检察院工作人员与北方居民交流时三种语言均使用，其中普通话的使用比例略高于藏语、汉语方言。

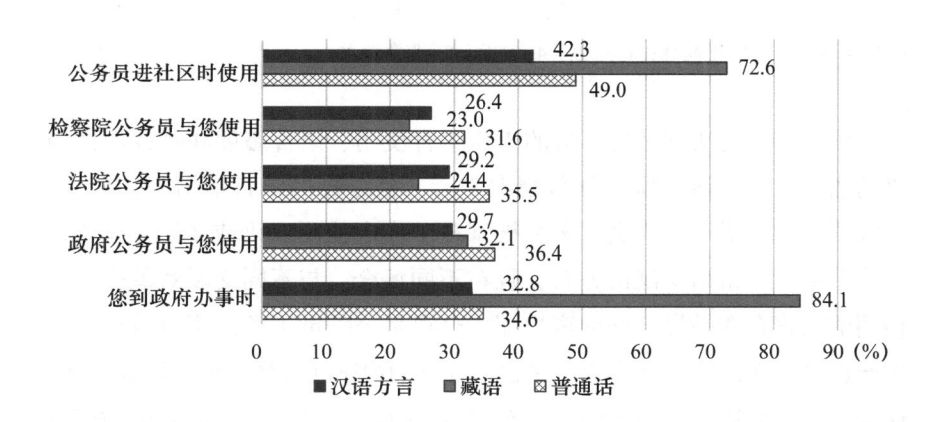

项目	汉语方言	藏语	普通话
公务员进社区时使用	42.3	72.6	49.0
检察院公务员与您使用	26.4	23.0	31.6
法院公务员与您使用	29.2	24.4	35.5
政府公务员与您使用	29.7	32.1	36.4
您到政府办事时	32.8	84.1	34.6

图4-4 居民被试与不同单位公务员语言互动情况统计

（三）语言服务评价

居民对银行、医院语言服务的评价是呈现不同行业或单位之间是否存在语言服务差异性的重要方面。从表4-8可知，居民对当地部分单位的语言服务整体评价并不高，对政府、银行、医院工作人员使用礼貌用语情况评价均值分别为2.16、3.12、1.92。从居民对政府、银行单位语言服务的满意度来看，前者低于后者（3.51＜3.93），反映了如银行等社会服务型单位的语言服务水平相对较高。因此，提升公务人员的语言服务意识等是加强政府语言服务工作、建立服务型政府的重要内容。

表4-8　　　　居民被试对不同单位的语言服务评价分析

题 目	最大值	最小值	标准差	均值
1. 政府公务员的礼貌用语使用情况	4	1	1.109	2.16
2. 对政府公务员的语言服务的满意度	5	1	0.768	3.51
3. 银行工作人员的礼貌用语使用情况	4	1	1.208	3.12
4. 对银行工作人员的语言服务的满意度	5	1	0.831	3.93
5. 医院工作人员的礼貌用语使用情况	4	1	0.684	1.92

注：第1、3题：1. 从来不用；2. 偶尔使用；3. 有时使用；4. 经常使用。第2、4题：1. 非常不满意；2. 不满意；3. 一般；4. 满意；5. 非常满意。

依据行政司法领域公务员的工作语言使用、语言态度和藏族居民与之的语言互动、语言服务评价情况来看，公务员的语言能力整体较高，其汉语文能力优于藏语文，多数被试在工作中使用双语或多语，具体情况为普通话 > 藏语 > 汉语方言，且在不同场合、与不同交际对象交流时使用的语言存在差异。移动客户端、电视是公务员了解国家政策法规的主要途径。在语言态度方面，多数公务员倾向于在工作中使用汉藏双语，认为与本民族居民使用藏语更有亲切感，也期望加强公务员队伍的语言培训及提高语言服务能力，能更好地与广大居民沟通、开展工作。

居民的整体语言能力与公务员相比较存在较为明显的差异。居民的汉语方言、普通话能力弱于藏语；汉字、藏文能力的掌握程度均不高，部分被试能够听懂普通话、汉语方言，但说的能力差异较大。当居民到政府部门办事时，公务员与居民语言互动时主要使用藏语，普通话、汉语方言的使用频率较低；而当居民到司法单位进行诉讼等时，公务员使用普通话的频率高于藏语、汉语方言。居民对政府公务员及其他单位工作人员语言服务评价的结果显示，公务员、医生在日常办公时对居民使用的礼貌用语频率不高，居民对银行等服务型单位工作人员的语言服务满意度较高。可见，加强公务员语言服务能力提升是当地建立服务型政府的重要内容。

第二节　教育领域语言生活现状

民族地区教育对培养少数民族人才和提升民族整体素质发挥重要作用。《中华人民共和国教育法》（2015 年修订）第十二条规定："民族自治地方以少数民族学生为主的学校及其他教育机构，从实际出发，使用国家通用语言文字和本民族或者当地民族通用的语言文字实施双语教育。"2015 年第六次全国民族教育工作会议对少数民族学生使用本民族语言文字接受教育的权利也做了相关规定。[①] 教育领域语言文字的使用及其健康发展影响其他领域语言文字的使用状况。本部分从双语文教学、教师和学生的语言使用和语言态度等视角探讨甘南地区教育领域的语言生活。

一　双语教育概况[②]
（一）教育形式及学校概况
甘南地区藏族接受教育的形式有寺院教育、学校教育两种。寺院教育是甘南最早的教育形式，寺院是学校，喇嘛是教师；但因其教育普及率较低，只有为数不多的僧侣才能受到教育。学校教育在甘南地区发展较晚，民国初期开始设立高等和初等小学堂，直到新中国成立后才扩大了学校教育。当前，甘南地区教育有普通教育和双语教育两种形式，双语类教学又分为"一类模式"（藏语为主，藏语授课，单科加授汉语文）和"二类模式"（汉语为主，汉语授课，单科加授藏语文），本部分主要侧重学校教育方面的研究。

学校概况。甘南州各级各类学校有 736 所，在校学生 134265 人，教职工 12959 人，其中专任教师 11797 人。各类学校中，"双语"学校 235 所，其中幼儿园 136 所，小学 114 所，九年制学校 3 所，初级

---

① 赵岩：《在新形势下如何"科学稳妥推行双语教育"——访中国少数民族双语教学研究会荣誉会长丁文楼》，《中国民族教育》2016 年第 1 期。
② 本部分内容根据州教育厅的访谈资料整理而成。

中学 3 所，普通高中 7 所。"双语"在校学生 50823 人，其中幼儿园 6943 人，小学 26470 人，初中 10884 人，普通高中 6555 人。"双语"中小学生中"一类模式"学生 34290 人，"二类模式"学生 9619 人。"双语"中小学中有寄宿制学校 122 所，寄宿生 38089 人。

（二）双语教育

汉藏双语教育是以藏族聚居区的青少年为培养对象，在藏族地区中小学普遍实施的以汉藏文两种语言文字为信息传播载体和教学媒介的跨文化教育活动。在我国藏区普遍实施的双语教育，已基本形成了两种基本的"一类模式"和"二类模式"的双语教学模式。目前"一类模式"双语教育已经形成了从小学、中学到大学、研究生教育阶段完整的教育体系。[①]

地域、教学对象不同所选择的教学模式存在差异，对教师的语言能力要求也不同。如农牧区居民通用藏语的地域，教学以藏语文为主，加授汉语文；城镇或民族杂居区居民通用汉语的地方，教育以汉语文为主，加授藏语文。现阶段，甘南州双语教学模式发展相对成熟、稳定，对甘南教育事业的发展、双语人才培养、语言能力提升、地区的社会稳定、经济和文化的发展等产生了积极作用。同时，这种教学模式在面临诸多问题和挑战时，仍需适应时代发展、不断完善教学体制。

（三）教师队伍及培训

1. 师资概况及语言结构特征

目前，甘南州小学专任教师的学历合格率为 99.9%，大专及以上学历占 92.3%；初中专任教师学历合格率为 99.5%，本科及以上学历占 69.3%；普通高中专任教师学历合格率为 87.8%；中职学校专任教师本科及以上学历为 345 名，占专任教师数的 84.8%。师生比幼儿园为 1∶20.28，小学为 1∶10.21，初中为 1∶10.91，特殊教育学

[①] 王洪玉：《甘南藏汉双语教育历史与发展研究》，博士学位论文，中央民族大学，2010 年，第 65 页。

校为1∶5.24,普通高中为1∶11.73,中职学校为1∶5.21。① 截至2017年年底,双语类教师为4122名,其中学前幼儿教师321人,小学2515人,初中846人,高中440人。甘南州积极引进紧缺学科专业教师,落实"农村特岗教师""农村中小学教师招考""高校毕业生就业工程""三支一扶"等政策,近年来,共引进招录双语类教师近1000名,绝大多数补充到乡镇及以下双语类学校,充实了基层双语教育类学校的教师队伍,改善了教师学科结构。

教师语言结构特征。因教学模式不同,普通教育与双语教育中教师所使用的语言文字及其在教育教学中的运用情况存在差异。就甘南州民族类学校的"一类模式"而言,教师的语言结构分为三种情况:一是双语双文,即教师懂汉语文,并熟练运用藏语文进行教学活动;二是双语单文,即教师会说藏语但不能用藏语文授课,教学语言以汉语文为主;三是单语单文,即教师只懂汉语文。据统计,民族类中学双语"一类模式"教师队伍中具有双语双文教师440人(66%)、双语单文教师50人(7%)、单语单文教师182人(27%)。从学科角度看,以藏语为主的课程基本是双语双文教师,而汉语、英语、音乐等课程中单语单文教师所占比例高。但是教师的汉藏双语文能力参差不齐,在这些学校,有34%的教师还没有完全具备双语兼通的语言能力,如在藏化学等课程中使用汉语文单语授课,尽管教师放慢语速或重复讲解,许多学生仍听不懂。②

2. 教师培训

甘南州重视教师培训工作,近几年,共培训双语教师1300余人次,其中利用"国培计划"培训双语教师600余人次,"省培计划"培训双语教师700余人次。同时,还对全州双语教师开展了"能力提升工程"网络研修的全员培训。2016年,选派了100名"双语"教师参加由省语委

---

① 甘南藏族自治州地方史志办公室:《甘南州年鉴(2017)》,甘肃文化出版社2017年版,第307页。

② 虎技能:《藏汉双语"一类模式"教师队伍建设研究——甘南藏族自治州民族类中学田野工作与理论阐释》,民族出版社2016年版,第124页。

举办的少数民族"双语"教师普通话培训班,其中有96名教师取得了普通话证书;完成了对申请教师资格证、中小学普通话等级提高的教师以及部分社会人员近220人次的普通话水平培训和测试任务。

(四) 教材教辅及科研教学活动

双语类教学模式中"一类模式"学校统一使用五省[①]区协编藏文各科教材(翻译普通类教材),加授人民教育出版社少数民族汉语教材研究中心编著供藏族地区使用的《汉语》教材;"二类模式"学校使用的教材与普通类完全一致,通用人民出版社的中小学教材加授五省区协编《藏语文》教材。

近些年,甘南州已经编写了藏族小学1—3年级《寒暑假作业》《中学普通教材同步课外资料试题集》、中等师范学校各科藏文教材30册、教师培训教材《怎样教与写》5册等。2013年修订初中9门学科的《初中毕业升学考试复习与训练》,2014年修订小学三年级至初中三年级藏语文、藏数学配套练习。2015—2016年翻译并出版了高中物理选修教材《能力培养与测试》2册,高中生物选修教材《同步解析与测评》2册,高中物理、生物配套的总复习《优化设计》各1册的双语教材和教辅资料。

为了有效推进全州教学科研工作,甘南州与省教科所联合开展构建县域间优秀双语教师交流平台,还组织开展了双语学科教师教学技能大赛、双语优秀论文评选、新课程"同课异构"教师教学技能比赛暨观摩活动和校本教研机制建设现场推进会等多种多样的双语教学活动。同时,为了贯彻落实教育部办公厅《关于开展"学前学会普通话"行动的通知》精神,充分发挥语言文字在脱贫攻坚中的"扶志"和"扶智"作用,碌曲县于2018年举办了首届幼儿教师朗诵比赛,参赛教师均为各"双语"幼儿园选拔的优秀教师,为增强幼儿和家长说普通话的主动性和积极性,推广国家通用语工作奠定了良好基础。2019年,

---

① 五省区藏文教材协作小组是1982年教育部批准的地区性教材出版协调机构,具体是西藏、青海、甘肃、四川、云南五省。

全州举办了双语类小学优质课大赛暨观摩研讨活动,有 64 名教师参加,这不仅是对双语类教师的综合业务能力的展示和考核,也为教师构建有效课堂提供了参与、交流和学习的良好平台。

(五) 语言文字工作及校园语言文化建设

甘南地区深入实施国家通用语言文字普及攻坚工程、"推普脱贫攻坚行动计划"和中华经典诵读工程,加强对语言文字工作的督导和评估。2016 年,州教育局组织学生代表甘南州参加在酒泉举办的第四届"中国汉字听写大会"甘肃赛区选拔赛,组织开展了以"祖国就在我心中"为主题的征文大赛,在合作市香巴拉文化广场举行了大型推普宣传活动。截至 2017 年年底,共创建"省级语言文字规范化示范校"29 所,"州级语言文字规范化示范校"56 所;双语类学校更加注重国家通用语的普及、推广,在规范化示范学校创建中走在前列。

学校比较重视校园文化建设工作,各级各类学校每周设有固定的校园文化活动日,学生可根据自己喜好参加各种社团活动;通过组织丰富多彩的活动来提高藏族学生对国家通用语言文字的学习兴趣,诗歌朗诵比赛、课本剧表演、小品相声等活动的开展,不仅丰富了学生校园文化生活,还潜移默化地提升了学生的语言表达能力和综合素养。校园广播、节目主持时一般使用双语。其他语言文化传播类活动也很丰富。如 2019 年甘南民族师范学院组织全校 8 个双语院系、108 名学生参加了"第二届藏汉双语翻译大赛",将知识性与趣味性相结合,有效地激发了学生的语言学习积极性。

二 教师教学语言使用及教学评价

(一) 样本构成及语言能力

1. 样本构成

本部分主要对合作市藏族小学、藏族中学、第三中学、加茂贡中心小学、碌曲县藏族中学、尕海镇中心小学、甘南师范学校、甘南民族师范学院的 84 名教师的语言能力、语言使用及语言态度进行了调查,基本资料见表 4-9。整体来看,被试多集中于中青年教师,女性被试高于男性，受教育程度集中在大专和本科学历，6—15 年教龄被试的比例较高，市区和县城被试比例均高于村镇，学校类型中小学教师被试略高，其他类型被试均衡。

表4-9　　　　　　　教师被试调查样本基本情况统计

类别	基本情况	样本数（$N=84$）	百分比（%）
性别	男	38	45.2
	女	46	54.8
年龄	30 岁以下	37	44
	31—50 岁	33	39.3
	51 岁以上	14	16.7
学历	大专/本科	66	78.6
	研究生以上	18	21.4
教龄	5 年以下	18	21.1
	6—10 年	24	28.6
	11—15 年	23	27.4
	16—20 年	11	13.1
	20 年以上	8	9.5
工作地点	合作市	39	46.4
	碌曲县	30	35.7
	村镇	15	17.9
单位类型	藏族小学	30	35.7
	藏族中学	17	20.2
	普通中学	12	14.3
	民族中专	15	17.6
	民族大学	10	11.9

2. 语言能力

据表 4-10 教师被试的整体语言能力显示，在口头语言能力方面，被试语言能力均值依次为藏语＞普通话＞汉语方言；在书面语能力方面，汉字的读写能力均值略高于藏文的读写能力。整体来看，教师的汉语文、藏语文的各方面能力掌握的程度均相对较高，均值在4.10—4.81，且听的能力略高于说的能力，读的能力略高于写的能力；英语能力基本处于略懂的程度，均值较低，其中写的能力略高。

表4-10　　　　　　　　教师被试语言能力分析表

对象	类别	普通话	藏语	汉语方言	英语
教师 ($N=84$)	听的能力	4.58	4.81	4.13	2.36
	说的能力	4.12	4.61	4.10	2.35
		汉字	藏文		英文
	读的能力	4.60	4.59		2.25
	写的能力	4.54	4.57		2.45

注：语言能力：1. 完全不会；2. 基本不会；3. 会简单用语；4. 会使用；5. 熟练使用。

据图4-5可知，藏族教师被试语言掌握程度的后两项之和排序为：藏语＞普通话＞汉语方言＞英语，教师具备双语或多语能力，其

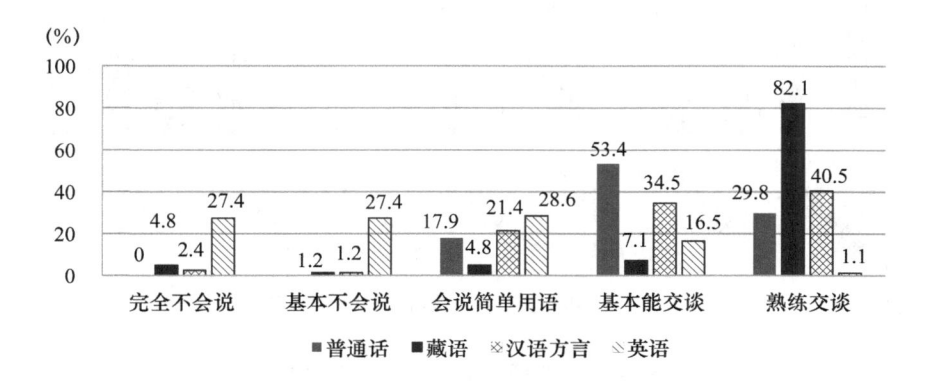

图4-5　教师被试语言掌握程度情况统计

中普通话的熟练程度低于藏语、汉语方言，这与调查对象多为双语学校的教师因素有关。另外，教师的英语能力整体偏低，少部分会说简单的英语，其中熟练掌握的1名被试主要从事英语教学。

（二）语言使用

民族学校藏族教师的工作语言主要以藏语为主，普通话、汉语方言次之，具体见图4-6。普通话的使用常见于被试与本民族同事、其他民族学生交谈时，在授课、课堂互动、开会或作报告时使用，与本民族同事、学生使用普通话的比例均低于20%。被试与本民族同事、本民族学生交谈时一般使用藏语，在授课、课堂互动、开会等场合中，比例均大于70%；汉语方言的使用常见于被试与本民族同事交谈时，在课堂与学生互动、与其他民族学生交谈、开会时也会使用，但比例较小（13.1%—21.4%）。另外，在文字使用方面，被试写教案时一般使用藏文、汉字；在日常写会议记录或便条时使用汉字比例较高（见图4-7）。整体来说，在民族学校或以藏族为主的学校，主要使用藏语、普通话；学校的教学模式、民族构成等因素对师生的语言选择、使用会产生一定的影响。

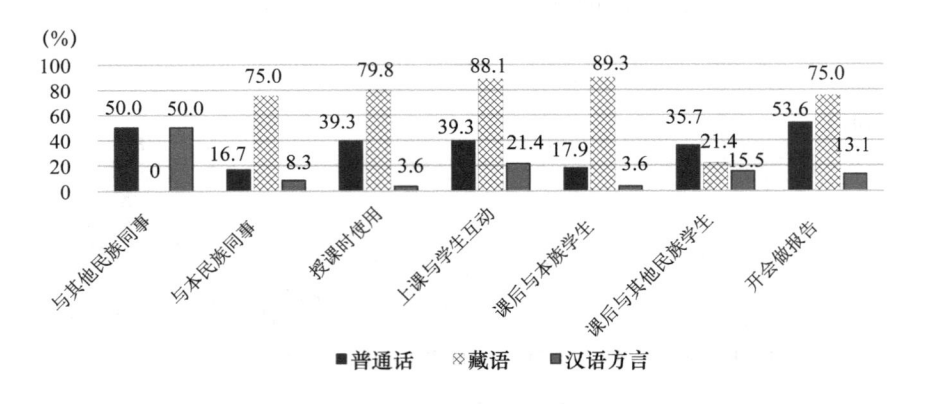

图4-6 教师被试工作语言使用情况

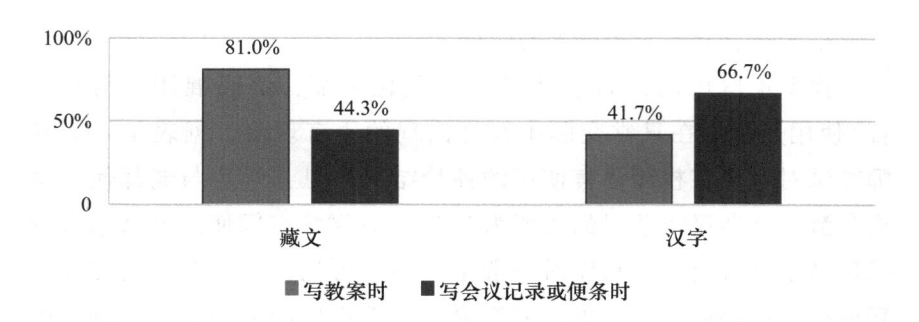

```
100%   81.0%
                        66.7%
 50%        44.3%  41.7%

  0
        藏文            汉字
    ■写教案时  ■写会议记录或便条时
```

图 4-7　教师被试工作文字使用情况

（三）教学评价

教学评价是依据教学目标对教学过程及结果进行价值判断并为教学决策服务的活动，主要是对学生学习效果的评价和教师教学工作过程的评价。从"教"的角度来看，教师对学生语言能力、语言学习态度的评价也是教学评价中不可缺少的内容，有助于了解学生的语文素养现状、教学质量和成效，以及时优化教学模式、进行课程改革，以促进教学目标的实现。

1. 对学生语言能力的评价

据表 4-11 可见，民族学校教师对学生的汉语表达能力评价不高，认为大多数学生的汉语能力处于会使用但不熟练的状态；就具体的语言文字使用情况来看，学生普通话的口头表达能力强于其书写能力。因此，提升学生的国家通用语言文字能力仍是双语教学的重要内容。

表 4-11　　教师被试对学生语言能力评价分析

题目	最小值	最大值	均值	标准差
对学生汉语的口头表达能力的评价	1	5	3.32	1.224
对学生汉语的书面表达能力的评价	1	5	3.47	1.440

注：语言能力评价：1. 所有学生熟练；2. 大部分学生熟练；3. 半数学生熟练；4. 少部分学生熟练；5. 学生都只会简单用语。

2. 对学生语言使用情况的评价

青少年群体的语言表达具有多元化特征,语码混用、网络语言①使用是学生在日常交际中经常出现的语言现象。据表4-12教师被试对学生在校园语言使用的评价结果可见,学生与老师使用藏语交流时夹杂汉语情况的均值为2.56,在网络空间使用网络语言情况略高于日常交际,写作时一般不使用。可见,学生在言语交际中普遍存在语码混用的现象,网络语言对学生也产生一定的影响,但均不明显。

表4-12　　　　　教师被试对学生语言使用评价分析

题目	最小值	最大值	均值	标准差
学生与您交谈时夹杂汉语的情况	1	4	2.56	1.144
学生与您交谈夹杂网络语言情况	1	4	2.24	1.219
学生与您网络交流时夹杂网络语言情况	1	4	2.29	1.198
学生写作时使用网络语言情况	1	4	2.05	1.140

注:语言使用:1.从来不用;2.偶尔使用;3.有时使用;4.经常使用。

3. 对学生语言学习态度的评价

语言学习态度是学生语言学习的重要内在因素,也是学生学习语言行为倾向的重要表征。双语学校一般实行"三语"教学,即普通话、藏语、英语教学,了解学生的语言学习态度是学校提高教学质量的重要方面。从表4-13教师对学生语言学习态度的评价结果可见,学生学习国家通用语言文字的态度很积极(4.20),且在课堂上使用普通话的积极性也较高(3.98),认为学生家长对实行双语教学的态度较为积极(3.98),对学生使用网络语言的现象持比较认同的态度(3.88)。可见,民族学校学生及家长对学习国家通用语言文字持积极、肯定的态度。

---

① 网络语言内涵广泛,本文侧指网民在互联网进行交际时所用的各种语言符号。

表4-13　　　　　教师被试对学生语言学习态度评价分析

题目	最小值	最大值	均值	标准差
认为学生学习国家通用语言文字的态度	1	5	4.20	0.818
认为学生在课堂上使用普通话的积极性	1	5	3.98	0.760
认为学生家长对汉藏双语教学的态度	1	5	3.98	0.944
对学生使用网络语言的现象持比较认同的态度			3.88	

注：语言学习态度评价：1.非常不积极；2.不积极；3.一般；4.积极；5.非常积极。

4. 教学中存在的语言问题

学生在使用普通话方面存在问题（多选）的统计结果：普通话发音不标准（60人次/71.4%）＞缺少说普通话的语言环境（49人次/58.3%）＞担心别人笑话（15人次/17.9%）。

双语教学方面需要加强工作（多选）的统计结果：提高学生的国家通用语言文字能力（57人次/67.9%）＞开展语言表达能力的多样化活动（28人次/33.3%）＞优化课程设计和教学方法（22人次/26.2%）＞完善学校硬件设施和管理模式（14人次/16.7%）＞完善教材内容或教辅（11人次/13.1%）。

依据数据可知，教师认为学生语言表达存在的主要问题是普通话发音不标准，日常交际中缺少说普通话的语言环境；提高学生国家通用语言文字能力、开展语言方面的校园文化活动、进行课程改革是双语教学的重要工作。

（四）教师访谈

×××，女，回族，24岁，合作市××第三中学语文教师，访谈地点：教研室，访谈时间：2018年6月18日

我给双语班、普通班学生都代过课，发现不同类型班级学生的语言能力和使用情况存在差异。普通班的藏族学生主要使用普通话，很少用藏语，其普通话能力又比汉族学生的语言能力稍微

差一些，主要原因是这部分学生多来自汉语基础较差的农牧区。双语班学生平时使用藏语的情况较多，在上汉语文课时主要使用普通话，课外交流时一般根据老师、同学的民族情况而使用不同的语言。藏族学生的汉语书面表达能力并不理想，但也有少部分学生的语言能力很高。学校里藏族老师也是根据说话对象选择使用不同的语言。

×××，女，回族，合作市勒秀乡××中心小学语文教师，访谈地点：教室，访谈时间：2018年6月19日

学校里的学生都是藏族，我的教龄有3年了，现在带一个班的汉语文课；学生的学习能力整体不错，但也有部分学生的基础较差；我上课、与学生课堂互动时使用普通话，一般用汉字书写教案；学校有多媒体课程，每周会使用5—7次，并且学生对这种教学方式非常感兴趣，课堂效果也很好。课程的教学大纲制定得比较合理，也能按照要求完成课程任务；我认为选用的教材适用于本校学生，希望增加一些有关中华优秀传统文化方面的教学内容。整体来说，大部分学生的上课状况良好，而对于难理解的课文内容，学生课堂气氛不够活跃，这门课的平均成绩在60分以上。

学校每天下午都会开展课外活动，学生很喜欢，效果也很好；每周二、周五是兴趣小组时间，学生会选择自己感兴趣的活动，有时还在学校的艺术节上进行表演。希望我们的学生能够好好学习，提高成绩，实现自己的愿望。我对目前的双语教育政策学校硬件设施以及管理模式比较满意。我认为传承中华优秀传统文化很重要，希望在现代化进程中，可以有意识地去传承。我今年还参加了小学语文教师培训，效果非常明显，希望今后能够多参加类似的业务学习和专业知识方面的培训，以提高自己的教学水平。

×××，男，藏族，碌曲县尕海镇××小学藏语教师，访谈地点：教室，访谈时间：2018年6月19日

我现在带一个班的藏语课，学生整体情况还可以，我在上课、与学生课堂互动时使用的都是藏语，一般用藏文书写教案，学校也安排有多媒体教学，课堂效果比较好，但投影仪、多媒体教室使用的频率很少。目前课程教材比较适合本校学生，建议教材增加一些图片和文字相结合的教学内容，更好地吸引学生的注意力；学生上课多半是很认真的，这门课成绩均分在70分左右；学校每周二下午开展两个小时的兴趣小组活动，学生都愿意参加。我觉得双语教育政策非常好，希望甘南今后能继续重视语言文字教育。

从教师的访谈中可看出，针对不同的教学模式，不同学科、民族的教师所使用的教学语言及学生的语言能力存在差异。普通班藏族学生的普通话表达能力、写作能力、考试成绩明显优于双语班、民族班。另外，教师非常赞同当地实行双语教育政策，提高学生语言能力，表示愿意积极参加各种教师培训活动，以提高自身的业务能力和教学水平。

三 学生语言使用及教学评价

（一）样本构成

本部分主要对合作市藏族小学五年级、藏族中学二年级、第三中学二年级、加茂贡中心小学五年级，碌曲县藏族中学二年级、藏族小学五年级、尕海镇中心小学五年级，甘南师范学校学前教育专业二年级，甘南民族师范学院藏语系、历史系双语班的294名学生的语言能力、语言使用及语言态度进行了调查，其基本资料见表4-14。整体来看，被试多集中于民族班，女性比例高于男性，13—18岁年龄被试比例较高，城市被试比例高于县城、村镇，学校类型中民族大学、藏族小学、藏族中学比例较高，因普通小学被试使用的是偶遇式采访，所占比例较小。

表 4-14　　　　　　　学生被试调查样本基本情况统计

类别	基本情况	样本数（N=294）	百分比（%）
性别	男	113	38.4
	女	181	61.6
年龄	7—12 岁	53	18
	13—18 岁	167	56.8
	19—30 岁	73	24.8
学历	小学	75	25.5
	初中	32	10.9
	高中/中专	118	40.1
	大专/本科	69	23.5
班级类型	民族班	155	52.7
	双语班	83	28.2
	普通班	56	19
学校类型	藏族小学	72	24.5
	藏族中学	62	21.1
	普通中学	57	19.4
	民族中专	21	7.1
	民族大学	79	26.9
	普通小学	3	1
所在地	城市	212	72.1
	县城	49	16.7
	农牧区	33	11.2

（二）语言能力及语言使用

1. 语言能力

据表 4-15 学生被试语言能力的结果显示，在口头语言能力方面，被试的普通话能力略低于藏语能力，汉语方言能力高于英语能力；在书面语能力方面，汉字的读写能力高于藏文的读写能力。显现出学生的汉语文、藏语文掌握程度较高（4.22—4.77），且听、读的能力略高于说、写的能力；英语能力均值为 2.86，略低于"会说简单用语"的程度，但高于教师（2.35）、公务员（2.15）。

表 4-15　　　　　　　　　学生被试语言能力分析

对象	类别	普通话	藏语	汉语方言	英语
学生 （N=294）	听的能力	4.56	4.69	3.93	2.72
	说的能力	4.22	4.60	3.70	2.60
		汉字	藏文		英文
	读的能力	4.77	4.37		2.86
	写的能力	4.55	4.35		2.87

注：语言能力：1. 完全不会；2. 基本不会；3. 会简单用语；4. 会使用；5. 熟练使用。

从图 4-8 来看，学生被试语言掌握程度的"基本能交谈""熟练交谈"两项之和排序为：藏语＞普通话＞汉语方言，绝大多数学生掌握藏语、普通话，但是熟练程度前者高于后者，但不存在不会说普通话的情况；多数被试具有汉语方言能力，且半数以上被试会说简单的英语，但掌握程度仍然偏低。

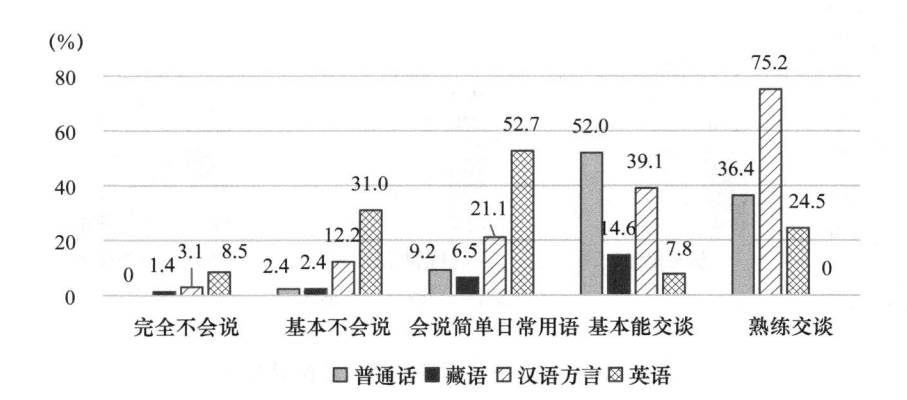

图 4-8　学生被试语言掌握程度情况统计

2. 语言使用

图 4-9、图 4-10 显示，藏族学生在校园里与其他民族学生、教师使用普通话居多，汉语方言次之，且呈缓慢上升的趋势；与本民族学生、教师交谈时以藏语为主。在文字使用方面，学生课堂做笔记时一般使用藏文（78.9%）、汉字（42.9%），这与双语教育模式和课程设置有关；在课后做记录、选择课外读物时汉字的使用率明显上升，比例分别为 59.2%、63.3%。

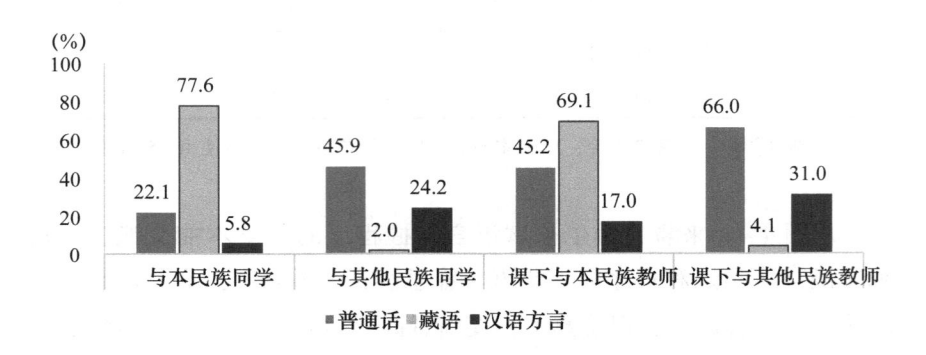

图 4-9　学生被试语言文字使用情况统计

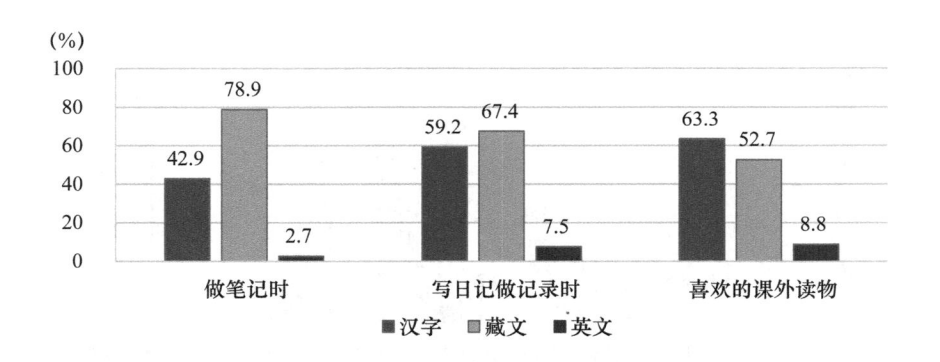

图 4-10　受众被试语言掌握程度情况统计

（三）教学评价

教学评价涉及教师和学生的"互动"评估，从"学"的角度来

第四章 甘南地区专门领域语言生活

看，学生需要对教师教学内容的选择、教学手段的运用及教学态度的表现等方面进行综合评价等。① 在此，本文主要通过对学生的个案访谈来反映他们对自我学习效果、态度和对教师教学各方面的评价。

××××，男，合作市藏族中学高二学生，访谈地点：教室，访谈时间：2018 年 6 月 16 日

我读高二，来自碌曲县尕秀村，住校，父母都是牧民，也没上过学，父亲会说汉语方言，在买东西时或者遇到其他民族的时候说，妈妈因为经常不出门，所以基本听不懂也不会说，我们在家里和村子里都说的是藏语，村里没有汉族。在上学前，我不会说普通话，上学后才学会的，普通话一般在上课时、见到其他民族老师时才说。来市里上学住校后，同学之间说藏语，班里的汉族学生非常少，有 1 个同学也会说藏语，但说普通话的机会比初中多一些，比如在汉语文课、英语课或见到汉族老师、周末到校外买东西时会使用。在家很少看电视，要是看的话，我比较喜欢看体育和文艺节目；汉语和藏语台都看。

我们家经济条件不太好，爸妈让我上藏族中学，除了民族学校还有生活补助外，还担心如果普通话不好，在普通中学听不懂而影响学习成绩，上不了大学。我认为汉语用处非常大，到哪里都得用，藏语是本民族文化，再学点英语更好。现在我的汉语文课的成绩不高，感觉英语特别难学，基本听不懂，也不会说。爸妈特别希望我能好好学习，以后不要生活在牧区了，到外地学习更多的知识，多见识一下。我对学校的管理和教学挺满意的，管得也严格，好多老师上课都很认真负责。

××××，男，合作市普通中学八年级学生，访谈地点：教室，访谈时间：2018 年 6 月 17 日

---

① 郭玉梅、刘晨红：《普通话与口才能力课程的多模态教学模式设计》，《黑龙江教育学院学报》2019 年第 5 期。

我家住在牧区，平时家人之间交流时一般使用藏语。老师上课使用的语言都能听懂，我喜欢学汉语文课，因为用处比较大。在校园里，与本民族同学、老师说话时主要用藏语，和其他民族的同学、老师用普通话。平时看汉语台电视节目，很少上网。

从小没上过幼儿园，对老师的汉语文课教学比较满意，存在的困难是写作能力不行。老师上课时使用的语言是普通话、藏语。我做课堂笔记、写作文两种文字都用，平时喜欢汉语类的课外读物。课本里的内容，我比较喜欢散文类的，最近汉语文课的考试成绩一般，主要原因是自己没有努力。

××××，女，合作市普通中学八年级学生，访谈地点：教室，访谈时间：2018年6月17日

我家住在合作市，父母会说藏语和普通话，他们之间交流用藏语，我和父母、妹妹说话时两种语言都用，但家里一般使用藏语。我比较喜欢普通话。在校园里，我和老师、同学说的都是普通话。平时喜欢看英语类的电视节目，因为可以提高英语水平；还喜欢听汉语、英文歌曲和英语故事。我会上网，一般是查找资料，了解许多知识。

上幼儿园时，老师使用普通话讲课。现在我比较喜欢汉语文课，对老师的教学很满意，但汉语的写作能力不太好，希望以后老师继续使用普通话讲课。平时一般用汉字记课堂笔记，喜欢读汉语类的课外读物，汉语文课本的内容相对藏语更容易理解一些。在最近一次考试中，我的汉语文课的成绩比较好。在课外活动中，和同学交流一般使用普通话、藏语。

××××，女，碌曲县某藏族中学，访谈地点：教室，访谈时间：2018年6月18日

我家住在半农半牧区，家里人主要用藏语交流，和哥哥说话有时还用汉语方言。我现在会藏语、普通话和汉语方言，上课能听懂老师讲课，我的普通话稍微弱一些。汉语文课、藏语课我都喜欢上，但是汉语拼音掌握得不好，藏语课的写作能力差一些，我还比较喜欢学习英语，但是英语听力和口语都不太好。希望老

师继续使用普通话讲课，我在学校和本民族老师、同学使用藏语，和其他人用汉语。在家里，我喜欢看汉语台的电视节目，因为比较有意思，尤其是娱乐节目；喜欢听藏语故事、唱藏语歌；上网时一般浏览汉语网页。我对学校的管理和老师的教学都很满意，希望我的成绩能提高一点，以后能考上大学。

××××，女，合作市安果村小学生，访谈地点：家里，访谈时间：2018年6月14日

我上六年级，现在会说藏语和普通话；在家里和家人说话时都用藏语，在学校基本使用藏语，上汉语文课时说普通话，英语课上说一点英语，老师上课讲的我基本能听懂；我非常喜欢说普通话，因为好听，但说普通话的机会很少；当见到其他民族老师、陌生人时会使用，我的成绩基本在80分左右。学校有计算机课，但上的次数不多。平时，我和弟弟看电视时一般都看汉语台的动画片、娱乐节目，觉得挺好的，在家也不玩手机。

××××，男，甘南民族学院大学生，访谈地点：学校，访谈时间：2018年6月13日

我来自合作市加拉村，离合作市非常近，我们村里除了藏族还有其他民族，家人之间、本民族之间一般使用藏语交流，村里其他民族也有好多人会藏语，好多藏族也会汉语方言。我的小学到高中都是在藏族中学上的，父母觉得应该让我多学一点藏族语言和知识，容易听懂，成绩也会高一点。

我是民族学院历史系双语班的学生，学校有多个民族。我在学校除了和本民族同学用藏语外，与其他同学交流时一般都用普通话。在大学，我的普通话能力提高了很多，尤其是说的能力，但是书面表达能力和普通学校的学生还是有很大差距；我对双语教育持认可的态度，希望毕业后能考当地公务员或者老师。在甘南地区，普通话和藏语都非常重要。

从访谈资料来看，被访学生因语言习得环境、途径和教学模式的

不同，其语言能力和语言使用存在差异。从小生活在农牧区的学生的普通话能力弱于藏语能力，而生活在城市或上大学的学生的双语表达能力相当；普通学校学生的国家通用文字的写作能力强于民族学校的学生；学生的英语能力普遍较低，当他们在家庭内部或与本民族交谈时，多数使用藏语，也有部分使用汉语方言，普通话则多用于校园等语言环境中。此结果与调查问卷中有关学生语言使用情况的统计结果基本一致。依此可反映，学生及家长比较认可双语教育模式，期望学好国家通用语言文字，也有部分学生对学习英语等外语具有明显的积极性。

四 学生家长及教学单位对双语教学的评价

（一）学生家长对双语教学的态度

建立家长与学校的有效联系机制是家庭教育成为学校教育延续的重要保证，学校在提高教学质量方面一般会建立和完善教学管理、教学监督和教学评价等监控体系，而家长对教育教学评价是教学评价体系的一部分，是学校教育发展中不可忽视的力量。双语教学模式是适应于民族聚居区教育现状的特殊教育模式，了解学生家长的教育态度对促进家庭教育和学校教育改革、发展具有重要的意义。在此，以学生家长的个案访谈来观察他们对子女双语学习的态度。

×××，男，小学文化程度，合作市安果村村民，访谈地点：家里，访谈时间：2018年6月19日

我现在只有一个孩子，在藏族中学上学，藏语和汉语都学。送孩子上藏族学校，一是为了传承藏族文化，学好国家通用语言文字和中华优秀传统文化，再一个是离家里近。在家里，我和孩子都用藏语交流。我对学校的双语教学和老师都比较满意，希望孩子的教材用汉藏双语编写。在学校开家长会时，我和本民族老师一般用藏语进行交流；想让孩子以后能够从事和语言有关的工作。

×××，男，36 岁，合作市某企业职工，访谈地点：家里，访谈时间：2018 年 6 月 19 日

我来自临潭县，上的是藏小、藏中，汉语基本不会说；后来到城里自学了汉语。我比较认同甘南地区实行的双语教育模式，我的孩子现在在藏小学习。我想让孩子好好学习汉语、藏语，还有英语也很重要，对他们以后就业很有好处。

×××，女，43 岁，合作市某学校教师，访谈时间：2018 年 6 月 19 日，访谈地点：教室

在双语教育中，学生同时要学习藏语、普通话和英语，非常辛苦，但也是他们全面发展和社会的实际需求。我的孩子小学上的是藏小，初高中 6 年上的是普通中学；我觉得学习普通话很重要，孩子今年要参加高考了，期望能考到外地的大学，毕业后最好回到家乡，离我们也近。

×××，女，大专学历，44 岁，碌曲县某单位公务员，访谈地点：家里，访谈时间：2018 年 8 月 14 日

我来自卓尼，从小就会说藏语，爱人是来自天祝的藏族，我们家人之间交流时使用的是汉语方言，以前两个孩子不太会说藏语，现在儿子会简单用语，但也很少说；女儿不会说，也不愿意学。在我们甘南实行双语教育非常好，民族聚居的村子还是有好多人虽然能听懂普通话、汉语方言，但不会说，也有人根本听不懂。我们在下乡入户时存在很大难度，我觉得应该从孩子的教育抓起。我平时比较注重孩子的教育，抓得紧，语数外的补习班都有，目的是提高孩子的学习成绩，希望能考上大学。

通过访谈内容可知，被访家长均具有汉藏双语能力，多数家长与孩子交谈时使用藏语，较少使用汉语；他们均比较认可当地实施双语教育政策，认为国家通用语言文字、藏语文都很重要，通晓和掌握国家通用语言文字是孩子语言能力方面的基本要求，学习藏语文是传承藏族文化的重要方式，也意识到英语对孩子就业和发展的重要作用，

期望孩子能到外地上学，接触更多的文化知识。

另外，亦有学者对当地学生家长对子女双语学习态度做了调查（见表4-16），结果显示学生家长对此方面的满意度均超过了60%，反映出他们对子女的双语学习持积极、肯定的态度，但对汉语文学习效果的满意度低于藏语文，国家通用语言文字能力的掌握程度不高。此结果与上述访谈结果基本相一致，即大多数家长认为子女既要学好藏语，也要学好普通话，以更好地适应社会的发展。①

表4-16　　学生家长对子女双语学习的三种态度满意率及满意度情况

语言	态度	满意率（%）	满意度	标准差
藏语学习态度	认知态度	85.58	3.71	0.44
	情感态度	95.4	4.26	0.39
	行为态度	92.77	4.23	0.38
普通话学习态度	认知态度	65.86	3.11	0.47
	情感态度	75.8	3.11	0.48
	行为态度	82.4	3.35	0.42

资料来源：樊改霞、赵旺来、王曦：《"一带一路"背景下甘南地区藏族家长对子女双语学习态度的影响因素研究》，《民族高等教育研究》2019年第1期。

（二）双语教学单位的个案访谈

××××，合作市××藏族中学教学负责人，男，藏族，55岁左右，访谈地点：办公室，访谈时间：2018年6月14日

学校是一个一类模式和二类模式并存的寄宿制中学，1993年创办初期只开设了4个班，每种模式2个班；2010年以后，学生构成发生变化，以藏为主的学生的学习成绩越来越好，数量也逐

---

① 樊改霞、赵旺来、王曦：《"一带一路"背景下甘南地区藏族家长对子女双语学习态度的影响因素研究》，《民族高等教育研究》2019年第1期。

渐增多，以汉语为主的数量没有变。目前，每个年级6个班，4个以藏语为主，2个以汉语为主，就业率相当。另外，学生选择哪类模式主要取决于家长，纯牧区学生的汉语水平较低，一般会选择一类模式，而城市、半农半牧、农区或靠近城市的学生懂得一些普通话、汉语方言，一般会选择二类模式。

学校教学的总体目标是提高教学质量和学生的德育教育，培养更多合格的学生，并通过双语教育教学培养学生树立正确的语言学习态度。两种教学模式使用的教材不一样，但考试内容一样，一般要把汉语试卷翻译成藏语，但是翻译效果会存在差异；有时双语类教材的术语翻译的与普通教材不一致，当普通教材内容发生变动时，双语类教材也更新得较慢。另外，授课语言主要是藏语、普通话和英语三种，教学大纲全国统一，教师能够完成课程任务；学校虽然有多媒体网络教室，但只偶尔使用。教师每堂课都使用教案，且教案有统一要求，基本使用双语，个别科目不使用。

全校现有教师190人，正高1人、副高38人、硕士15人、本科学历占大多数；主要来源于甘南州，外地教师较少，60%是藏族，均通晓汉藏双语，40%是其他民族，只通晓汉语。目前编制受限制，副高级以上20%，中级职称40%，初级职称40%。从2017年开始，每年参加州教育局组织的教学技能理论学习（一周）；单位组织教师参加HSK考试和藏语标准音考试，他们在入职前均具有普通话水平等级证，每年有个别教师参加研究生考试，选择继续学习深造。在招聘教师时会根据学科需求对教师的语言能力进行考察。

目前，在校学生有2300人，基本来自甘南地区，也有几个回族、汉族学生，近10年来生源基本没有变化，大多学生来自农牧区。学生的入学率很高，同时辍学率也很高。学生整体成绩500分以上的不多，主要是文科，理科较少；2018年，文科最高571分，理科480多分。民族学校学生目前享受优惠政策，如初中学生可享受"二免一补",即免学费书费,补生活费,一年2000多。

开全校大会时,学校领导一般用普通话,校内传达上级文件和下发文件时使用的是汉字,公文抬头一般使用汉藏双语。教师交谈工作等一般会根据对方的民族情况而使用藏语、普通话或汉语方言。另外,学校与家长每学期至少沟通一次。

学校的校园文化活动比较丰富,主要通过文艺节目传承语言文化。每周二下午是学生的课外活动时间,如体育、绘画等;每年有30次文艺节目,每周六一个班会主办一次,内容有唱歌、跳舞、双语课本剧、小品等,节目主持人会使用普通话、藏语。校广播站运行情况良好,一般也使用双语。

甘南地区语言文字发展和双语政策实行状况良好,双语教育非常有意义,希望以后继续同时推行两种模式,根据学生的不同情况选择不同的模式,不仅对农牧区学生培养有重要的积极作用,而且也有利于文化传承、传播。同时,对学校硬件设施以及管理模式比较满意,但也存在一些问题,如双语类的学习和教学资源缺乏,教材术语翻译不统一,学生整体学风不太好等。

×××,男,碌曲县尕海镇××乡中心小学教学负责人,藏族,35岁左右,访谈地点:学校,访谈时间:2018年8月15日

学校创建于1959年,是一个全日制寄宿小学;现有教师38人,其中女15人,藏族34人,本科学历25人,一级教师9人、二级教师19人,平均年龄32岁,平均教龄8年。现有学生277人,其中女生135人,均为藏族学生,师生比为1:7。学校的教学模式主要是以藏语课为主,加授汉语文课一门;使用"五省藏区汉语教材";现有藏书7466册,生均27册,涉及汉字、藏文两类图书。

教师在工作中以藏语为主,与其他民族同事交谈时主要使用汉语;学生在学校与教师、同学大多使用藏语进行交流,上汉语文课时使用普通话,英语课时说简单英语。学生的普通话水平整体不高,1—3年级学生听普通话的能力较弱,个别学生不会说,

也有同学的普通话说得比较好；4—6年级学生能听懂普通话，并会说简单用语。学生的学习成绩平均分不高，如2019年某学期六年级的汉语文平均分为55.3分，最高分为83.5分，最低分8.5分，及格人数20人；藏语文平均分为59.3分，最高分为85分，最低分6分，及格人数25人。学校在开大会时，领导一般使用汉语，校内行文（课表、值班表、宣传栏等）一般使用汉藏双文，往上一级报送材料时文头使用藏文，正文均为汉字。学校开家长会时一般都使用藏语。整体来看，教师和学生非常缺少说普通话或汉语方言的语言环境，汉字的使用频率相对较高。

　　学校每周二、四下午大课间为学生的社团活动时间，有唱歌、跳舞、绘画、足球等，语言类活动涉及说唱、讲故事、书法；一个社团由2名教师负责，校广播站运行情况良好，会使用普通话、藏语双语。教师学习方面，除每周二、五、六晚上为空闲时间，其他时间每天晚上教师都要集中学习1小时，如周一、三晚19—20点集体看书或进行业务培训，周四晚上进行计算机培训，周日晚上各教研室对教学情况进行讨论。

　　另外，每年都有2—10个学生辍学，家长也同意，老师也经常对这些学生及家长进行劝返工作，但效果并不明显，有的学生会选择返校继续上课，其根本原因在于家长没有意识到教育的重要性。

从访谈资料中可以看出，学校教育是甘南地区藏族居民接受教育的主要形式，且已形成规范或系统的管理模式。从田野调查结果来看，大多数学生家长比较重视孩子的教育，会根据自身的语言能力选择不同的教学模式。在民族学校，师资构成中藏族教师占多数，且通晓汉藏双语，学生构成基本是同一民族，其他民族学生比例很小；在汉语文、英语等课堂上使用普通话、英语，其他课程或课下本民族师生之间很少使用；校内行文主要使用汉字；整体来说学生的国家通用语言文字的基础比较薄弱，学习成绩不高。同时，校方教学负责人表示在当地实行双语教育对地区经济发展和人才培养有着重要意义。

第三节 传媒领域语言生活

传播媒介是传承和发展优秀中华文化的重要载体。随着新媒体与传统媒体的相互融合，民族地区民族语言传媒也面临着新的机遇与挑战，地区的语言生活也随即发生很大变化，即语言传播趋渐多样化。传媒既包括报纸、广播、电视等传统媒体，也包括网络新媒体。本节将深度访谈和调查问卷法相结合，从传媒领域的语言文字使用、受众的媒体接触两方面呈现甘南地区传媒领域的语言生活状况。甘南州文化广播影视新闻出版局主要负责文化、新闻出版、广播影视等工作，具体拟定并组织实施有关广播影视、新闻出版等发展战略和规划，管理相关视听节目的内容和质量的审查等。

一 传媒领域语言文字使用

（一）甘南广播电视台[①]

甘南广播电视台已成为甘肃省首家集电脑、手机客户端、微信、微博于一体的新闻资讯平台，实现甘南台节目实时在线直播、点播，大大提高了甘南台节目的覆盖面和影响力，是当地最具影响力、最具权威性的官方媒体机构。

机构设置。甘南广播电视台下辖4个管理科室和14个业务科室，其中业务部门有汉语电视新闻部、藏语电视新闻部、汉语广播新闻部、藏语广播新闻部、电视新闻节目译制部、汉语电视专题部、藏语电视专题部、汉语广播专题部、藏语广播专题部、电视节目文艺部、广播节目文艺部、电视技术维护部、广播科、电视节目制作播出部。现有正式职工135人，其中少数民族97人（占71.9%），汉族38人；女67人；平均年龄35岁；13人具有副高职称，29人具中级职称，65人具初级职

---

① 部分内容根据甘南广播电视台的访谈资料整理而成。

称；本科及以上学历74人，大专45人，另有聘用人员60余人。

栏目设置。甘南广播电视台现已开通综合广播、电视综合频道以及藏语频道。电视台综合频道、藏语频道开办有新闻资讯节目《甘南新闻》、《新闻联播》（藏语）、《心关注》；专题类节目《科技万象》《红绿灯》《纵横访谈录》《一江三河红》等；少儿类节目《金色童年》《格桑梅朵》；服务类节目《影视剧场》《纪实片场》《跟我学藏语》等；文艺类节目《雪域之声》《艺苑荟萃》，每天播出19个小时。其中，综合广播频率为国家通用语、藏语双语混播，开办有汉语、藏语新闻资讯类节目《甘南新闻》《新闻译播》（藏语）以及专题类节目《农牧天地》《绿原彩虹》《法制时空》《与你同行》《藏语广播讲坛》等；服务类节目《藏族文学名著介绍》《卫生与健康》《气象服务》等；少儿节目《少儿乐园》；文艺节目《音乐荟萃》《综艺百花园》《牧民乐》《雪域妙音》等节目，每天播出9小时5分。

2016年，甘南广播电视台广播频率累计播出汉语、藏语《甘南新闻》606期（组），翻译编发《新闻译播》303期，近3000条；播出《农牧天地》《法制园地》等各类专题节目582期，2100多条。电视频道播出双语新闻606期，6250多条，410多万字。播出各类专题节目930期，其中藏语58部，976集；新录制霍藏毛兰木格萨尔说唱的音视频节目，总时长为9000分钟。每日累计播出汉语、藏语电视、广播节目达35小时。有47条（篇）广播电视新闻专题在全国藏语媒体协作评奖会上获得名次。8月，安多藏语广播频率正式开播，同时对原有的汉藏双语混播的综合频率进行了改版播出。[①] 截至目前，甘南广播电视台广播电视节目各个频道全天播出共计28小时5分。节目覆盖全州七县一市及周边青海黄南、果洛，四川阿坝等地区近百万人。

网站信息化与人员招聘培训。2015年开通了甘南网络广播电视台，网站首页使用了汉字、藏文、英文3种文字，其他页面主要是汉

[①] 甘南藏族自治州地方史志办公室：《甘南州年鉴（2017）》，甘肃文化出版社2017年版，第28页。

字。设有 8 个板块：首页、新闻汇、电视直播、广播直播、栏目点播、互动爆料、印象甘南、关于我们；另外，广播电视台开通了网络资讯服务。在人员招聘和语言培训方面，招聘对象主要是具有汉藏双语能力的大学生，单位积极组织工作人员参加州委组织部每年组织的基层干部双语培训。

（二）报纸及杂志

1.《甘南日报》

岗位设置与招录。甘南日报社属正县级全额事业单位，党总支下设三个支部，内设机构有汉文编辑部、藏文编辑部、行政办公室、广告部、发行部、印刷厂等 16 个部室；现有职工 95 人，其中少数民族职工 58 人，占职工总数的 61%。其中《甘南日报》（藏文版）由甘南日报社藏文编辑部出版，1 名副总编辑负责。藏文编辑部现有职工 18 人，其中副高职称翻译 2 人，兼职翻译 13 人，外聘翻译 10 人。报社一般采取自主招聘，主要招录的是民族大学毕业的汉藏兼通的双语人才，所学专业为民族语言文字、现代技术等相关专业。

采访与发行。《甘南日报》的采访方式主要是自采自编。汉文版日报为每日更新，藏文版报纸为周二刊，彩色对开大报，每星期出版两期，每月末出刊一期。全年共出版报纸 96 期，共采写、翻译、刊登新闻稿件 1500 多篇；专刊、副刊稿件 450 多篇。

版面设置。报纸设为四个版面，一版为时事新闻版，开设的主要栏目有"一句话新闻""州内新闻""简讯"等；二版为经济版，主要栏目有"经济新闻""农牧天地""科技长廊""科技知识""生活小常识""形势政策教育"（惠民篇）等；三版为综合版，有精品文学栏目"邦锦梅朵"，文化栏目"校园之歌""历史与文物""文化""法制"等；四版为时事（国内、外新闻）版，主要栏目有"时事动态""兄弟民族""雪域简讯"等。《藏文月末版》在注重时事报道的同时，丰富版面内容，以突出"三贴近"原则，进一步增强可读性。在报纸上开辟专题、专栏、专版，刊登甘南州各地开展"两学一做"学习教育开展情况；及时转载新华社、《人民日报》藏文版、

《西藏日报》藏文版重要稿件。另外,编辑部在不同时期有不同的工作重心,开辟不同的栏目,如"精准扶贫,共奔小康""环境卫生大整治""生态文明小康村建设"等。编辑部在办报理念和形式等方面进行了不断探索与创新,一方面突出了民族特色,增强报纸的政策性、理论性和权威性,同时也注重报纸的知识性、趣味性和可读性,增强了报纸吸引力,以满足不同层次读者的阅读需求。[①]

  人员培训。报社组织职工参加的培训有州委组织的相关培训、厦门大学组织的业务培训等。在语言学习方面,因翻译工作需要职工自学的现象比较普遍,报社内一个月或半个月组织的报检会主要是讨论翻译、审稿方面遇到的问题。另外,单位会派工作人员到西藏等地相关单位学习交流翻译技巧方面的问题。

  网络信息化。甘南日报社创新体制,一是新媒体中心于2015年成立,注重线上线下联动,把线下具体活动和平台作为有形载体,推动线上活动更加生动有效,使传播效果最优化。二是《甘南日报》微信公共平台顺利上线,"掌上甘南"风格活泼,使微信平台建设更加全面、有趣。截至目前,三个微信公众号总关注用户10万多人,内容点击率近千万次,部分图文阅读量达26万多。三是报纸新闻客户端2016年以来相继上线,现已形成微博、微信公众号、客户端三位一体的网络传播布局。其中,手机客户端开设的新闻版块,在内容选题、文风表达等方面更多采用群众喜闻乐见的形式和活泼生动的网络语言体系,提升了新媒体传播力。四是新闻网站全新改版,特别推出了"人在甘南""大美甘南""羚城快评""周末说说"等特色频道和甘南原创英文作品;同时上线了《甘南日报》数字报系统,读者可以及时通过网络阅读报纸内容,网站浏览量不断上升。五是建成《甘南日报》全媒体在线直播间、音视频制作室,制作开播《甘南简讯》《人物专访》、电台《聆听藏地》等音视频节目,使传媒传播形

[①] 甘南藏族自治州地方史志办公室:《甘南州年鉴(2017)》,甘肃文化出版社2017年版,第361页。

式更加多元化。六是完成了《甘南日报》六十五年回溯电子阅读建库项目。目前，访客可以通过网站链接进入报纸项目库，免费查阅报纸的历史资料。

2. 杂志

《达赛尔》杂志创刊于1982年，是甘肃省作家协会和甘南州文联共同主办的藏文文艺期刊（季刊），是当代藏族文学创作的主要窗口和主流阵地，自创刊以来出版发行136期。1992年《达赛尔》杂志由国家新闻出版总署特批为国内外公开发行刊物；1999年获得国际刊号。2002年，经国家新闻出版总署、甘肃省新闻出版局特批，《达赛尔》由地级刊物升格为省级刊物，现已发行到美国、英国、法国、日本、俄罗斯、意大利、德国、加拿大等20多个国家和地区。2017年入选向全国少年儿童推荐的百种优秀期刊，2019年入选中国期刊协会举办的"庆祝中华人民共和国成立70周年"精品期刊展。刊物在立足甘南，面向广大地区，挖掘和弘扬民族优秀文化的同时，为活跃民族文化生活、维护民族团结等营造了良好的文化环境。

杂志的稿件来源主要是约稿和自然来稿，2016年出版了4期、发表小说21篇、诗歌160余首（篇）、散文40多篇（章）、评论15篇、民间文学6篇等各类题材作品共140篇；发表摄影、书法作品200多幅。

杂志社积极推动文化创新，认真探索刊物的知识性、趣味性和可读性，积极参加州文联举办的各种活动，以充分调动基层作家、诗人的积极性、创造性，如2014年协助州文联在兰州举办了"吉祥甘南"摄影作品展、召开第三次文代会等。为了不断提高编辑部从业人员的专业技术水平，杂志社每年不定期组织编辑人员参加省新闻出版局组织的教育培训班及网络在线学习。目前，杂志还未开通微信公众号和网页；被采访工作人员表示，杂志社编辑的业务水平、杂志版面设计、纸张选择、栏目设置有待提升和完善，需创新办刊理念，树立精品意识，不仅要接地气，而且要凸显民族特色，以增强刊物的可读性和亲和力。

3. 个案访谈

××××，男，56岁，藏族，工作人员，访谈地点：办公室，访谈时间：2018年8月10日。

我1992年就在报社工作了，对报社的发展非常熟悉。1981年，报纸就设有汉藏双文，影响比较大，群众很喜欢，报纸版面除了有要闻版、经济版，还有综合性的文艺副刊，一般都涉及群众喜欢的服务性内容。我们部门主要采取的是自主招聘，多为民族大学民族语言文字专业、现代信息技术专业的汉藏双语人才。目前，藏文编辑部存在的主要问题是缺少双语人才，业务培训相对较少，职工希望到西藏、青海等相关部门学习；高级职称的评定资格在青海，且名额非常少，希望甘肃省能有评审权，解决单位职工翻译职称评定的问题。

××××，男60岁，藏族，工作人员，访谈地点：办公室，访谈时间：2018年8月10日。

在民族地区，农牧区有许多群众不识字，广播至少有60%的人能听懂，藏语节目一般在牧区收视率比较高，出租车司机听得也比较多，尤其是民歌、弹唱节目很受欢迎。电视节目是1992年开始播出的，但是因为人才和设备受限，汉语、藏语使用一个频道穿插播出，而且时间段只有晚上播，内容重复播出，更新慢。2004年，电视台开办了"每日新闻"扩大了覆盖面，开通了电视信号输送到各县市和重点乡镇；2015年开通了"网络广播电视台"。我们电视节目基本都是由本台翻译的。另外，"藏语新闻联播"构成很有特色，内容有中央新闻联播重要内容、甘南汉语的所有新闻节目、国际要闻和文艺节目专题，其中"国家要闻"是群众提出来的。目前，单位的汉语人才充足，但双语人才比较缺乏，尤其是翻译人才；广播方面藏语人才不缺乏，但是播音、主持优秀人才少，电视台"汉语频道"缺少普通话优秀人才。整体来看，工作人员工作任务重、待遇低，整个单位的事业编制不到三分之二，人才引进也存在困难。

日常工作中，不同民族同事交流使用普通话或汉语方言，本民族同事之间多使用藏语，大家相处得也比较和谐。

可见，甘南地区的传媒领域除了以国家通用语传媒为重要的传播媒介外，藏语文广播、电视、日报和杂志等传统媒体也发挥了重要的作用，丰富了广大居民的语言生活。甘南广播电视台栏目设置多样、内容丰富，其中有汉藏双语频道、藏语频道，节目覆盖全州七县一市及周边青海、四川等地区，已发展成为甘南地区最具影响力的官方媒体机构；藏语影视译制中心译制了大量的影视剧，有效地丰富了甘南电视台频道的节目内容。广播电视台还成立了网络广播电视台，开通了微信、微博、手机App、互动社区平台。《甘南日报》版面栏目多样、内容丰富，不仅注重报纸的政策性、理论性，还突出报纸的知识性和趣味性等，满足了不同层次读者的阅读需求；另外，报社还成立了新媒体中心，开通了新闻网站、微博、微信公众号和移动客户端，完成了电子阅读建库项目，这些大幅提升了新媒体的传播力，并使传媒传播形式更加多元化。《达赛尔》杂志是藏族文学创作的主要窗口和主流阵地，它在挖掘和弘扬中华民族优秀文化的同时，也为活跃人们的文化生活、维护民族团结等营造了良好的文化环境。

二　受众接触传媒现状

本部分主要依据研究者新媒体时代信息传播特征愈加凸显，广播、电视、报刊、图书、网络等领域发展迅速，甘南地区居民的媒体接触是全面呈现语言文字传媒状况的重要维度。在甘南州各传媒部门、机构实地访谈获取材料，并选取了886名被试进行了问卷调查。

（一）样本构成及语言能力

1. 样本构成

本部分的问卷调查主要包括两部分，其中传媒领域语言使用调查获得147份有效问卷，是对语言生活状况调查的有效补充和结果印证。从表4-17来看，传媒领域问卷调查被试多集中于中青年，男性被试高于女性，多半数被试受过高等教育，公务人员、学生被试比例较高，城市、县城、农牧区 2 的被试比例均衡。

表 4-17　　传媒领域受众被试调查样本基本情况统计①

类别	基本情况	样本数（N=147）	比例（%）
性别	男	80	54.4
	女	67	45.6
年龄	7—18 岁	10	6.8
	19—30 岁	76	51.7
	31—50 岁	54	36.7
	51 岁以上	7	4.8
学历	从未上过学	7	4.8
	小学	17	11.6
	初中	6	0.4
	高中/中专	13	8.8
	大专/本科	95	64.6
职业	农牧民	9	6.1
	公职人员	42	28.6
	学生	49	33.3
	企业职工	10	6.8
	务工人员	6	0.4
	个体工商户	8	5.4
	其他	23	15.6
居住地类型	城市	46	31.3
	县城	41	27.9
	农牧区 1	23	15.6
	农牧区 2	37	25.2

① 《甘南地区传媒领域语言使用调查问卷》是对《甘南地区语言生活现状调查问卷》中传媒领域语言文字使用的补充。

2. 语言能力

在传媒领域问卷调查中，被试的语言能力分为熟练、一般、略懂和不会四个等级，从图4-11的后两项比例来看，被试普遍具有双语双文能力，藏语和汉语方言能力相对较高，普通话次之，被试的汉字能力高于藏文，学习英语的部分被试仅处于略懂的阶段。据被试语言使用情况的结果显示：藏语（3.92）＞汉语方言（3.64）＞普通话（3.23）＞英语（1）。此结果与居民被试的整体语言能力及使用情况基本相一致。

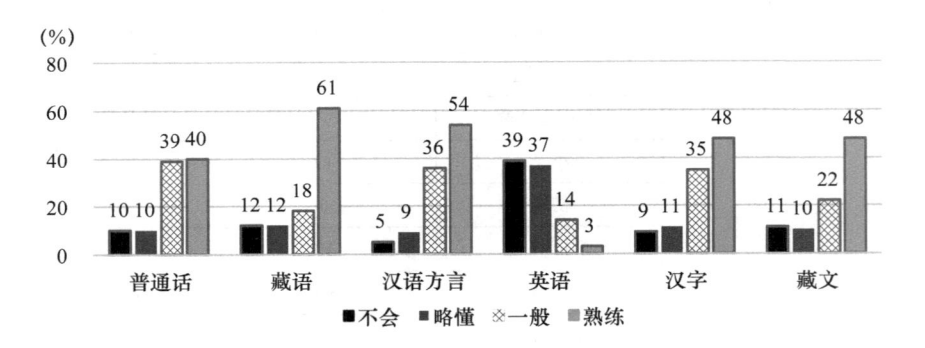

图4-11 受众被试语言熟练程度情况统计图

注：接触频率：1. 没有接触；2. 有时接触；3. 经常接触。

（二）受众接触传媒的现状

1. 接触传媒的频率

据表4-18受众被试关注汉语文、藏语文传媒频率的均值结果可知，被试接触汉语文传媒频率较高的是电视（2.72）、手机（2.58）、电脑（2.50）和书报杂志（2.50）。接触藏语文传媒频率均值较高的是电视（2.24），书报杂志、手机、电脑次之。整体来看，受众被试接触汉语文传媒的频率较高，呈现出汉语文传播的广泛性和价值性特征，藏语文传媒也是受众语言生活不可忽视的部分，但关注度较低。另外，就受众对藏语歌曲的关注度来看，受众对本民族歌曲比较感兴趣。

表4–18　　受众被试关注汉语文传媒频率均值分析表

类别	题目	最小值	最大值	均值
汉语文	书报杂志	1	3	2.50
	手机	1	3	2.58
	电视	1	3	2.72
	电脑	1	3	2.50
藏语文	书报杂志	1	3	2.05
	手机	1	3	1.97
	电视	1	3	2.24
	电脑	1	3	1.85

注：1. 没有接触；2. 有时接触；3. 经常接触。

2. 接触传媒时的语种选择

被试在接触传媒时多选择双语双文，亦存在多语多文现象（见图4–12），整体以汉语文为主，藏语文较低，英语最低。被试在接触不同媒介时所选择的语言文字略有差异，如在听歌曲时选择英语的

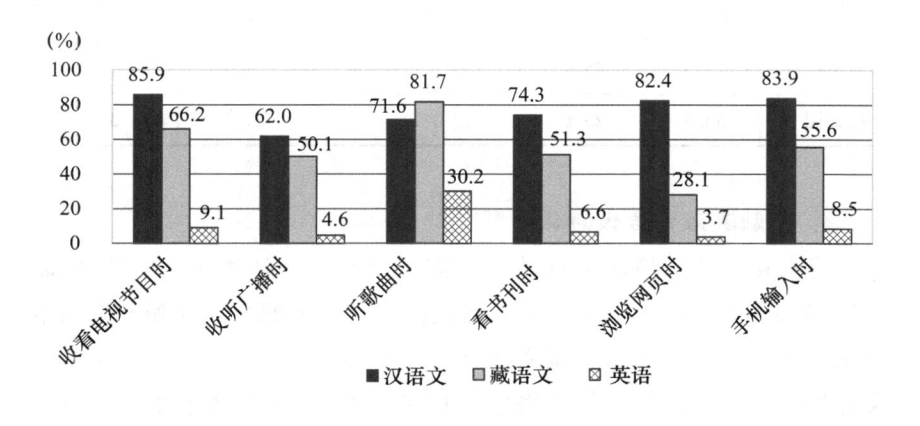

图4–12　受众被试接触传媒的语言选择情况统计

比例最低（30.2%），收看电视节目、手机输入时所占比例接近10%；在浏览网页时选择藏文的比例较低，而在听歌曲时被选的比例最高（81.7%）。由此呈现出甘南地区语言使用的多样化、传播媒介的多元化特征。

3. 获取语言文字信息的途径

受众被试在日常生活中获取藏语文信息途径的统计结果（$N=147$）：手机（70.1%）＞电视（65.3%）＞图书（40.8%）＞电脑（30.6%）＞广播（30.2%）＞报刊（23.1%）＞其他（11.6%）。可见，新媒体时代以网络为主的手机移动客户端已成为甘南地区受众生活的重要组成部分，电视、图书、电脑和广播仍是被试获取藏语文信息的重要途径，呈现出民族聚居区多媒体相互融合的传播现状。

受众被试阅读报刊和图书的途径是多方面的（见表4-19），其中多以图书馆、自己订阅或购买、单位或学校统一订阅为主要途径。但也略微存在差异，如自己订阅或购买藏文图书的比例高于报刊，而免费领取藏文报刊的比例略高于图书。从社区或村镇图书室的调查比例来看，报刊图书的使用率并不高。

表4-19　　　　受众被试阅读藏文报刊图书途径统计　　　　（单位:%）

类别	自己订阅或购买	单位或学校统一订阅	社区或村镇图书室	图书馆	跟他人借阅	免费领取	其他
藏文报刊	23.1	25.9	15.7	34	21.1	19.7	7.5
藏文图书	36.7	23.8	17	35.4	19.7	14.3	8.2

4. 接触藏语文传媒的目的

受众接触传媒情况可反映个人需求和愿望。从表4-20中可知，被试接触藏语广播、电视的主要目的排序：休闲娱乐＞了解科学文化知识＞了解新闻，而接触藏文图书、报刊的主要目的排序：了解科学文化知识＞了解新闻＞休闲娱乐，亦有小部分被试接触传媒时并无特别目的。显现出被试因传播介质的不同而表现出的心理需求和目的也存在差异。另外,被试收听藏语广播场合的调查结果显示,半数以上被试选择空闲时间(57.8%),部分被试选择开车乘车时(24.5%)、做家务时(23.1%),也有一些是在放牧农作时(12.2%)、定时收听(8.2%)藏语广播,还有23.8%的被试选择"无此情况",一般为不收听广播或居住地广播未被覆盖的被试。

表4-21 受众被试关注藏语文传媒目的统计 (单位:%)

类别	了解新闻	了解科学文化知识	休闲娱乐	无特别目的	其他
藏语广播	32.7	48.3	40.1	11.6	2.7
藏语电视	38.1	42.2	51.7	11.6	2
藏文图书	25.9	52.4	21.8	8.84	4.8
藏文报刊	29.3	42.2	25.9	12.24	4.1

5. 接触传媒的具体内容

广播电视具有传播新闻、舆论宣传、教育娱乐等多种功能,对受众内容喜好的调查了解有利于传媒主体优化栏目,促进传媒社会功能的有效实现。按职能将节目内容进行分类(见表4-21),结果显示文艺类节目的选择比例最高,且藏语电视>藏语广播,具体排序为:文艺类>新闻类>生活服务类>法律类>科普类>生产类>其他,可见,当地受众比较喜欢电视剧、综合娱乐、歌曲等文艺类内容,部分被试亦喜欢新闻类和生活服务类内容。

表4-21 受众被试关注藏语广播电视的节目类型统计 (单位:%)

类别	文艺类	新闻类	法律类	生产类	生活服务类	科普类	其他
藏语广播	59.2	34.1	17.1	11.6	32	15.7	6.1
藏语电视	72.1	38.8	17.7	18.4	31.3	17.1	8.2

在其他传媒中，被试所关注的内容略有差异，如被试关注藏文类图书类型的统计结果：教材类（50.34%）＞文学类或历史文化类（48.9%）＞其他（13.6%）。被试关注藏语文微信公众号内容的统计结果：历史文化类（57.14%）＞教育科普类（41.5%）＞新闻类（40.8%）＞娱乐类（28.6%）＞健康养生类（24.5%）＞其他（9.5%），另有21.8%的被试选择"无此情况"，一般多为不识藏文或不关注微信公众号的被试。可见，藏族居民日常比较关注教材类、文学类和历史文化类藏文图书；所关注的网络微信公众号内容则以历史文化类、教育科普类和新闻类为主，其他内容亦有，但所占比例不高。

6. 接触藏语文传媒的态度

受众对开播藏语广播、电视节目和出版藏文报刊态度的统计结果：赞成（86%）＞无所谓（11.6%）＞不赞成（2.4%）；藏语文传媒对受众的生活影响程度的统计结果：影响较大（52.2%）＞影响一般（33.7%）＞无影响（14.1%）。数据表明，大多数被试赞同当地开播、出版藏语文传媒；藏语文传媒对约半数被试所产生的影响不大，此结果与20%—30%受众接触藏语文传媒的目的、内容等问题中选择"无此情况""无法回答"的调查结果基本一致，即藏语文传媒对这部分未接触或接触较少受众所产生的影响较小。这也呈现出被试赞同藏语文传媒存在的积极态度。

三 网络媒介语言使用专题

生活在甘南地区多语环境下居民的网络语言生活又是怎样的？新媒体又如何有效传播信息，促进民族语言的传播和发展，传播受众又如何适应新的语言环境进行语言选择，实现语言的保护和传承是研究不可忽视的内容。本节以藏族居民在微信平台中语言使用情况为例。

（一）微信平台语言文字使用情况

甘南地区被试通过微信平台社交时使用的语言文字情况具体见图4-13、图4-14、图4-15。被试在微信平台中进行语音聊天、打字聊天时使用的语言情况基本一致，比例依次是普通话＞藏语＞英语，藏语文使用频率是语音聊天＞文字聊天，汉字和英语的使用频率文字聊天＞语音聊天（一些被试虽然不通晓文字，但会使用语音聊天功能）。在朋友圈发布信息方面，绝大多数被试使用汉字，也有藏文、英文语码，且存在语码混用情况。

微信朋友圈的文字使用。大多数被试发布微信朋友圈使用汉字，比例为82%，半数以上被试使用藏文，亦有小部分被试使用英文，选择"无此情况"的多为不常使用微信朋友圈的被试（见图4–15）。在个案研究中，主要以4名被试所发布的朋友圈信息为语料，对其语言使用、文本编辑形式、信息结构进行整理、统计。在此，将每条信息的结构可以分为文本编辑（其中文字＋表情符号简称"文表"）和图片/视频/链接（简称"图/视/链"）两部分。而文本编辑分为文字文本、文字＋表情符号两种形式。

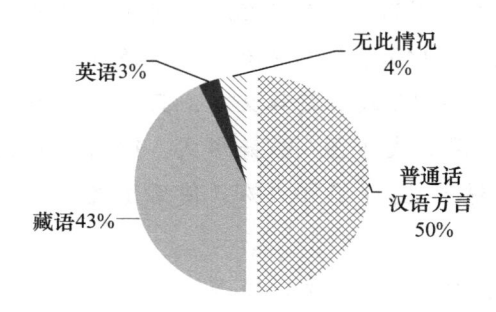

图4–13 被试微信语音聊天语言使用统计（$N=508$）

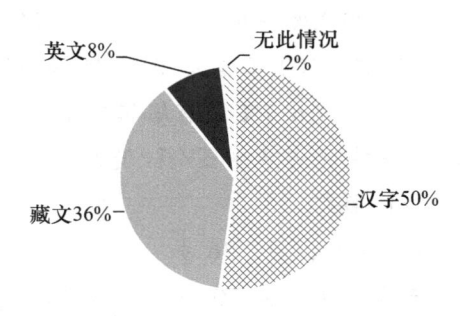

图4–14 被试微信文字聊天语言使用统计（$N=147$）

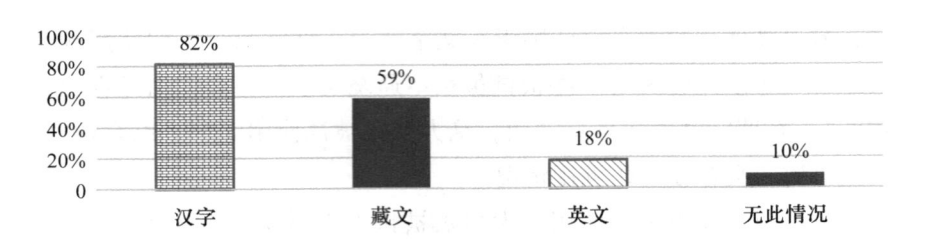

100% | 82%
80%
60% | | 59%
40%
20% | | | 18% | 10%
0% | 汉字 | 藏文 | 英文 | 无此情况

图 4-15 被试微信朋友圈文字使用统计（$N=147$）

个案分析：

案例 1：××××，男，32 岁

被试共发布朋友圈信息 140 条。文本编辑部分（$N=86$）有 43 条/50% 使用汉字，38 条/44.2% 使用藏文，5 条/5.9% 使用汉藏双文。链接/图片（$N=93$）部分有 46 条/49.5% 使用汉字，41 条/44.1% 使用藏文，5 条/5.4% 使用汉藏双文，1 条/1.1% 使用汉英双文。140 条信息中有 63 条/45% 使用文字+图/视/链形式，41 条/29.3% 没有编辑文本，直接使用图/视/链形式，18 条/12.9% 使用文表+图/视/链形式，17 条/12.1% 使用表情符号+图/视/链形式，1 条/0.7% 只使用了文字，未使用图/视/链形式。

案例 2：××××，女，45 岁

被试共发布朋友圈信息 102 条。文本编辑（$N=79$）部分有 77 条/97.5% 使用汉字，2 条/2.5% 使用藏文。链接/图片（$N=49$）部分有 44 条/89.8% 使用汉字，2 条/4.1% 使用藏文，3 条/6.1% 使用汉藏双文。102 条信息中有 74 条/72.5% 使用文表+图/视/链形式，17 条/16.7% 没有编辑文本，直接使用图/视/链形式，6 条/5.8% 使用文字+图/视/链形式，5 条/4.8% 使用表情符号+图/视/链形式。

案例 3：××××，男，36 岁

被试共发布朋友圈信息 70 条。文本编辑（$N=35$）部分有 33 条/94.3% 使用汉字，2 条/5.7% 使用藏文。链接/图片（$N=$

46）部分有43条/93.5%使用汉字，2条/4.3%使用藏文，1条/2.2%使用汉藏双文。70条信息中有28条/40%使用文字+图/视/链形式，35条/50%没有编辑文本，直接使用图/视/链形式，7条/10%使用文表+图/视/链形式。

案例4：××××，女，47岁

被试共发布朋友圈信息31条。文本编辑部分（$N=17$）全部使用的是汉字。链接/图片（$N=11$）部分有9条/81.8%使用汉字，2条/28.2%使用汉藏双文。31条信息中有18条/58.1%使用文字+图/视/链形式，13条/41.9%没有编辑文本，直接使用图/视/链形式。

通过案例的具体情况来看，被试4人均未受过高等教育，在发布朋友圈进行文本编辑时基本同时使用汉藏双语，个别仅使用藏文编辑，此结果与传媒受众语言选择情况基本一致。同时，被试朋友圈文本还存在语码混合情况，如汉藏文混用、汉字和英文混用。被试所转发的绝大部分链接、图片内容使用汉字，小部分内容使用藏文单文或者汉藏双文混合。从信息的多模态构成来看，文字、表情符号、视频、图片和链接是主要的模态形式，特别是在文本编辑中，表情符号使用的频率较高。

（二）网络流行语的使用情况

在新媒体时代，网络空间是新词语产生的重要途径。伴随着互联网技术的不断革新和移动客户端的出现，网络新词的使用频率和社会地位大幅度提高，社会影响力愈加深远，大量的网络新词融入居民的语言生活。如藏语中出现大量的如鼠标、网友、微信、支付宝等与科技、网络有关的新词语。网络语言是网民在互联网进行交际所使用的各种语言符号，而网络流行语是网络语言中最活跃的表现形态，了解其使用情况是观察甘南地区居民接受新词新语不可忽视的视角。

网络新词使用动因的统计结果（$N=299$）（多选题）：受语言环境的影响（135人次/45.9%）＞时尚有趣（126人次/42.9%）＞方便、

节省时间（66人次/22.4%）＞为了参与他人谈话（27人次/9.2%）＞证明自己关注语言现象（11人次/3.7%）＞其他（9人次/3.1%），亦有部分被试（13.3%）选择"无此情况"。可见，网络语言环境和时尚有趣是被试在虚拟环境中使用网络新词的主要动因。

据表4-22可知，被试在日常生活中很少使用网络语言，不同场合使用网络流行语的情况处于"偶尔使用"和"从未使用"之间；多种场合相比较而言，被试在网络聊天室使用网络流行语的情况相对较多，而在正式场合、写作中使用的频率很低，即基本不使用网络流行语。可以说，当地居民虽然接触网络语言，但网络流行语对其语言生活的影响并不明显。

受众对网络词语使用的态度。据表4-23可知，被试能够接受网络语言，但在选择使用时略有差异，在不同类型网络语言中，不文明网络语言的态度均值最低（2.48），而普通网络语言的态度均值最高（3.30）。被试虽然对不文明网络语言等持接受态度，在使用时处于"不使用"和"选择性使用"之间；而对字母/缩略词和其他普通网络语言不仅是可以接受的，而且会选择性使用。可见，当地藏族对网络语言持较为积极的态度；他们在藏语表达时往往直接借用汉语的网络新词或原来的表达形式，并在藏语句子中充当一定的语言成分；当一部分被广泛用于语言生活并发展成为基本词汇的汉语借词，再被翻译者创造后通行于书面表达或口语表达中。

表4-22　　　　被试在不同场合使用网络流行语频率分析

场合	均值	标准差
网络聊天室	2.16	0.998
正式场合	2.81	0.917
日常聊天	2.46	1.008
写作中	2.84	0.956

注：1. 经常使用；2. 偶尔使用；3. 从未使用。

第四章 甘南地区专门领域语言生活

表4-23　被试对不同类型网络新词的态度分析

类别	均值	标准差
谐音字网络语言（杯具、木有、鸭梨山大等）	2.68	1.423
不文明网络语言（蛋疼、你妹、屌丝等）	2.48	1.551
普通网络语言（微信、点赞、菜鸟、给力、高富帅等）	3.30	1.211
字母/缩略词网络语言（PK、打call、MM）	3.06	1.240

注：1. 不接受，也不使用；2. 能接受，但不使用；3. 能接受，选择性使用；4. 经常使用。

个案访谈：本章在对受众进行个案访谈时均涉及其接触传媒的相关问题，根据职业不同整理如下：

学生（5名）。被访者中有2名学生的普通话发音比较标准，3名学生的藏语表达能力优于普通话，4名学生较多收看汉语台电视节目，认为体育、文艺、娱乐节目和动画片比较好、有趣，藏语台节目有些单一；他们一般不收听广播，读汉语的课外读物比较多一些，玩手机、上网的机会很少，查资料时一般浏览汉语网页，使用手机时两种语言文字都使用。

城市保洁员（2名，50岁左右）。被访者均会说藏语和汉语方言，喜欢听藏语歌曲，会使用微信，其中藏语语音使用的情况较多；其中一名具有初中文化程度的受访者经常收看汉语台的电视节目，一般不收听广播；另一位无文化程度的受访者则表示汉语和藏语台电视节目都收看。

出租车司机（1名，50岁左右）。被访者的藏语水平优于汉语，经常收听藏语广播中的歌曲、说唱、交通信息等栏目，认为比较有趣、亲切、实用，收看电视时两种语言的节目都看，希望节目类型再丰富一点。

公务人员（2名，28岁/43岁）。被访者的藏语和汉语的能力相当，日常工作或生活中浏览网页、读书看报时以汉字为主，收看电视、网络聊天时两种语言都使用,但后者仍居多;另外,有时也会关注一些藏文公众号信息;在开车时会听藏语广播等,并认为藏语文传媒是藏族居民了解和传承中华优秀文化的重要途径。

居民(3名,24岁/30岁/45岁)。被访者为纯牧区居民,在家务农或放牧,其中2名无文化程度,只会说藏语,听不懂汉语,日常生活中较少看电视,也不收听广播,看电视时一般选择藏语台的文艺类节目,使用手机仅是为了接听电话,喜欢听藏语歌曲。另1名受访者是小学文化程度,虽能听懂汉语,但表达能力一般,在网络聊天中以藏语语音为主,有时会浏览汉语的网页、关注藏文公众号,收看两种语言的电视节目。

由此可见,在传媒领域被试因学历、职业、年龄、个人爱好或需求等因素的影响而选择的传媒形式、节目类型、语言选择等有所差异。如学历较高的被试所选择的传媒形式多样、语言多为双语或多语,而无学历或学历较低居民所选择的媒介形式和语种形式则相对较少。

总之,甘南州在充分发挥国家通用语传媒社会功能的同时,也非常重视藏语文传媒的发展。广播、电视、报纸、刊物、图书是藏语文信息传播的重要媒介,它们充分地发挥着社会功能,对促进当地的经济发展、社会稳定、民族团结做出了积极的贡献。就被试接触传媒的语言文字情况来看,广大居民具有较浓的语言文化传承意识,接触汉语传媒的频率高于藏语文,其中接触汉语传媒频率较高的是电视、手机,藏语文传媒频率较高的是电视、书报杂志;在接触传媒时多选择双语双文,且以汉字为主;被试接触藏语广播、电视、图书、报刊的主要目的有所差异,前者主要为了休闲娱乐等,后者则是为了了解科学文化知识等;受众日常比较关注教材类、文学类和历史文化类藏文图书;所关注的网络微信公众号内容则以历史文化类、教育科普类和新闻类为主。就被试在微信平台语言选择和网络语言的使用调查情况来看，他们在微信平台中进行语音聊天、打字聊天时所使用的语言情况基本一致，主要是汉语、藏语；大多被试在发布微信朋友圈时主要使用汉字，也存在汉字、藏文、英文等语码混用的情况，网络语言环境和时尚有趣是被试在虚拟环境中使用网络流行语的主要动因，但在日常生活中很少使用。可见，网络媒体虽然融入藏族的语言生活，对其产生了影响，但网络词语的使用并不明显。

小　结

　　语言文字应用于甘南地区语言生活的方方面面，本章节主要对行政司法、教育、传媒领域的语言文字使用及相关群体的语言态度等进行了调查和分析，研究结果表明，居民语言生活在不同领域所呈现的特征有所不同，国家通用语言文字、藏语文、英语等语言资源所发挥的资源价值和社会功能是不均衡的。

　　行政司法领域。甘南地区语言文字的社会用语法规健全，且政府部门执行力度较强，监管措施到位，积极开展社会用语用字执法、网络信息化、双语翻译、双语培训、国家通用语言文字推广等工作。负责语言文字工作的行政司法单位均设有翻译岗位，未设置专门科室的单位一般有通晓汉藏双语文的工作人员为单语藏族居民提供语言服务。国家政府机关的公章和文头均使用汉藏双文，州内制定的其他条例、办法或重要文件、报告中的主要部分被翻译成藏文版，其他一般文件以汉字为主。大多数单位的网站、公众号用文通常使用汉字，部分网站首页使用藏文的单位名称，小部分单位有藏文版网页、微信公众号。数据显示，藏族公务员的整体语言能力较强，国家通用语言文字能力优于其藏语文能力，大部分公务员具有语言服务意识，在进村入户宣讲国家政策或开展工作时一般根据交际对象选择使用藏语、汉语，认为与本族群众使用藏语交流更有亲切感。而群众被试的整体语言能力与公务人员具有差异性，其汉语方言、普通话能力弱于藏语，汉字及藏文的书面语能力都不高，能够听懂

◇❖ 语言与社会：甘南地区语言生活

普通话或汉语方言，但口头表达能力的差异较大；对公务员的语言服务满意度不高。由此可见，甘南地区还需要进一步加强政府机关公务人员语言服务水平。

　　教育领域。甘南藏族接受教育以学校教育为主；其中双语类教学（"一类模式"和"二类模式"）约占三分之一。当地非常重视师资队伍、教材教辅、双语教学科研、语言文字推广等工作，并取得了较好的效果。因教学模式、学科差异，教师所使用的教学语言及与学生的互动语言也不同，且以藏语为主；学生的语言能力及使用亦因语言习得环境、途径和学习模式而存在差异性。另外，被访学校、家长均认可双语教育教学的实行利于当地的经济发展和人才培养，认为汉语文、藏语文都很重要，通晓和掌握汉语文是学生语言能力的基本要求。

　　传媒领域。甘南地区居民在传媒领域中的语言生活丰富多样，广播、电视、图书等传统媒体是其获取信息的主要途径，而电脑、手机等移动客户端亦成为其语言生活的重要部分，呈现出传统媒体与新媒体相互融合的传播现状。受众接触汉语文传媒的频率高于藏语文，一般多选择双语双文，如微信朋友圈以汉字为主，且存在汉字、藏文、英文等语码混用的情况；语音聊天中为多语并存，文化程度较低的受众主要通过藏语语音进行交流。另外，受众接触传媒的心理需求、目的因传播介质不同而存在差异。如比较关注广播电视的文艺类、新闻类内容，微信公众号中的历史文化类、教育科普类、新闻类等内容，阅读图书、报刊则是为了了解更多的科学文化知识等，收听和观看广播、电视主要为了休闲娱乐等。他们虽接触网络语言，但很少使用。可以说，网络媒介传播虽然对当地居民的语言生活能够产生一定的影响，但受众面有限，影响力不足。

第五章 甘南地区公共空间语言景观

　　语言景观是呈现公共空间语言文字使用的重要区域，是语言生活研究的重要部分，蕴含着语言政策、语言活力、语言生态等深层问题。随着国际化程度的不断加深、现代化的日益推进和外语教育的发展，作为语言政策重要体现形式的语言景观也随之发生了变化，如语言标牌设计风格趋向多样独特、语码使用凸显多元化，人们的语言服务意识也明显增强。日常用语中除了使用国家通用文字、少数民族文字和汉语拼音等语码外，英文也得到快速传播，广泛应用于政府机构、公共设施、街道、交通路标、产品印刷等各个角落，在旅游景点、店铺等标牌中还出现了法文、韩文等语码。甘南地区公共空间语言标牌是否也发生变化，当地语言实践情况、空间书面文字呈现的特征是怎样的？本章运用地理符号学理论，通过语言景观这一辅助性交际工具，实地调查甘南州公共空间领域的语码使用情况，讨论其所蕴含的语言活力、语言关系、语言生态等问题，并考察政府语言政策的落实与管理情况等。

第一节 语言景观概况及调查设计

一 语言景观概况

　　地理学中的"景观"一般意义上是指一定区域呈现的景象，即视觉效果；而语言学中的"语言景观"（Linguistic Landscape）主要关注公共空间的语言呈现问题，不仅能考察一个地域在现实环境中的语言选择、语言使用特点和规律等语言实践情况，而且能探究多语现象背后所蕴含的语言政策、语言权势、语言活力、语言生态等问题。它不仅是城市景观的重要组成部分和人文地理的重要表征，也是人们语言生活的重要部分，并随着时代的发展表现出不同的特征。因其研究视角和方式的新颖独特，逐渐成为应用语言学、社会语言学研究的一个热点研究领域，也是研究社会学、符号学、民族学、翻译学、地理学、心理学等的新路径，反映出多学科结合的特征。

1997年，加拿大学者最早界定了这个概念，"由路标、广告牌、街名、地名、商铺标牌及政府楼宇等公共标牌语言共同构成的特定区域、地区或城市群的语言景观"，并提出了它的信息功能和象征功能。随着该领域研究的深入，语言景观的研究范围不仅包含一般意义上的语言标牌，即官方和半官方的公示语、私人和商铺的语言标牌，还包括非固定的传单、车票、广告页、宣传册，可移动的海报、横幅、标语、电子显示屏等，已从公共空间延伸到室内场所及虚拟空间等。语言景观的核心背景"公共空间"指的是"社区或社会中不属于私人财产的任何空间，如街道、公园或公共机构等"[①]。可见，语言景观的多模态化是现代城市的重要象征，既包括固定的、移动的，又含有官方的、私人的各种语言标牌。

从语言景观的发展脉络和研究现状来看，其研究框架和理论方法渐趋成熟，表现出了规模化、系统化、组织化、网络化的研究特征。在尚未提出语言景观这个概念时，在国内外语言问题的研究中其实已经涉及有关公共空间的语言标志研究，但成果较为零散。如学者在1977年、1978年对耶路撒冷某街道的公共标识中英语、希伯来语使用情况和布鲁塞尔广告牌上语言的分布进行了调查和研究等。纵观而言，国外的相关研究较为丰富，自语言景观被提出后，与之相关的研究成果不断涌现。此后，该领域研究进入高潮，杂志社刊载论文并开设专栏、

[①] 尚国文、赵守辉：《语言景观研究的视角、理论与方法》，《外语教学与研究》2014年第2期。

出版社相继出版专辑，荷兰的《语言景观国际期刊》（2015）的创刊出版，标志着语言景观研究走向成熟。[①] 其公共空间的研究范围由城市语言景观逐渐扩展到农村地区的语言景观、虚拟空间的语言景观、跨境的语言景观、语言景观与双语教学等。[②] 而国内的语言景观研究起步相对较晚，在该概念传入以前，国内学者实际已经关注了各地地名、街道名和公示语等。当前，我国此领域研究成果以论文居多，主要发表在普通期刊上，其次是 CSSCI 期刊和硕士学位论文，语言景观研究在 2013—2018 年间呈现快速发展的趋势。[③] 研究范围主要是城市语言景观、民族区域语言景观等，内容关注点日趋多样化，由标牌的语码呈现特征、语码翻译等本体研究逐步转向多语权势地位、语言政策与语言实践、民族语言活力、空间维度、语言教学等方面。

语言景观的理论视角是多维度的。国外学者从多学科视角不断丰富语言景观研究的理论建构，如学者们提出了公共标牌上语言选择条件的理论，采用视觉符号学框架来研究"场所中的话语"，提出了"场所符号学"理论和一套包含语码取向、字刻、置放等多变量的语言景观分析框架、SPEAKING 模型和三维空间分析模式等。综合已有的研究成果发现，较为集中的理论取向包括社会认知理论、语言景观专有理论、翻译理论及地理学相关理论；国内语言景观的理论基础相对薄弱、研究尚处于初探阶段。[④]

语言景观的研究方法集中体现在语料收集、分类、处理和分析方面。研究者通常选择城市的主要街道为调查地，采用实地观察法、问卷调查法和访谈法，呈现被研究地域的特点。拍照是最主要的语料收集方法，而研究者需提前到研究地点进行考察，选择标牌密度大且具有代表性的

[①] 李丽生：《国外语言景观研究评述及其启示》，《北京第二外国语学院学报》2015 年第 4 期。

[②] 徐茗：《国外语言景观研究历程与发展趋势》，《语言战略研究》2017 年第 3 期。

[③] 李宝贵、王丽青：《国内语言景观研究述评（2013—2018.6）》，《喀什大学学报》2018 年第 2 期。

[④] 巫喜丽、战菊、刘晓波：《语言景观研究的理论视角、问题取向及研究方法——国内语言景观研究十年综述》，《学术研究》2017 年第 7 期。

街道或商业中心。另外，语料的分类一般分为官方标牌、私人标牌两类；也可按照研究目的的不同，将语言标牌按照标牌的功能和使用、标牌的制成材料或物质形式、标牌使用的语言及其数量这三种标准进行分类。而分析语料的主要方法是采取量化或质化的方法，照片语料的标注一般由人工完成，也有尝试使用电脑软件辅助处理照片数据。[①] 从已有成果来看，研究多是对语言标牌语码的客观分析，而忽视了对标牌创设者、读者接受态度等方面的研究，因此将"公共场景雾化"的观察与"群体主观态度"的调查数据相结合是优化语言景观研究方法的新路径。[②]

二 调查设计

（一）研究内容

民族地区语言景观独具特色，公共空间的语言标志既有汉字、民族语言文字，亦有其他多种语码。因地理环境、民族文化、社会关系等因素的差异性，各民族聚居区的语言景观所隐含的深层问题也不尽相同。本章主要关注甘南地区公共空间中以标牌为载体的可见性书面语，考察该地域在现实环境中的语言实践及多语现象背后所蕴含的语言关系、语言活力等问题，为了解当地语言生活状况、语言政策制定、语言文字工作、语言生态建设、社会与经济发展提供有效信息。本章主要包括三个部分：第一部分是甘南州语言景观现状，具体对各种标牌在语码取向、语码置放、语码翻译、标牌字体和颜色、材质等方面进行分类、统计和分析；第二部分是甘南州语言景观受众的调查，主要观察其语言景观感受、态度、期望，调查语言标牌创设者的动机，采访当地语言文字监督管理部门有关语言政策及语言文字工作的开展情况；第三部分是甘南州语言景观的相关讨论，即语言景观的功能、遵循的原则等。

---

① 尚国文、赵守辉：《语言景观研究的视角、理论与方法》，《外语教学与研究》2014年第2期。
② 王远新：《语言生活调查的主要内容和方法》，《民族教育研究》2019年第2期。

（二）标牌收集

本章以甘南州城市、县城和乡镇的语言景观为调查对象，具体对甘南州合作市（温州商业街）、碌曲县（步行街）、尕海镇（主干街道）、尕秀旅游示范村四个不同区域的主要街道或商业区、交通沿线及部分单位区域的语言景观进行了实地调查。这些区域从行政级别、民族构成、地理环境来看均具有代表性，所收集的语言景观能充分反映甘南地区的语言生活实态。研究者分别两次对上述区域可视范围的语言标牌（主要包括路牌、商铺标牌、指示牌、政府企事业单位标牌、广告牌、横幅、标语、宣传栏、LED电子屏、印刷品等固定和移动标牌）进行了拍照采集，对其进行整理后得到534个有效样本。

（三）研究方法

场所符号学理论是语言景观研究中比较认同的一种理论框架，本章以此为基础理论，同时还运用了多模态理论、语言传播理论等对语言景观样本进行分析。本章节将图片分析、调查问卷、结构化访谈相结合，以更全面地了解语言景观现状。通过统计软件对样本图片的语码类型、语码来源、语码取向、语码置放、标牌的名称结构、标牌的多模态布局等特征进行了编码、标记和统计、分析。随后对语言景观的设计者、受众、政府管理机构进行了调查和访谈，具体包括受众的感受、态度、需求和期望等，访谈重点了解语言景观设计者的动机，其结果与调查问卷的数据相互验证。采访的社会用字的监管部门主要是甘南州藏语委、宣传部和碌曲县政府藏语办、宣传部等部门，主要了解当地语言政策、藏语文工作的开展情况等，另外，还通过相关文献资料、从政府部门网站信息中收集到有关语言文字使用方面的资料。

第二节 语言景观现状

一 语码组合及语码选择

（一）语码组合

公共空间中语言标牌的语码组合是呈现一个地域语言景观的重要特

征，本文将语码类型分为单语、双语和多语三类。甘南州城市、县城、乡镇语言景观中所涉及语码数量和语码类型情况如表5-1所示。从表中可观察，甘南州语言景观中所使用的语码数量为汉字、藏文、英文、汉语拼音、藏文的拉丁字母转写等，其中汉字、藏文使用较高，英文次之，样本中所含三种语码的比例依次为97.2%、91.2%、26.4%。另外，语言标牌的语码组合形式有12种，其中6.2%是单语样本，67.8%是双语样本，26.0%是多语样本。这说明当地语言景观虽然有多种语码并存，但汉字、藏文是主要使用的语码。

表5-1　语言景观中标牌的语码组合形式和语码类型统计①

语码类型	语码组合形式	数量（$N=534$）	百分比（%）	
单语	汉字	26	4.9	6.2
	藏文	5	5.09	
	英文	2	0.4	
双语	汉字、藏文	339	63.5	67.8
	汉字、英文	19	3.6	
	汉字、汉语拼音	1	0.2	
	藏文、英文	8	1.5	
	汉字、藏文、英文	112	21.0	
	汉字、藏文、其他	6	1.1	
多语	汉字、藏文、汉语拼音	6	1.1	26.0
	汉字、藏文、藏文的拉丁字母转写	10	1.9	

（二）语码选择

语码的选择"可以指一个多语码的社会对语码的选择和确定，也可以指个人在社会交际中对语码的选择"②。不仅能反映官方的语言

---

① 为了便于图表制作，各种语码使用简称，在正文表述中使用全称。
② 郭熙：《中国社会语言学》，商务印书馆2013年版，第193页。

规划，也可以透视私人语言标牌创设主体的动机和心理。本文主要考察公共空间标牌选用语码的数量和种类，按照标牌内容的不同将标牌大致分为 8 种类型，其中政府单位标牌包括行政机关、学校、医院等单位的门牌及其区域内的其他标牌。

1. 不同标牌类型的语码选择

表 5-2 显示：交通/街道路牌、街牌使用的语码有 4 种，其中汉字、藏文、英文多语标牌是其主要的呈现形式，同时还出现了藏文的拉丁字母转写的语码形式（见图 5-1）。政府单位标牌使用的语

表 5-2　语言景观中不同标牌类型的语码选择统计

标牌类型	汉字	藏文	英文	汉藏	汉英	藏英	汉拼	汉藏英	汉藏其他	汉藏拼	汉藏、藏文的拉丁字母转写	数量（N）	百分比（%）
交通/街道路牌、街牌	2	/	/	15	/	/	/	19	/	/	10	46	8.6
政府单位标牌	2	2	/	77	1	/	/	10	/	/	/	92	17.2
餐饮/服饰等商铺标牌	1	2	1	214	5	6	/	38	6	4	/	177	33.1
银行/酒店等服务业标牌	3	/	/	23	5	/	/	21	/	/	/	54	10.1
提示/警示/公告牌	2	1	/	24	6	/	/	13	/	/	/	46	8.6
宣传栏/标语/横幅/广告牌/海报/电子屏等宣传标牌	14	1	/	79	/	/	1	8	/	2	/	106	19.9
菜单/印刷品等其他标牌	1	/	1	7	1	/	/	3	/	/	/	13	2.4

码有 3 种，汉藏双文是其主要的呈现形式，有的标牌还使用了英文，单语使用的频率较低。商铺标牌使用了 5 种语码，汉藏双文出现的频率最高，英文次之；英文多出现在服饰店铺的标牌中。银行、酒店等服务行业标牌主要以汉藏双文和汉字、藏文、英文多语为主，汉字和英文、藏文和英文双文使用的较少。指示牌、警告牌、公告牌中多以汉藏双文的形式出现，其次是汉字、藏文、英文的多文形式。宣传类标牌中汉藏双文使用的频率高，再依次是汉字单文和汉字、藏文、英文多语的使用，电子屏幕一般选择使用汉字，个别宣传栏中会呈现汉语拼音。其他类型标牌中包含 4 种语码，以汉字、藏文双语标牌为主，亦有英文语码。整体而言，甘南语言景观语码选择是多样化的，但仍以汉藏文为主；多种类型标牌中，商铺标牌的语码使用更为丰富。

图 5-1　交通路牌

图 5-2　某村中国电信标牌

2. 不同标牌主体、标牌来源的语码选择

按照标牌主体、标牌来源的不同，分别将语言标牌分为官方标牌和非官方标牌，城市标牌、县城标牌和乡镇标牌。根据表 5-3 数据可观察：官方标牌包含 6 种语码，非官方标牌包含 5 种语码，其单语、双语、多语标牌的数量相当，差距并不明显，且均以汉字、藏文双文为主要语码，英文次之；根据数据统计得出，这三种语码在官方标牌中的比例为 98.9%、92.1%、20.9%，在非官方标牌中的比例为 94.9%、90.2%、23.4%。县城标牌和非官方标牌的语言多元化特点较为明显。不同标牌主体在语码选择上存在较小差异，如非官方标牌所使用的语码相对多样、自由，且英文语码的使用率略高于官方标牌。

从标牌的来源来看，城市标牌选择使用了6种语码（说明：含有藏文的拉丁字母转写形式的标牌是在城市到乡镇的沿途中所拍摄的交通路牌，为了便于标记，统一归入城市标牌中），县城、乡镇标牌选择使用了5种语码。根据表中数据，可统计出三种来源的标牌中所含汉字、藏文、英文的比例依次为：96.1%、88.6%、36.7%；98.7%、93.6%、18.5%；96.9%、94.8%、9.4%。可见，在城市、县城、乡镇标牌中仍以汉字、藏文为主要的语码形式，英文的使用率依次降低。另外，城市、县城和乡镇标牌均涉及单语、双语和多语的语码类型，但是在语码种类上存在差异，城市标牌含有12种语码组合形式，县城次之，乡镇最少。

表5-3 语言景观中不同标牌主体、标牌来源的语码选择统计

类别		语码类型								数量 (N=534)	百分比 (%)
		单语			双语			多语			
		汉字	藏文	英文	汉藏	汉英	藏英	汉拼	汉藏英	汉藏其他	汉藏拼	汉藏、藏文的拉丁字母转写		
标牌主体	官方	15	3	/	189	6	/	1	52	/	1	10	277	51.9
	非官方	10	3	2	120	13	8	/	60	6	5	/	256	47.9
标牌来源	城市	12	3	1	140	18	7	1	76	9	3	10	281	52.6
	县城	8	/	1	116	1	1	/	26	2	2	0	157	29.4
	乡镇	5	3	/	77	/	/	/	9	1	1	/	96	18.0

二 语码布局及语码翻译

（一）语码布局

语码布局是指两种或多种语码在标牌中的位置排列、凸显程度等，可表现在语码取向、语码凸显等方面。语码取向是学者在地理符号学理论中针对语言景观提出的一个重要分析维度，具体是指"双语或多

语标牌上各种语言之间的优先关系,以此来反映它们在语言社区内的使用情况";主要的置放方式有上下、左右、中心边缘排列,位于上端、左边、中心位置的是优先语码。① 样本中除33个单语标牌外,其他标牌均为双语、多语标牌。从表5-4语码取向中优先语码的数据发现:在上下、左右和中心语边缘排列的语码标牌中均显示藏文是主要的优先语码,比例为87.8%,其次是汉字、英文。在三种语码取向的标牌中,上下排列的标牌为66.3%,这与受众的视觉习惯有关。

表5-4　语言景观中标牌的语码取向与优先语码统计　　（单位：N,%）

语码取向	汉字	藏文	英文	总计	%
上下排列	35	295	2	332	66.3
左右排列	12	93	4	109	21.7
中心边缘排列	8	52	0	60	12
总计	55	440	6	501	100

《条例》第十五条规定:"下排列藏文在上,左右排列藏文在左,比例各占一半。"从数据中观察,当地语言景观中的语码排列基本符合官方对语言文字使用的相关规定(见图5-1);同时也存在部分语码的置放顺序颠倒,语码上下、左右排列的标牌中分别有11.1%、14.7%(以汉字、英文为优先语码的标牌的数量)的语码排列不规范,出现汉字与藏文、汉字与英文顺序颠倒的情况。

语码凸显是指两种或多种语码在标牌中的凸显程度。标牌设计者往往通过字体颜色及其所占的面积大小来凸显主要信息,附带呈现次要信息,而处于凸显位置的语码则在标牌中具有重要的传递信息功能。本文主要从语码所占标牌的面积来分析样本标牌中语码的凸显情况,如表5-5所示,当地语言景观中语码凸显的形式有7种,其中

---

① 尚国文、赵守辉:《语言景观研究的视角、理论与方法》,《外语教学与研究》2014年第2期。

以汉字单文为主要凸显语码，其次是汉字、藏文双文为凸显语码；样本标牌中以汉字、藏文、英文、汉语拼音为凸显语码的比例分别为92.8%、24.4%、9.2%、0.2%。在3种语码取向中，凸显语码的呈现存在差异性，如以汉字为凸显语码的比例和以汉字、藏文双语为凸显语码的比例，在左右排列的语码取向中的差距较小，而在上下排列、中心边缘排列的语码取向中的差距较大。

表5-5　　语言景观中标牌的语码取向与语码凸显统计　　（单位:%）

语码取向	汉字	藏文	英文	汉藏	汉英	汉藏英	汉藏拼
上下排列	74.7	12	3.6	17.2	2.1	0.9	0.3
左右排列	45.9	1.8	7.3	38.5	4.6	1.8	/
中心边缘排列	66.7	5.0	11.7	13.3	0.3	/	/
总计	67.5	1.8	5.4	21.4	2.8	1	0.2

（二）语码翻译

语码翻译是语言景观研究中的重要内容，能够反映一个地域语言规范、语言意识和官方语言文字监管工作的情况等。甘南语言景观中所收集到的双语、多语样本标牌占94.6%，涉及翻译的语码主要有藏文、英文。作者请民族大学的藏语和英语教师对标牌的相关语码翻译进行了核查，将表意清晰、翻译合理的视为规范的标牌。结果显示，样本标牌中所涉及的藏文翻译均规范、合理；英文翻译存在不规范的情况。翻译不规范一般指语言标牌中藏文或英文翻译不统一，具体情况如下：路牌中有关街道专有名称所翻译的形式不统一，有的是字母连写、有的是几个音节分开写；有关"路"的翻译，有的使用单词"ROAD"、有的使用其缩写"RD"。图5-3、图5-4中的"舟曲"有"Zhouqu"和"Zhou Qu"两种写法，"××东路"有"East Rd"和"The East Road of"两种写法，规范的写法均应按照第一种形式。语码翻译虽然存在多样性，但用于官方公共区域的路牌、景区标牌等翻译应当保持统一。

◈ 语言与社会：甘南地区语言生活

图5-3 合作市交通指示牌　　图5-4 合作市街道路牌

三　语言标牌的多模态组合

模态是社会活动中人们用来表达意义的社会文化资源，因其具有鲜明的符号特征，是进行话语分析的一个重要视角。"多模态"具体是"指在一个特定的文本中调动不同的符号资源以构建意义的各种方式，传统上被认为是非语言或副语言的音乐、图像及其他视觉符号在交流中与文字符号一起参与意义的建构"[①]。我们处在一个多模态的社会环境中，在构建意义的过程中更多依赖多种符号资源的整合。多模态话语是"运用听觉、视觉、触觉等多种感觉，通过语言、图像、声音、动作等多种手段和符号资源进行交际的现象"[②]。而语言景观是凸显公共空间多模态话语的重要表征，是设计者与阅读者在空间网络中进行沟通的主要工具，其多模态特征主要表现在文字、颜色、图形/图片、标牌形状和动态的图像、声音等传播符号，阅读者往往会通过语言和非语言符号理解表达者传递的意义。

（一）标牌的多模态组合类型

根据表5-6可观察，甘南州样本标牌的多模态组合可以分为四个类型，其中使用最多的模态组合是文字+颜色、文字+颜色+图片/图形。几个模态中，颜色是凸显信息、美化标牌，使人产生视觉感受的重要模态，也是语言景观中必不可少的要素；文字是标牌设计者传递信息最频繁、最直观有效的模态，在标牌中有时也不出现，整个标牌仅使用一个图片或者商标；图形、图片是补充或说明文字信息

---

① 曾庆敏：《多模态视听说教学模式对听说能力发展的有效性研究》，《解放军外国语学院学报》2011年第1期。

② 张德禄：《多模态话语分析综合理论框架探索》，《中国外语》2009年第1期。

表5-6　语言景观中标牌的多模态组合类型统计　　（单位:%，N）

标牌来源	字+色	字+色+图	字+色+牌形	字+色+图+牌形	数量
交通路牌/街道牌	26	74	/	/	46
政府单位标牌	70.7	26.1	1.1	2.2	92
餐饮/服饰等商铺标牌	63.8	35.6	/	0.6	177
银行/酒店等服务业标牌	46.3	53.7	/	/	54
提示/警示/公告牌	28.2	65.2	6.6	/	46
宣传栏/标语/横幅/广告牌/电子屏等宣传类标牌	28.8	71.2	/	1.9	104
其他标牌	46.5	53.5	/	/	13
总计	49.4	48.9	0.7	1	100/532

的重要附属性模态，给人一种更为明确、清晰的视觉感受；标牌形状是凸显语言标牌个性和创造性思维的模态，但在样本标牌中仅出现了9次。这四种模态在样本标牌中的比例分别为100%、100%、49.9%、1.7%。

不同类型标牌所体现的模态特征存在差异。如交通路牌/街道牌、宣传类标牌中倾向使用文字+颜色+图形/图片的组合形式，其中图形多见于路牌中的指示性符号或街牌上具有地域色彩的图案，图片多见于宣传栏、墙面标语（见图5-5）、广告牌等中的图片或图案；提示/警示/公告牌、银行/酒店等服务业标牌也常使用这类组合形式。另外，虽然标牌形状作为模态出现在提示/警示/公告牌、政府单位标牌、宣传类标牌和商铺标牌中的比例很低，但也体现出标牌的独特性。如图5-6是街道公共草坪上的一个提示标牌，其标牌形状较为独特，是一束花的形状，并且与语码、图形所传递的信息具有相关性：爱护花草、不能随意采摘，这样的标牌设计能够给读者带来一种新奇感和立体感。同时，也可看出它在当地语言景观中的价值并不明显，一方面官方对当地标牌的具体使用有相关规定；另一方面也与地域文化的创新性有关。

图 5-5 某村小学校园墙面标语

图 5-6 合作市某民族中学校园标牌

(二) 标牌颜色种类

标牌字体颜色和标牌背景颜色之间的对比使用，是为了便于阅读的重要因素之一，设计者在创设标牌过程中，需要与环境相协调，选取的颜色方案可以区分彼此，并且还能为读者提供较好的视觉效果。样本标牌使用颜色的数量如表5-7所示：不同标牌类型所使用的颜色数量有所差异，2种颜色一般指标牌的背景颜色、语码或图形的颜色，其使用比例为62.5%，多见于交通路牌/街道牌、政府单位标牌中。如图5-6的标牌背景是深绿色，语码及图案均使用了白色。在商铺标牌、银行等服务业标牌和提示/警示/公告牌中均有23%左右的标牌使用了3种颜色搭配，使用5种颜色的标牌多见于宣传类标牌和菜单/印刷品等其他标牌中，体现出较强的色彩感。如图5-5是某藏族小学的一个墙面标语，其背景色为黄色，语码使用了黑色、红色，人物画像使用了绿色、紫色、蓝色等多种颜色，使标语色彩更加鲜明，亦能美化墙面，给阅读者带来美好的视觉效果。整体而言，当地语言景观所体现的颜色种类较为多样化，但仍倾向于使用简单的颜色搭配，也体现了和谐、整齐的城市景观。

表5-7　　　　　语言景观中标牌颜色种类选择统计　　　　　（单位：N,%）

标牌来源	2种	3种	4种	5种及以上	数量
交通路牌/街道牌	91.3	2.2	4.3	2.2	46
政府单位标牌	84.5	8.7	2.2	4.3	92
餐饮/服饰等商铺标牌	61.6	23.2	8.5	6.8	177
银行/酒店等服务业标牌	66.7	22.2	7.4	3.7	54
提示/警示/公告牌	63	23.9	6.5	6.5	46
宣传栏/标语/横幅/广告牌/电子屏等宣传类标牌	32.9	12.3	9.6	45.2	104
其他标牌	27.3	9.1	21.2	42.5	13
总计	62.5	16.1	8.1	13.3	100/532

标牌背景颜色比较丰富，主要使用了黄、蓝、红、白、黑、棕、绿和其他颜色，比例分别为 20.1%、14.8%、13.3%、12.9%、12.5、10.9%、7.5%、5.1%和 15.2%，可以看出当地语言景观所呈现的颜色比较鲜明，其中黄色所占比例较大。一般来说当地标牌中的黄色多指木质黄色，主要是为了凸显更具有特色的民族风情，体现浓郁的地域文化。

（三）标牌材质的选择

标牌的材质类别丰富，本文样本标牌中所涉及的材质有木质、大理石、金属、亚克力、塑料、墙面、纸质和夜光屏等。因地域的文化特色，作者综合标牌材质与标牌背景色因素，将所收集标牌的显著性区别特征进行了标记和统计，并分出 7 种类型。根据表 5-8 可知，除了其他种类的标牌外，黄色背景的木质标牌、棕色背景黄色花边的木条状标牌使用的频率较高。从标牌来源来看，城市样本标牌中标牌颜色和材质具有特色的有 3 种，黄色金属边标牌、黄色木质标牌、棕底花边条状标牌，数量分别为 47、34、10 个，其中以黑底金属边标牌居多，其次是黄底木质、黄底花边木质标牌。县城样本中具有特色的标牌有 2 种：条状标牌、木质标牌，其中棕底花边条状的标牌有 18 个，红色背景条状的标牌有 12 个。乡镇样本中有特色的标牌有 2 种：棕底花边条状标牌、黄底木质标牌。整体来看，这组变量主要考察的

表 5-8　　　　语言景观中标牌背景色和标牌材质选择统计　　（单位：N,%）

	棕底花色花边条状	黄底花边木质	黄底木质	红底条状	其他条状	黑底金属边	其他色金属边	其他种类	数量
城市	10	16	18	/	/	29	18	189	280
县城	18	/	10	12	12	/	/	112	164
乡镇	3	/	5	/	/	/	/	88	96
数量	41	16	33	12	12	28	18	389	549
百分比	5.8	3	6.2	2.2	2.2	5.4	3.4	72.9	100

是处于商业区或街道两侧的商铺标牌，城市语言景观所呈现的标牌颜色和材质相对多样化，也可以体现甘南州相关行政部门对标牌的大小、颜色、字体、置放等都进行了较为统一的规划和管理。

四　标牌的命名结构及通名用词

商铺标牌的命名结构。官方标牌的命名结构一般较为单一，本书主要以私人标牌中具有代表性的商铺标牌为研究对象。商铺标牌的名称是凸显不同地域在特定时期社会文化走向的重要表征，其命名结构主要由通名、业名、地名和署名四个因素构成。通名指"商业单位的通用称呼"，如店、行、铺等；业名是"对通名的限定，进一步标明行业特征或经营特点、范围等"[①]；地名是商业标牌所在地区、位置的名称或者行政区划名；署名是标明商业标牌的区别性特征，一般由人名或具有特定内涵的词语等构成。从语码的具体使用来看，可将标牌名称分为汉字型、藏文型、英文型、混合型、无字型。资料中共有177个商铺标牌，本书仅以出现汉字或兼有其他语码的标牌为研究对象，通过筛查后得出有效样本159个，然后再对其命名结构进行整理、标记和统计。

据表5-9所示：商铺标牌的命名结构分为有署名、无署名两类，样本标牌中主要采用的是署名命名的类型方式，比例达91.8%；署名、业名、通名、地名4个要素在命名结构中所占的比例依次是91.8%、78%、37.1%、11.9%。另外，命名结构具体可分为11种组合方式，其中以署名+业名、署名+业名+通名、署名的方式居多，使用署名+地名、署名+通名、业名的方式较少。从整理的资料来看，以署名命名的标牌多见于具有连锁性质的服饰、餐饮商铺等，如"德克士、Meterbonwe美特斯邦威、蜘蛛王"等。署名业名二合一的形式是比较独特的，是将商铺的区别性特征和经营特征相融合在一起，如"东盛宫食代、锦衣卫、老银匠"中的"食、衣、银"字标明了店铺的经营范围，且给受众耳目一新的视觉效果。

---

① 郑梦娟：《当代商业店名的社会语言学分析》，《语言文字研究》2006年第3期。

表 5-9　　　　　　语言景观中商铺标牌命名的结构

类型	命名结构	数量 (N=159)	百分比 (%)	举例
有署名	署名	32	20.1	德克士、爱的礼物、金色童年、慕尚、SEMIR 森马
	署名+业名	52	32.7	冒牌货冒菜、马记烤肉、7号桌球、伊莎造型
	署名+地名	1	0.6	羚城印象
	署名+通名	2	1.3	华美超市、和顺楼
	署名+业名+通名	48	30.1	更桑典当行、左麻右辣小吃店、姐妹美发屋
	署名业名二合一	4	2.5	东盛宫食代、锦衣卫、我爱优品、老银匠
	署名+业名+地名	3	1.9	临夏老炒王、徐记重庆小吃、阆合香兰州牛肉拉面
	署名+业名+通名+地名	4	2.5	宗巴雍姆藏餐馆、美味藏餐馆、藏缘阁民族用品店
无署名	业名	2	1.3	牛羊肉、蔬菜水果
	地名+业名	6	3.8	临夏油条、羚城炮仗面、杭州小笼包、江南茶叶
	地名+业名+通名	5	3.1	羚城眼镜店、河州饭菜馆、广场复印店

商铺标牌的通名用词。商铺样本标牌中使用通名的招牌有 53 个，比例为 33.3%，标牌使用通名用词的有 17 个，分别是店、城、馆、部、超市、厅、阁、吧、铺、楼、园、坊、社、所、屋、室。其中使用最多的通名是"店"，其次是"城、部、馆"等，比例分别为 28.3%、13.2%、9.4%、9.4%。

商铺标牌的命名呈现出三个特征：一是标牌创设者比较倾向使用标明区别性特征和经营范围的署名，在有限标牌空间中传递更多有效信息，体现出更广泛的创造性和自由性。同时，通过署名也反映出独特的地域文化特征：以民族特征的名字作为署名，如：更攀裁缝铺、麦来也烧烤，其中的"更攀"是藏族名；以特定地域名称作为署名，如：羚城眼镜店、河州饭菜馆等，其中"羚州""河州"分别是甘南合作市和临夏回族自治州的别称。二是标牌命名中所使用的通名类型呈现多元化特征，除了使用传统通名外，还使用古朴典雅风格的"阁、坊"，引入外来语中的"吧"。三是标牌命名中以汉字、英文等混用的情况明显增多，主要集中在服饰、休闲餐吧、饰品、美容护理等商铺标牌中，样本标牌中有15个，比例为9.4%，如"SEMIR森马、CHIU SHUI秋水伊人、Baby乐园、红石餐饮KTV、66桌球俱乐部"等。四是相比较于其他发达城市的语言景观来说，甘南地区语言景观标牌的命名较为传统，时尚化色彩并不明显，地域色彩相对突出。

第三节　不同群体对语言景观的态度

一　管理机构[①]

《甘南藏族自治州藏语言文字工作条例》中的第四条、第十条、第十一条分别明确行政司法部门有关重要文告、宣传材料、重要会议或集会的会标根据实际使用情况使用汉藏两种文字，《条例》第十四条也对当地的社会用字进行了规定："自治州各级国家机关、企业、事业单位及省属驻本州各单位的公章、文头、标牌、奖状、标语、证件、布告、车辆的单位名称以及城镇、街道、界牌等名称，使用藏、汉两种文字。"

藏语委、各县政府办公室、宣传部等单位主要负责全州的藏语文工作，积极按照《条例》的相关规定对所辖公共区域的门牌、标牌、标语、横幅等的社会用语用字的使用进行监管和检查。甘南州能够树立良好的地区形象，并将此项工作纳入市容市貌管理工作的重要内

---

① 本部分根据甘南州藏语委、碌曲县语委办的访谈资料整理而成。

容；藏语委定期下发与藏语文使用相关的文件、通知，要求合作市及各县开展全州专项检查整治活动，对各种标牌中的语码翻译、语码置放等情况进行现场指正，发放限期整改通知单等。就样本的语码翻译、置放的规范性比例和标牌背景色、材质的使用情况来看，负责藏语言文字工作的藏语委等相关单位做了许多扎实、细致的工作。这不仅利于标牌设计者、受众的语言规范意识的提高，也凸显出当地的语言服务状况。目前，各级党政事业机关的公章、文头、牌匾、信封、会议横幅、宣传材料等均使用藏语文，达到70%以上。其中玛曲、碌曲、夏河、合作市及州直机关平均达到85%以上；迭部、舟曲、卓尼达到55%以上；临潭县的藏语文使用率不到5%。

碌曲县路牌、路标、牌匾（机关和商业）等用文均为汉藏双语；县政府办公室实行了会议桌签、会标LED屏、横幅等双语制度，并由专门人员负责。县语委办联合县人大或其他相关部门对所辖区域的牌匾、公章、民族制品等双语使用情况进行调研、检查，并及时对不规范的牌匾用字进行整治，一般很少与其他地区相关单位开展联合活动。另外，在双语牌匾的关注度方面，碌曲县政府工作人员比较关注或主动校正双语牌匾的文字使用，一些居民对双语牌匾的关注度比较高，如发现标牌翻译有误差或有错别字等现象会通过网络等方式向政府进行反馈。被访工作人员表示双语牌匾在当地非常实用，可以提高广大居民的辨识度。近年来，双语牌匾工作取得的成绩主要表现在两方面：一是政府补贴统一安装牌匾，藏文的规范性有所提高；二是语委办向社会提供免费翻译牌匾的服务、开展多次牌匾的双语整治活动，为语言文字的规范化、标准化做出了积极努力。

另外，语言景观的管理机构表示广大居民对双语标牌的关注度比较高，期望当地的公共标牌等使用汉藏双文；目前单位的主要困难是缺少工作人员，经费紧张。碌曲县语委办单位现有工作人员18人，负责全州的古籍整理和翻译、社会标牌的语言文字规范等各类相关工作，还经常到各县镇进行实地调研、工作落实检查等；因工作任务重，对全州各单位网站语言的规范管理暂时未涉及。为了更好地提高双语牌匾准确率、执行相关政策，建议各部门在贯彻落实州语言文字使用条例、办法时，需重视语言文字管理使用，加大对相关工作人员的问责制，各单位配备专门或兼职的双语翻译人才，负责本单位桌签、横幅、重要文件的双语翻译等。总之，从甘南州语言政策的落实和语言文字管理部门具体工作的执行、管理、效果情况来看，各级相关单位对公共空间语言景观的规范管理工作做得比较细致、到位，为社会用语用字的规范和标准做出了积极的努力。

二 设计者

语言景观的话语传播是设计者在公共空间中通过媒介形式，并按照一定的规约将视觉符号信息传递给广大受众的交际过程，语言景观的空间话语构建至少包括语境、设计者、媒介、规约、受众五个要素。而设计者如何将主体意识和对客观事物的认识通过有限的空间有效地呈现给受众显得十分重要。同时，本文认为语言景观的表达意义是多方面的，即标牌所体现的表层意义和深层意义，前者是传递信息，受众通过标牌所传递的感官信息，获取所传达的意义；而后者是表达潜在的、抽象的意义，即设计者想要表达的意义。

创新是设计者设计标牌的一大特点，则需要发挥创造性思维，但传递信息是语言景观最基本的功能，设计者尽量做到受众能在瞬间或以较快的速度获取有效标牌信息；在信息传达过程中，一般而言，受众是被动接受信息的，因其个性差异的存在，设计者则尽可能考虑受众的共性体验，并争取得到他们最广泛的理解或认可。因此，语言景观中的交通指示牌、街道牌、单位门牌、电子屏、横幅等标牌设计风格往往比较简约，而商铺标牌、景区标牌、广告牌、宣传牌等标牌注重标牌设计。如景区标牌、商铺标牌比较注重标牌的视觉效果。景区标牌的基本功能是为游客传递信息并提供导视指向服务，一般多采用立体造型，以求达到指示清晰、直观、连续的使用效果，将色彩、造型和图文等方面相融合，使游客依靠布点合理、信息完整和指示明确的标识完成旅游行程。商铺标牌一般会注重受众的动机和期待，即引起和维持人的行为，以达到预定目标的愿望和信念，具体包括需要和刺激两种动因；① 设计者通过多模态表现方式将设计理念融合于标牌之中，以适应受众视觉的需要，以一系列感官、联想、形式美的独特性，期望其产生相应的行为。

整体而言，一是标牌设计者在设计标牌时遵守了一定的规约，即汉、藏两种文字的语言政策；二是设计者在设计标牌时存在两个层次，不仅考虑了标牌本身的图文、颜色等要素的构成，还将标牌与人、所处的生态环境和文化模式相结合，体现出语言景观的多重功能。如语言环境是语言景观所处的地理空间背景，甘南地区的语言景观有着悠久的历史背景，自唐代后，该地区就逐渐成为以藏族为主体民族的多民族聚居区，藏语文仍具有很强的生命力；有的标牌设计者将地域文化因素作为设计元素之一。另外，作者在对一些商铺店主的访谈中感受到他们的语言规范意识较强，比较重视标牌的设计，一般会请专业人员设计或自己参与设计，在符合官方对标牌的一些文字、置放、材质等要求外，还尽量突出店铺的独特性，以吸引更多的顾客；同时，他们也表示政府单位会定期不定期地对街道标牌的翻译和置放等进行检查和指导。

三 受众

语言景观是公共空间传播信息的语言符号，其传播是由设计者遵守一定的社会规约将传播意图、意义转换成语言符号的编码过程，经由相对固定的介质（各种标牌）将信息传递给受众，再由受众对标牌中的语言符号或多模态组合形式进行解码的过程。全面而客观地了解语言景观状况不仅包括标牌的语码分析及其标牌设计者的表达意图、政府的语言政策及工作开展情况，而且还需关注语言景观受众的态度情况。

---

① 陈圣浩：《景观设计语言符号理论研究》，博士学位论文，武汉理工大学，2007年，第80页。

（一）语码选择

语言标牌所含信息丰富，从视觉习惯来看，位置排列的优先语码、字体大小布局的凸显语码往往是受众阅读标牌时最先选择的语码。从表5-10中可以看出，受众在阅读语言标牌时最先选择的语码是汉字（53.5%），其次是藏文（35.6%），还有10.5%的受众因不通晓文字，而从不关注标牌的语码信息，一般通过标牌的图案或橱窗摆设、建筑物特征等途径来获取相关信息；以英文（0.4%）作为优先语码的标牌多为英文单语码或英文语码是中心语码或凸显语码的标牌，且一般常见于服饰品牌连锁店铺的标牌中。

表5-10　语言景观中受众阅读标牌时优先语码选择统计

题目	汉字	藏文	英文	无此情况（不识字）
阅读标牌时优先语码的选择（%）	53.5	35.6	0.4	10.5

（二）语码认知

对待标牌文字使用看法的统计结果（$N=84$）：被试中有75人次表示有必要使用藏文，9人次认为没必要使用，其中有许多受众不通晓藏文。

对待标牌使用英文看法的统计结果（$N=84$）：51人次表示可以适当使用，13人次表示没必要，13人次表示无所谓，7人次觉得有必要使用。

以上可见，89.3%被试对标牌使用持肯定态度，对本民族文化认同度很高；69%被试对英文的使用持肯定态度，认为可以"适当使用""使用英文很时尚，有吸引力，尤其是服装店、酒店、酒吧用得比较多"，但也有部分被试认为"没多少人看懂英文，没必要用"。

（三）行为倾向

希望当地店铺、路标、饭店菜单、广告牌使用语码的统计结果（可多选）（$N=658$）：藏文（518人次/78.7%）＞汉字（488人次/

74.2%）＞英文（90人次/13.6%）＞无所谓（64人次/9.7%）＞汉语拼音（17人次/2.6%）＞其他（33人次/0.5%）。

对待标牌中的不规范语码现象态度的统计结果（$N=658$）：提出建议（267人次/40.6%）＞从未考虑（206人次/31.3%）＞没必要纠正（121人次/18.4%）＞不提建议（64人次/9.7%）。

以上可见，选择英文的受众多集中在学生、公务员、教师等；选择汉语拼音的受众集中在学生；表示"无所谓"的集中在农牧民等。可说明大部分受众对当地标牌使用汉藏双语持赞同态度；就可以接受外文语码、表示"无所谓"态度的受众的学历层次来看，前者多为受过较高层次教育的受众，并对英文具有一定的认知度，而后者多为学历层级较低或未受过教育的受众，且其生活的文化环境相对单一，对语码选择的认知度相对较低。

在对待不规范语码的态度上，选择"提出建议"的多集中在公务员、教师、学生群体；选择"从未考虑"的多集中在农牧民、学生。可见，受众在面对标牌语码的规范性问题时所表现的行为倾向存在差异，40.6%的受众的语言规范意识较强，其他受众中一部分认为"只要不影响标牌的主要信息，没必要纠正""与自己无关的事情，如果向商家提出来，担心店主也不高兴"；一部分未考虑过此方面问题的受众群体的语言规范意识相对较弱。

第四节　语言景观的功能及原则

一　语言景观的功能

语言传意是"人们运用语言符号将意义传递给不同时空中的对象以实现信息共享、意义表达和理解的行为或活动"[①]，语言是人们用来沟通思想、表达感情、传递各种信息的重要工具，而语言景观是语言在公共空间的书面表现形式。从语言景观的实用价值、视觉效果、

[①] 杜敏：《语言传意视角下典籍注释活动的特质》，《陕西师范大学学报》2016年第6期。

符号传播特征等角度来看，语言景观的功能除了信息功能和象征功能外，还具有经济功能、文化功能、美化功能，其中信息功能是语言景观最基本的、显性的功能，而后者则属于隐性功能。它们既是标牌设计者在预设语言选择、多模态组合过程中所追求的目标，也是标牌功能和价值的体现。

（一）信息功能

语言景观的信息功能是指语言景观具有传递信息的功能。从宏观层面来看，语言景观可呈现两方面信息：一是反映民族地域的语言使用状况，如标牌中语码种类和类型多样化，汉藏双文是其主要的呈现形式，其次是多语、汉字单语、藏文单语形式。二是反映文化发展的状况，如中华文化特色的标牌通名（馆、铺、阁、坊等）、语码字体（楷书、隶书、行书等）、标牌置放形式依然存在，木质标牌和具有民族文化特征的花纹在标牌中广泛出现；国际文化的影响日益显著，在景区、银行、酒店、印刷品、宣传、商铺等标牌中常常使用英文语码，标牌名称在语言选择中也有所凸显。三是反映商业发展的状况，如一些商铺设计者的品牌意识较强，比较注重 logo 的设计，专门使用英文形式的商标，即国内服饰品牌或商标的英文形式（哥弟 GIRDEAR、秋水伊人 CHIU SHUI）等。

从标牌本身所体现信息功能的微观层面来说，语言标牌的设计者在有限的空间通过语码符号的传播来实现语言标牌的经济价值。就甘南地区语言景观的现状来看，每种语码的信息功能存在差异，汉字是受众获取标牌信息的主要语码，其他语码在标牌中主要起信息互补的作用，如有的是汉字的整体翻译、有的是它的部分翻译、有的是对它的补充说明。同时，又因受众个体因素的差异，每种语码的信息功能也会发生变化，如对于只会说藏语却不通晓藏文的受众来说，汉字仍是最重要的语码，其他语码的信息功能相对较弱；而对来旅游的外国游客来说，英文是获取信息的重要语码，其他语码的信息功能则相对较弱。

（二）象征功能

语言景观的象征功能是指语言景观的显性信息具有蕴含隐性地域

文化、语言权势、语言关系等方面的功能。首先，语言景观是重要的文化符号，单从标牌使用汉藏双语的直观视觉来看，象征着当地是以藏族文化为主的地域特征。其次，大多数公共标牌上出现的语码相对于其他语码具有一定的价值和地位。在甘南地区语言景观中，汉字、藏文相对于土族、蒙古族等其他少数民族文字使用的范围更广泛，表明具有很强的语言活力和优势地位。

从语言景观的语用效果来看，阅读语言标牌的受众因年龄、民族、学历、身份等因素的不同，对标牌所传递信息的理解程度存在差异。虽然藏文在标牌中属于优先语码，但居民的藏语口头表达能力和藏文书写能力并不均衡。从居民语言能力、语言使用情况来看，一部分未受过教育的农牧民、双语教育以外的其他居民在日常交际中多使用藏语，但并不通晓藏文，也无法识别标牌藏文所表示的意思或判断其是否规范。受众一般情况是从标牌的中心语码——汉字中获取有效信息，对其他语码意义关注得相对较少。可见，藏文的象征性功能较为突出，英文、汉语拼音、藏文的拉丁字母转写是重要的辅助性语码形式，其象征功能大于信息功能。另外，随着经济的全球化、城镇化的逐步推广，外语教育的开展和旅游业的不断发展等因素的影响，当地语言景观中英文的语言使用范围有可能会不断扩大，但从社会经济发展状况和教育文化程度来看，其象征功能依然很明显。

（三）经济功能

语言景观的经济功能是指语言标牌被视为"商标"作用于社会经济活动，发挥其经济效用后能产生一定的经济效益。"语言与经济关系密切，语言不分大小，也不论其通用程度如何，都能为使用者的经济利益服务。"[①] 可以说，语言具有经济属性，当其作用于经济活动时就会显现出经济功能。语言景观中的语码符号除了具有语言资源属性外，同时还是一种经济资源，与图案、颜色等多模态组合后，被设

---

① 祝畹瑾编著：《社会语言学概论》，湖南教育出版社1992年版，第14页。

计者作用于经济活动中，形成独特的"商标"，直接或间接地发挥着一定的经济功能。语言景观的标牌类型多样，除用于公共服务的官方标牌和一部分企业标牌外，一般私人标牌中的商铺、服饰、酒店等标牌参与经济活动，发挥其经济资源属性的特征相对于其他标牌更为明显。语言标牌具有经济价值，如语言标牌的经济成本包括人力、时间、技术、财物等多种因素的投入，设计者需花费时间、财力用于标牌设计、语言编辑、材质选择等。语言标牌的经济效用是指如何使用多模态组合取得预期的经济效益及其所感受到的满意程度，使符号的表意功能和传播方式对受众的思想观念产生影响，并引导其做出相应的经济付出行为，从而产生经济效益。无论是城市的商业区还是乡镇的街道两侧，只要是具有经济活动特征的商铺或农家乐，其标牌在传递信息的同时也参与经济活动的各个环节，一般能产生隐性的经济价值。从标牌特征来看，一般设计独特、美观和谐的标牌更具吸引力，但同时也不能忽视商铺经营商品的品质、服务等其他主客因素所发挥的经济效用。

（四）文化功能

语言景观的文化功能是指语言标牌具有传播社会文化的功能。语言是文化的重要载体和表现形式，而语言景观是呈现文化最为直观的方式之一。因民族文化和所处地理环境的差异性，每个地域公共空间所反映的文化也会有所不同。甘南州是一个多民族杂居的地理边界，具有其特有的文化特征。当地公共空间的语言实践情况可以体现民族文化、地域文化、外国文化三个方面。

一是从标牌命名、语码使用频率等体现文化特征。语言景观中除了使用能够鲜明呈现文化特点的汉字、藏文外，标牌的通名命名常常使用"阁、行、馆、铺"等具有中国传统文化内涵的词语。如以藏族文化特征命名的标牌有"更攀裁缝铺、彭措央旦酒店、贡盼藏式茶餐厅"等；有使用"民族"字样命名的标牌体现了回族、东乡族等少数民族的饮食文化。二是从标牌的材质、命名及语码使用的广泛度体现地域文化。如甘南地区标牌多使用木质或条形状的材质，且标牌会有较为统一的黄色花边。"羚城眼镜店、洮源民族用品商店、河州饭菜馆、西仓寺院宾馆、高原红广告"等标牌体现了一定的地域文化。如"羚城"是合作市的别称，意为羚羊出没的地方；"洮源"是碌曲县在隋代时期的县名，至唐朝被废；"河州"是甘南州相毗邻地临夏市的别称；"高原红"最早是指高原上红色的太阳像胭脂一样涂抹在藏族姑娘的脸上的最美装饰，现在是对面部有红血丝症状的通俗称谓。可见，语言标牌不仅能够传递信息，而且能够反映当地独特的社会文化。三是从外文语码、标牌命名和连锁品牌图案的使用体现国际文化的融入。如在甘南地区银行和电网标牌、景区标牌、单位宣传标牌和提示牌、商铺标牌常常使用英文语码，有的商业标牌以英文命名，如"JIENI VINI 杰尼威尼""ISEA BAR""KFC"等。

（五）美化功能

语言景观的美化功能是指语言景观具有美化公共空间的功能。美观性是此功能实现的基本要素，即要求各语码的字体大小、颜色、置放等要和谐、美观，是带有主观色彩的功能要素，①是吸引受众的有效策略，具有隐性的经济功能。语言景观除实现其实用功能外，亦能美化空间、呈现城市形象、满足受众日益增长的审美需求。设计者在设计标牌时一般会考虑语码选择、文字编辑和图案、颜色、语码布局等多模态的有效组合等因素。在甘南州的样本标牌中，政府和企业单位的标牌设计一般较为简单大方、色彩稳重单一、语码顺序固定；私人商铺更加注重标牌设计，凸显其独特性，追求标牌所产生的经济价值等。相对而言，一般标牌所含内容丰富、色彩鲜艳、字体大小不一，呈现形式更加多样化。

审美需求是使人产生美感或舒适感的心理需求，但因地域、民族、文化素养、个性特征等因素的不同，人们的审美需求也存在差异。因此"美观性"或"审美"并无确定标准，但语言景观仍需要

---

① 郭玉梅、杜敏：《新时代背景下双语地区语言景观实态研究——以甘肃天祝藏族自治县为例》，《青海师范大学学报》2019年第5期。

第五章　甘南地区公共空间语言景观

考虑多模态的和谐搭配，对受众产生良好的视觉效果或留下美好印象，给人一种悦目的感官欢乐。整体来看，当地大部分语言标牌的设计简单美观，一部分标牌使用了较为统一的标牌材质、底色，具有明显的地域色彩，另一部分标牌设计较为新颖时尚。如图 5-7 所示标牌分别以米色、白色为背景色，语码使用了黑、白两色，整体设计简单时尚，凸显出市区商业街的时尚文化特征。图 5-8 的标牌以民族特色的木质为底，设计者注重语码、图案的搭配，巧妙地突出了店铺的经营范围；另外，藏文是该标牌的凸显语码，意为"吉祥好运家庭饭庄"，此命名富有吉祥寓意，且标牌的整体布局显得活泼、新颖又美观，比较符合当地受众的审美需求。

图 5-7　合作市商铺标牌

图 5-8　某镇商铺标牌

二 语言景观遵循的原则
(一) 经济性原则

语言经济性是语言普遍性的重要方面，也被称为语言经济原则。早期美国齐普夫（Zipf，1949）便提出人类行为普遍遵循省力原则，而最先提出语言经济原则的是法国语言学家梅耶（Maetinet，1962），他认为言语活动中存在着从内部促使语言运动发展的力量，且这种力量可以归结为交际需要与人在体力和脑力上的惰性之间的根本冲突。[①]美国心理语言学家格赖斯（Grice，1975）认为人们在交际过程中强调语言的经济高效，此时语言经济原则内涵扩大，包括数量上的减缩和质量上的提高。[②]可以说，人们在交际中进行语言选择，期望以尽量少的语言最大限度地追求省时、省力、节约和表达效果的平衡，而语言的这个特征在语言景观中表现得比较突出。

语言景观的标牌空间是有限的，设计者要在有限的空间中尽量传递更多的信息给受众，不仅注重语言编辑，使其更为凝练、清晰，使用谐音等修辞手法，而且还重视图片或图案的选择，以突出标牌主题、特色或凸显商铺所经营的范围等；注重多模态的优化设计，在多模态中选择适合标牌环境、标牌类型、受众审美需求且凸显特色的模态。如品牌服饰"耐克"店铺将商标作为标牌，"阿迪达斯"店铺标牌除了含有英文语码外，未使用汉字，经济性特征较为凸显，而这对于不识得商标的受众来说，标牌的信息功能则相对较弱。服饰商铺标牌"锦衣卫"，设计者用"锦衣卫"（原指古代官署名）直接命名，"衣"与店铺的经营范围有关，将其作为专名既体现了语言的经济性，又突出命名的与众不同。再如商铺标牌"⑦号桌球"，设计者通过使用较少的语言传递了店铺经营范围、具体位置和服务项目三个有效信息，标牌中心语码中的桌球形状、数字具有形象性，又遵循了语

---

① 周绍珩：《马丁内的语言功能观和语言经济原则》，《国外语言学》1980年第4期。
② 柴磊：《试析语言的"经济原则"在网络交际中的运行和应用》，《山东外语教学》2006年第4期。

言的省时、省力原则，达到了较好的表达效果。

（二）规约性原则

规约既包括语言系统内部的语法规约，也包含语言系统外部的语用规约。从语言系统内部来看，规约制约着语言内部结构的组织；从语言系统外部来看，规约是制约属于同一个言语团体的个体的语言使用的社会规则。[①] 设计者在设计标牌时，一方面需要按照一定的语法规则将语码符号有序地组合在一起，且信息表达清晰；另一方面要遵守社会规约，根据语言政策要求进行语言选择、置放等。规约性原则具体包含规范性和清晰性两个方面。规范性具体指语言景观的语码使用需遵守官方的语言政策，其书写、翻译、置放等做到规范、标准、合理。[②] 它既能体现标牌设计者的传播意图和语言意识，亦能反映当地语言政策、语言环境和监管部门的工作执行情况等。《条例》中对藏文社会用字的范围、规范标准作了详细规定。因官方标牌、服务业（银行等）标牌的设计者往往是政府、事业单位和连锁企业，一般具有较强的语言规范意识；私人商铺标牌的设计者一般是个体，在追求标牌的新颖独特时可能会忽略语码的规范性。如商铺标牌中英文"Zero City"的翻译不规范，"羚城"是合作市的别称，英文可以翻译为"Lingcheng"或"Ling City"，而"zero"是"零"的英文翻译。从语言实践来看，当地语言景观的语码使用与官方语言政策基本一致，如汉字、藏文是民族地区语言景观的优先语码，语码置放符合政府要求，语码翻译合理；但也存在部分路标的语码位置颠倒、个别商铺标牌未使用藏文语码，英文翻译不规范等现象。

另外，语言景观的规约性特征还体现在清晰性方面，即语言表达要简洁凝练、语义清晰。设计者需考虑标牌的空间大小，用简短的文字传达有效信息。样本标牌中，大多数语言标牌符合这个功能要素，

[①] 张延飞、顾晓波：《汉语零语句的语用充实研究：默认意义视角》，山东大学出版社 2015 年版，第 60 页。

[②] 郭玉梅、杜敏：《新时代背景下双语地区语言景观时态研究——以甘肃天祝藏族自治县为例》，《青海师范大学学报》2019 年第 5 期。

受众往往根据标牌所处环境,即时理解语码所传递的信息。商铺标牌追新求异的特征较为明显,如图5-7两个标牌的整体布局独特,语言简单,"GIRDEAR""SUSHANG"是"哥弟""苏尚"的英文形式,藏文意思为"特别好""苏尚"。仅从语义清晰性而言,标牌中的所有语码的字面义均未涉及与服饰相关的信息,若读者不清楚它们表示的是服饰品牌,可能要借助橱窗摆设或者亲身体验获取相关信息。这类标牌虽符合信息要素,却不易被受众理解。因此,设计者应考虑当地的经济文化状况和受众的语言解码能力等。

(三) 得体性原则

得体性是语言材料对语言环境的适应程度,是相对于语境而存在的,其原则也是修辞的最高原则。得体性原则因语境的层级性分为宏观得体性和微观得体性,前者是指话语同大语境的关系,即对物理语境、文化语境、心理语境的适应度,后者是指语言或话语本身在特定上下文中同其他相关词和句子的搭配要得当,同整个话语和谐统一。[①]对处于公共空间具有信息传播功能的语言景观而言,同样具有话语修辞的特征,需遵循得体性原则,以实现语言管理机构、标牌设计者的目的。

语言景观的宏观得体性指标牌与所处环境的适应程度,即标牌的设计风格、置放、语言表达和颜色搭配等是否与空间地理环境、民族文化、经济发展和受众的知识结构等相适应。其次,语言景观的微观得体性指标牌本身的语码之间,文字、图案、图片、颜色、字体等多模态之间的适应程度,若文本编辑、标牌设计符合信息性、象征性、规范性、清晰性、美观性等要素可认为是得体的。其中信息性是语言景观得体性原则的基本要求和必要条件,其他几个要素是较高层次的要求。就当地语言景观的语言实践情况来看,语言标牌基本上都遵循了这个原则,而要素满足方面却存在差异。如一些商铺标牌的命名多侧重追新求异,但表义并不清晰、未考虑受众的解码能力,一些标牌

---

① 王希杰:《修辞学通论》,南京大学出版社1996年版,第343页。

的语码翻译不规范现象、标牌的多模态搭配不协调等。图 5-9 是甘南州旅游景区中的一个宣传标牌，设计者运用了 5 种颜色、2 种语码和若干图片、图案，在草原景区以白色为底的标牌比较为醒目，绿树图案凸显了标牌所处的环境，手持洁白哈达的少女表示对游客热情欢迎，6 个蒙古包图案也凸显了景区的住宿特征，卫生间、停车场、客服中心均使用了统一的标志性图案。可见，整个指示图非常清晰地给游客呈现了一棵树的形状，主干由大门直入，带有树枝干的灰色指示图标分别表示各个地点的具体位置，多模态设计比较和谐而又有新意，给受众一种视觉美感。

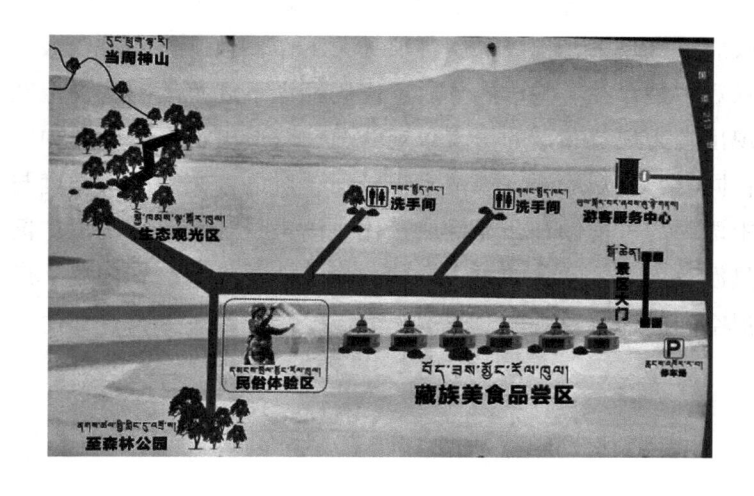

图 5-9　合作市当周草原景区标牌

小　结

关注公共空间语言景观现状，是了解当地语言政策落实情况、语言生活状况、语言生态环境及民族和谐等相关问题的重要路径之一，它可以真实地反映不同语言文字的语言功能、语言活力及其之间的语言竞争、语言和谐等生态关系。当地汉字、藏文是标牌的优势语码，承载着语言景观的主要信息；英文、汉语拼音、藏文的拉丁字母转写的语言功能依次减弱,在标牌中具有重要的辅助功能。汉字是最主要的凸显语码,少部分藏文、英文也会出现在标牌的中心位置;而英文、藏文的拉丁字母转写等语码的象征功能大于其信息功能。

在语言景观的空间话语构建过程中,标牌的设计者具有较强的语言意识(语言社区关于语言的认识、对待语言的态度[①]),能够遵守规约,所设计的标牌多以汉藏双语标牌为主,多语码标牌所占比例约为26%,单语标牌很少。但读者因个体差异,对语言景观中多语码的认知程度也不同。

从整体来看,甘南的语言政策执行力度较强,语言景观中的语言实践是符合官方语言政策要求的,负责语言文字工作的相关部门能够落实政府语言政策,积极开展各项相关工作,且工作成效较大。目前语言景观中虽存在一些语码置放、语码翻译不规范等问题,但在整体上呈现出较为规范和谐的语言景观状况,营造出积极健康的中华文化氛围;同时,受众的语言规范意识较强,对语言文字的认同度与语言景观中语码的可视性和凸显性成正比。语言景观的研究范围广阔,本章节只涉及该地区常见的语言标牌,而未涉及涂鸦、宣传单、广告语和虚拟空间的语言景观。

---

① 国家语言文字政策研究中心:《中国语言文字政策研究发展报告》,商务印书馆2016年版,第2页。

第六章 甘南地区语言生活存在的问题及影响因素

通过第三、四、五章对甘南地区语言生活面貌的阐述，甘南在时代变迁和现代化转型背景下，居民的语言生活经历了一个由封闭、单一到开放、多元化的动态发展的过程。国家通用语言文字得到了较大程度的推广，双语藏族人数不断增加，在各领域所表现的语言生活也变得更加丰富多彩。甘南地区居民的语言生活因所处时代背景和影响因素的差异性，所凸显的语言问题亦会不同。本章以前面章节的调查结果和分析资料为依据，厘清当前甘南地区语言生活存在的各种问题，并对影响和制约其发展的因素进行了深入探讨。这对认识当地双语演变的特征、预测藏族语言生活发展变化的趋势和提出可实施性的对策建议等具有一定的理论和现实意义。

第一节 甘南地区语言生活存在的问题

一 国家通用语尚未全面普及，居民语言能力仍不均衡

从本书第二章对民国时期至 20 世纪初当地语言生活状况的简要概述，到第三、四、五章对其语言生活的现状的描述，呈现出甘南地区语言生活发生了很大的转变。新中国成立之前，当地藏族的语言生活相对简单，日常生活中基本上使用藏语，具有双语能力的人很少，藏文的适用范围很窄，教育事业比较落后，但也开始涉及汉语文课程；新中国成立后，居民的语言生活在曲折发展中不断丰富起来，虽

然藏语仍是其主要的交际用语,但藏族的文化水平及语言能力逐步提高,双语人口不断增加。他们对藏语文具有深厚的感情,且对国家通用语言文字持高度的认同态度。

当前,国家通用语言文字在甘南地区虽得到了较大范围的推广、普及,居民的双语文能力明显提高,但仍不平衡。整体来说,大部分居民学习汉语的动机比较明确,能够意识到掌握国家通用语言文字的重要性,学习途径主要有学校教育、电视广播、网络、社会交往等。被试的普通话听的能力明显高于说、读、写的能力,在口语交际中仍是以藏语为主,其次是汉语方言、普通话,书面语表达以汉字为主。在语言习得方面,生活在城市、城乡接合部的居民学习普通话、汉语方言的比例相对高一些。同时,居民的语言能力因不同社会变项而存在显著性差异。以说普通话的能力为例,年龄变项中 19—30 岁 > 7—19 岁 > 31—50 岁 > 50—70 岁,居住地变项中城市 > 县城 > 农牧区 2 > 农牧区 1,教育程度变项中研究生以上学历 > 大专/本科 > 高中/中专 > 初中 > 小学 > 未受过教育,职业变项中公务员 > 企业职工 > 医生 > 教师 > 学生 > 务工人员 > 个体工商户 > 其他 > 农牧民。就语言的使用范围来看,普通话、汉语方言主要集中在外部语域中(外地、集贸市场、政府部门、银行、邮局等场合),在内部语域中较少使用。

从调查结果和访谈资料可知,藏语单语人在日常生活中会遇到各种问题。如公务人员在驻村开展工作或进行调研、宣传时,若其不通晓藏语,农村居民亦听不懂汉语时,则要依靠双语居民或工作人员完成翻译;藏语单语人去政府部门或其他单位办事时,在司法部门进行诉讼时,到外地务工、旅游时,或想听广播、看电视、使用手机时等,会因不通晓汉字而带来许多不便,甚至放弃一些机会,或造成一些不必要的影响。作者到合作市安果村、碌曲县尕秀村等藏族聚居区进行入户调查时,深刻体会到因语言障碍而带来的许多无助,虽然有通晓双语的藏族朋友、学生帮助,但访谈还是不够细致。被试也表示缺少语言环境、普通话发音不标准、说藏语更容易与本地人交流等是他们学习、使用普通话过程中遇到的主要问题。

第六章 甘南地区语言生活存在的问题及影响因素

甘南地区藏族居民的普通话能力整体不高（说的能力均值为4.21，能熟练交谈的被试比例为37.2%，基本能交谈的被试比例为40.65%），发音受藏语发音习惯的影响而不太标准。当地除了对教师、学生和部分干部的普通话水平等级有要求外，对政府部门、机关单位或其他窗口行业等工作人员的普通话水平并没有严格的等级要求；县城、乡镇居民的普通话过级率偏低，目前大部分双语教师的普通话水平等级为三级甲等，双语干部为二级乙等。就目前普通话的推广情况来看，学校和行政机关等单位容易推行实施，而因语言环境等因素的影响，在县城、乡镇等农牧区推行存在一定的困难。[1]

可以说，普通话在甘南地区还未得到全面普及，藏族居民语言能力的不均衡性特征是客观存在的。多数居民具备双语能力，少部分仍听不懂或不会说汉语，或尚未掌握汉字。因此，甘南地区推广和普及普通话、提高藏族居民双语能力仍是今后语言工作的重要内容。

二 双语教育教学发展不平衡，优质教育资源紧缺

伴随着甘南州教育改革的不断推进，汉藏双语教育质量也在逐渐提升，双语人口大幅度增加、文化素质明显提高，对甘南地区社会经济的发展和人才培养质量的提高发挥了非常积极的作用。然而，因教学对象基础差、底子薄，教学模式多样、成本高、难度大等因素的影响，在实现区域内教育平衡发展方面还存在许多困难。

不同教育模式、不同地域的教育发展存在差异。双语学校学生因其生源地分布多样，双语学习起始时间不一，选择的教学模式不同，学习差异性也较大。如汉语文课程作为第二语言课程相对于藏文课程具有更大的挑战性，两门课程的学习情况（兴趣、态度、效果等）存在的困难都有差异，会致使学生出现学习偏向等现象。从某双语学校某年级学生的藏语文、汉语文课的考试成绩（表6-1）所存在的差异来看，两门课的成绩均不高，其中汉语文的不及格率（50%）

---

[1] 本部分内容根据甘南州教育厅的访谈资料整理而成。

高于藏语文（38.1%）。这与某藏族中学的这两门课的学习成绩差异结果（表6-2）基本相一致。同时，虽然许多学生对学习汉语课程有较高的积极性，但在学习和使用过程中所面临的困难也比较多，如基础知识薄弱、普通话发音不标准、写作和阅读能力不足、不同语域中的语码转换能力不强等。

表6-1　　某民族小学六年级学生汉语文、藏语文课成绩分数段对照表（$N=41$）

课程	100—90	89—80	79—60	59—40	39—0	最高分	最低分	平均分
藏语文	0	6	19	9	7	85	6	59.36
汉语文	0	4	16	8	13	83.5	8.5	55.29

注：此成绩来源于某县某镇某民族小学所提供的六年级某班级2019—2020学年第一学期期末成绩。

表6-2　　某民族中学初一学生汉语文、藏语文课成绩分数段对照表[①]

语言	100—90	89—80	79—70	69—60	59—50	49—40	39—30	29—20	19—0
藏语文	5	7	8	7	11	8	5	8	2
汉语文	0	0	1	11	8	4	10	12	15

另外，汉语文课程的教学效果和藏族学生的汉语文能力掌握的程度因学校类型、地域差异显现不均衡。据教师被试对学生汉语文能力评价的统计结果（本题1—5选项是由高到低的连续型变量）显示：城市（2.92）＞县城（3.40）＞农牧区（4.06），普通话的表达能力均值情况为普通中学（2.50）＞民族大学藏语系（3.00）＞藏族小学（3.41）＞民族中专（3.45）＞藏族中学（3.83），汉语的书写能

---

① 吕晓娟、张晓文：《藏汉双语学生学习困境与对策——以甘南藏族自治州Z中学为例》，《民族高等教育研究》2019年第4期。

力均值为普通中学（2.00）＞民族大学藏语系（2.05）＞藏族中学（2.08）＞民族中专（3.18）＞藏族小学（3.57）。反映出藏族学生的汉语文能力为普通学校教育＞双语学校教育，城市教育＞县城教育＞农牧区教育。

双语教师紧缺，且不稳定。随着双语教育的不断推进，教师数量和质量无法满足教育的发展需求，如专业结构不平衡，藏文物理、化学、生物、政治、历史、地理学科的教师缺乏；具有较高业务素质、科研和双语双文能力的优秀教师、骨干教师人才较少；教师队伍不稳定，尤其是一些农牧区学校的师资力量严重缺乏。如合作藏中、碌曲藏中、卓尼藏中等5所"二类模式"民族中学的理科双语教师的职称不平衡，教龄呈现年轻化发展态势，教授非所学和跨学科的现象突出；教师普遍具有较好的国家通用语能力，但其适应双语教育环境的能力、教学理论和方法方面的能力有待进一步提高。①

双语课程教材滞后。一方面，汉藏双语教学的内容及专门的教材不够系统和配套。目前，甘南州双语类学校"一类模式"教学使用的是人民教育出版社少数民族汉语教材研究中心编著供藏族地区使用的《汉语》教材。但随着社会的快速发展和藏族学生接受汉语教育人数的增加，教材内容已不能很好地满足时代的要求和学生的现实需求。如教材内容的针对性不强、难易程度偏低，缺乏同步教辅资料和高考考试大纲，未对教师理解和把握课程标准进行专业的培训等，这些都影响了学生汉语文能力的提高。另一方面，课程与教材缺乏多样性和实用性。如教材是以城镇汉族学生为对象编写的，不适应藏族学生的心理规律，尤其是农村学生；有关地方性知识的内容不够丰富，课堂上所采用的用藏语口语释义，帮助学生理解汉语的教学方法不利于学生两种语言能力对应转化的系统训练。②

---

① 胡红杏、王子君：《藏汉理科双语教师队伍发展研究——以甘南藏区为例》，《当代教育与文化》2018年第6期。
② 王洪玉：《甘南藏汉双语教育历史与发展研究》，博士学位论文，中央民族大学，2010年，第224页。

双语教育的信息化建设滞后，教育信息化与教学深度的融合度不高。因甘南地区还未建成统一的可共享的双语资源平台，校际缺乏资源交流渠道；教育信息化基础比较薄弱，信息化教学发展依然缓慢；双语教学资源存在严重不足，缺乏藏语优秀教学课件、教学案例、辅导讲座和专门的中小学藏文网站和网络信息等资源，现代教学仪器和设备等。另外，目前教师信息化素养低、培训实效性不高，大多数教师对信息技术应用的热情比较高，但对信息化设备的使用仅停留在简单的应用水平，在课程整合和多媒体课件制作等方面的能力欠缺，尤其是离县城较远的农牧区乡镇学校教师的相关能力更不乐观。虽然每年有"国培""省培"举办的大规模教师培训，但因主讲教师专业化程度高、培训内容起点高且培训时间短，参训教师很难有效地掌握所学内容。

教育起步迟、社会经济发展滞后、环境条件艰苦、地方财政困难（甘南州地方财政自给率仅4.4%）、教育投入不足等是制约其发展的客观原因，除教师总量不足与整体素质不高因素外，教育结构失衡，优质教育资源十分短缺，资源配置不均衡、教育教学管理、教学方法和教学手段，学生学习积极性等因素均是制约双语教育质量不高的主观因素。如甘南地区现在有许多学校的基础设施落后，农村学校冬季取暖条件差、教学仪器设备陈旧、信息化建设滞后和寄宿制学校附属设施紧缺等。

三　语言翻译水平有待提高，双语人才培养机制尚不完善

语言文字是文化的载体和联系民族情感的纽带。汉语文、藏语文对促进地区发展、民族团结等发挥着重要作用，而承担语言翻译工作的双语人才培养亦成为甘南民族工作的重点。语言翻译水平、双语人才数量、人才培养机制等都是影响语言文字发展的重要因素。

语言文字翻译水平有待提高。在甘南地区广泛使用汉藏双语翻译，包括党政公文、广播影视、报纸杂志、学校教材、社会用字和司法系统的案件审理、诉讼等。以广播新闻的语言翻译问题为例，如藏

第六章　甘南地区语言生活存在的问题及影响因素

语文新词术语翻译的统一性不强，新词术语较为零散且构词不规范，增加了双语翻译工作的难度；广播新闻翻译的书面化过强，因其受众范围广泛，一些未接受过教育的农村居民在理解较多的书面语时比较困难，不仅影响广播新闻翻译的传播效果，而且会使受众逐渐失去收听广播新闻的兴趣；翻译人员的专业水平有待提高，翻译质量因双语人才翻译水平的差异而参差不齐，产生不同的传播效果，尤其要求翻译者需具备广博的文化知识，避免出现用语失误，产生误导等情况。[1] 在司法领域中，存在法律翻译工作管理机构不健全、法律翻译人员的主体资格和诉讼权利义务有待规范、藏区方言差异造成法律术语缺乏统一性等问题。[2] 如碌曲县法院翻译工作主要由汉藏双语兼通的其他人员完成。因甘南州有不同的藏语方言，其发音不同，而通晓所有方言的双语翻译工作人员非常少，有时不能完全听懂诉讼人的意思，出现藏语方言翻译不一致的情况；工作人员也会遇到不能准确地翻译部分法律法庭专业术语的问题。另外，因政府文件或报告翻译质量参差不齐，有些干部在阅读藏文材料时存在一些障碍。可见，语言文字翻译水平是对翻译人才综合素养的全面考察。

双语人才资源明显不足。甘南州、县两级行政、司法和事业单位等设立了专门负责语言文字工作的部门或科室，虽然这部分专业双语人才和各单位兼通汉藏双语工作人员基本能够保障全区藏语文工作的顺利开展，但岗位编制有限、工作任务重，为了全面而细致地推进工作、开展脱贫攻坚，目前的双语人才依然不能满足现实工作的需求。如许多不通晓藏语的汉族驻村干部在普通话普及率较低的农牧区开展工作中会存在语言障碍，虽然有双语人员陪同并翻译，但缺少干部与群众之间的语言交流和情感互动。法院、检察院工作人员到农牧区进行普法宣传时，因通晓双语的工作人员较少，不能满足当地群众的法制需求，翻译人员通常会将宣讲内容翻译成藏语进行重复宣讲。另

---

[1] 齐目才让：《论甘南藏语广播新闻翻译问题及对策》，《传媒论坛》2019年第5期。
[2] 多杰昂秀：《藏汉双语法治人才培养与"依法治藏"：甘肃省法官学院的经验》，《青藏高原论坛》2019年第2期。

外，在法律服务、网络信息化、广播电视传媒等方面，也急需通晓双语的人才。尽管有一部分汉族干部参加了双语培训，但因其语言能力掌握程度的差异，仍不能很好地应用于实际工作中。

双语人才培养还不够完善。一是在人才招聘方面，州人事部门在公务员招录中增加了双语兼通人才的录用比例，但由于考生的专业技术水平未能达到招录单位的招聘需求，如公安、法院、医院等单位的部分岗位出现空缺。二是在人才培训方面，甘南地区比较重视公务人员的双语培训工作，并取得了许多成效，但在调研中有公务员表示单位开展的语言培训力度还不够。如甘肃省法官学院（甘南州舟曲县）是甘南州双语法治人才培养的重要基地，"国培""省培"每年举办的大规模教师培训和州内组织的各种双语教师培训等，虽然涉及面比较广，但是分配到各县、乡镇各单位的名额相当有限；也有一些培训课程的难易程度与学员的藏语文能力不相匹配，如零基础的学员在学习一些课程时比较吃力。再如对少数民族律师法律援助方面的实务培训开展得也较少。三是在双语人才评定方面，部分单位表示一般不会对双语工作人员进行综合考察，尚未设立双语人才的评定办法，但目前有单位已将此项工作纳入工作计划。四是翻译职称评定方面，甘肃省目前还没有高级翻译职称评定的评审权（暂时在青海省进行评审），且每年分配到相关单位的名额非常有限，翻译职称评定困难不利于促进翻译岗位人员的工作积极性和职业发展，甚至影响一部分人才不愿意选报该岗位。

四　藏语文传媒事业发展面临挑战，传播效果一般

信息时代背景下传媒事业发展迅速，在传统媒体与网络新媒体融合阶段，藏语文传播的形式更加多样化。报纸、广播、电视等传统媒体为了适应时代发展和受众需求，陆续开通了藏文网站、微博、微信公众号、手机客户端等网络平台，扩大了传播的覆盖面。但因媒体自身建设、栏目设置、传播形式、传播主体等主客观因素的影响，藏语文传媒发展、传播等方面的问题也逐渐凸显。

第六章　甘南地区语言生活存在的问题及影响因素

藏语文传媒事业面临较大挑战。甘南地区的藏语文传媒事业是在曲折中逐步发展起来的，其广播电视、报刊图书、网络客户端等传播媒体的内容和形式具有独特的文化特征，相对于汉语文传媒来说，发展速度缓慢且面临的困难和挑战更大。一是栏目设置、版面设计等方面有待提升和完善。调查结果显示，广播、电视的节目内容不丰富（36.7%、41.5%），缺少原创广播剧、电视剧（34%、35.4%），节目内容重复率较高（20.4%、36.1%），信号覆盖率低（25.2%、16.3%）；报纸翻译的内容偏多（40.1%）、内容不丰富（23.8%）、版面设计不美观（21.1%）、不贴近生活（17%）等；藏文类图书种类不丰富（40.1%）、原创书籍偏少（33.3%）、购买困难（30.6%）等；藏文网页或公众号的被关注度不高（55.1%），内容更新较慢（36.7%）、内容不丰富（29.3%）等。可以说，各种藏语文传媒若要有效发挥其社会功能，需积极优化信息传播形式、内容，更好地为受众服务。二是传媒从业者的专业素养亟待提高。传媒从业者是推动传媒事业发展的核心力量，各类传媒机构希望招录双语水平较高的工作者，新闻、翻译和语言专业的毕业生，但符合条件的比较少，缺少双语人才、媒介经营人才、节目策划人才等。如广播电视台事业编制不到总人数的2/3，"汉语频道""藏语频道"缺少优秀的普通话和藏语播音员、主持人；《甘南日报》目前缺少优秀的双语新闻记者和翻译工作者，存在的问题如工作任务重、待遇低，人员流动性比较大。三是藏语文官方网站（网页）建设尚未成熟。当前，广播、电视和报纸的网络信息化建设较为完善，但网络信息技术能力还不足，缺少专业的技术人才；图书、杂志等媒介的信息化还处于起步阶段。被访单位表示需创新理念，既要突显地域特色，增强节目或读物的知识性、可读性和趣味性，又要克服各种主客观困难（资金不足、人才缺乏、业务培训少、职称评定难、创新意识不足、工作重视程度不高、待遇不高等）以保障藏语文传媒的健康发展，这是适应社会经济发展、媒体融合和受众需要的客观需求。

藏语文传媒的传播力不足，尚未充分发挥其社会文化功能。传媒领域中的语言文字使用是社会文化功能和活力的重要体现,通过传统媒体、网络新媒体的有效传播,藏语文的覆盖面和受益面逐步扩大,但其在传播的广泛度和传播效果等方面依然存在一些问题。

首先,受众接触藏语文传媒的频率不高。调查数据显示(题目1—4选项之间是由高到低的连续型变量关系)受众在日常生活中接触藏语文传媒频率均值(2.03)明显低于汉语文(2.57);其中受众关注藏语文传媒的情况为电视(2.22)＞微信/网页(2.44)＞图书(2.54)＞广播(2.66)＞杂志(2.84)＞报纸(2.90)。这表明居民在日常生活中对藏语文传媒关注度并不非常高,且较多接触的是电视、手机等移动客户端传媒,图书、广播、报纸等的关注度不高。在接触各种传媒时多选择双语文,其中以汉语文(76.7%)为主,藏语文(55.5%)次之。就接触网络传媒时的语言文字使用情况来看,受众通过语音方式交流时,普通话的使用率高于藏语,而后者一般多出现在微信语音聊天等语境中;在书面交际时,汉语文(54%)明显高于藏语文使用率(36%),大部分受众发布朋友圈、关注微信公众号或转发链接、图片等内容时主要使用汉字,也有受众使用双文、多文语码。

其次,受众对待藏语文传媒的态度和实际接触行为存在差异。虽然大多数藏族受众(86%)对开播或出版藏语文传媒持赞同的态度,半数受众(52.2%)表示藏语文传媒对个人生活影响比较大。但此结果又与受众实际接触行为存在一些差异,如对藏语文广播、图书、报纸等关注度不高。可见,受众的情感和行为之间存在矛盾的一面,对藏语文媒体表示认同,在语言生活中并没有充分利用它的社会价值或传播功能,对自己产生影响。部分被访受众表示在日常生活中较少收听藏语广播,有时会在开车时收听藏语歌曲、广播节目等;而经常接触相关书籍的受众多集中在学生(50%)、教师和公务员等公职人员(31%)。另外,因传媒介质不同,受众心理需求、目的、所关注的内容也存在差异。如传统媒体中藏语文广播、电视中的文艺类(59.2%、72.1%)、新闻类(34.1%、38.8%)节目,藏文类图书中的教材类（50.3%）、文学/历史文化类（48.9%）等内容被关注度较高。受众通过微信公众号所接触的内容相对更加广泛，如历史文化类（57.1%）、教育科普类（41.5%）、新闻类（40.8%）、娱乐类（28%）。语言文字传播效果的实现一方面与受众的态度、情感及其接触传媒的频率相关；另一方面还与传统媒体、新媒体的传播机制等有一定关系，如微信、微博、抖音等新媒体突破了时空的限制，传播信息、人际沟通等更加及时、便捷。

文化惠民工程未达到期望效果。近些年来，国家对甘南地区全面实施和启动了"村村通""西新工程"，完成了援藏资金广播站的建设任务、州县各台的设备维修和项目规划；广播电视基本实现了全覆盖。而在部分农牧区广播的信号覆盖率仍较低。一些社区和村镇基本设有图书室，有双语书籍、宣传板、政策文件等。社区或村镇图书室的使用率并不高，阅读图书的人不多，其中"不知晓""不愿意去，比较麻烦""许多书是免费的，书的种类不多，小说、历史类书籍较少"等是主要原因。总而言之，藏语文虽应用于各类传播媒介中，表现出较强的语言活力，但因传播主体、受众和社会文化、地理环境等各因素的影响，其受众面依然比较局限，尚未达到较好的传播效果。

五 语言规范意识亟待提升，语言服务水平不高

语言态度因情感、认知和行为因素的不同而产生差异，对个体语言使用和官方语言文字工作开展或语言的未来发展都会产生一定的影响。综合来看，甘南地区居民对当地实行双语政策，学习、使用和推广国家通用语言文字持积极的态度，在语言态度和语言实践方面基本达到了一致性。在语言政策落实、民族语言工作开展和语言文字使用过程中也出现一些与语言相关的问题。

语言景观标牌的设计主体、受众的语言规范意识有待提升。甘南州《条例》对全州社会用字的具体使用进行了详细规定，藏语委等主管部门积极开展监管和检查工作，但目前公共空间语言景观中仍存

在语码使用不规范、不正确的现象，出现语码置放顺序颠倒，路牌中的街道专有名词翻译的形式不统一，小部分标牌的语码翻译不正确，有的标牌未遵循政府相关语言政策要求使用双语。就受众对不规范标牌的态度来看，40.6%的受众表示愿意提出建议，31.3%的受众表示从未考虑，18.4%的受众认为"如果不影响主要信息没必要纠正"，9.7%的受众表示不便于给标牌所属单位或店主提出建议。整体来看，官方标牌设计主体的语言规范意识一般强于私人标牌主体，公务人员的语言规范意识强于普通群众。

语言服务能力有待提高。语言服务存在于语言生活的各个方面，是语言社会功能的基本属性，而语言服务水平的高低是时代发展和人们综合素养的重要体现。民族地区语言服务方面，国家通用语言文字的语言服务发挥主导作用的同时，少数民族语言文字的语言服务亦起着重要的基础性作用。藏语文语言服务是甘南地区语言服务内容不可或缺的一部分。就调查结果来看，甘南州有专门负责相关语言服务的语言文字管理和执行机构，在语言政策制定和文件落实等方面做了大量的工作，对当地语言生活产生了重要影响，诸如在双语翻译、双语教育、双语人才培养、公共空间的语言景观建设等语言服务方面取得了突出的成绩。整体来说，甘南地区语言服务偏重于政府服务、政策服务和文字服务，专业领域方面的语言服务水平有待提高。如专门的语言服务人才比较缺乏，如双语翻译人才、双语驻村干部、双语律师等都比较紧缺，语言培训机会偏少，藏语文教材和配套教学资源不足等。因经济、人口素养等多方面因素的影响，居民对语言服务能力的培养或语言服务的需求意识等并不明显。

公务人员的语言服务能力直接体现国家政府机关、事业单位对社会公众语言服务水平。目前，公务员的语言服务认知和行为存在一定差距。被试能够意识到在日常工作中为群众提供语言服务的重要性、必要性。如认为单位为受众提供语言服务、礼貌性用语必要性（题目1—5选项是由高到低的连续型变量）均值分别为4.07、3.87，而对工作中这两方面评价的均值为3.67、3.68；此结果与群众对政府公务员的语言服务的评价结果基本一致（3.51）。另外，语言服务因服务单位不同所呈现的语言服务评价结果存在差异，如普通居民对政府机关公务员使用礼貌用语的满意度评价低于银行工作人员（3.93）。从语言服务需求角度来看，居民的相关需求并不高，如对医护人员使用礼貌用语的期望度不高，多持"无所谓"（46.6%）的态度。可见，甘南地区银行等社会服务型单位工作人员的语言服务水平相对较高，公务员、医生的语言服务意识有待提高；政府需要进一步加强对公务人员语言服务意识的引导，促进政府语言服务水平提升和政府形象构建。

第二节　语言生活的影响因素

语言是一种社会现象，存在于一个复杂而又相互作用、动态变化的环境中，会随着语言系统内部各因素相互影响和作用而发展演变，也会受社会、经济、文化、心理等非语言因素的影响。语言生活因不同时期主客观因素的差异性表现出鲜明的时代特征。从封建农奴制到新时代变迁，甘南多民族地区居民的语言生活也发生了巨大变化。双语现象是该地区语言生活的主要特征，亦随社会的发展而发展，受社会因素的影响和制约。分析和厘清影响因素与语言使用的关系是梳理语言生活演变特征和预测未来发展趋势的重要前提。本部分从语言政策、经济文化、教育资源、媒介传播、居住格局、族际通婚、城镇化和人口迁移等主要方面论述其对甘南地区语言生活的深刻影响。

一　语言政策及教育因素
（一）语言政策因素

语言是人类生存的重要交际工具，也是国家认同的重要表征。在语言发展过程中，人类便开始不断地对其进行规范，国家亦会根据不同国情制定和实施关于语言的政策。语言政策（language policy）的含义至今未能统一，语言学家博纳德·斯波斯基提出语言政策包括语言实践、语言态度或语言信念、语言规划或语言管理三方面。[1] 陈章太认为"语言政策是国家和政府关于语言地位、语言作用、语言权利、语言关系、语言发展、语言文字使用与规范等的重要规定和措施，是政府对语言问题的态度的具体体现"[2]。可以说，语言政策是一个从维护国家主权和国家利益出发、根据社会语言生活实际制定的，并应用于全社会的国家政府行为。

民族语文的使用和发展。"伴随着社会的变革，少数民族语言文字本体及其使用均会发生显著变化，需要及时补充、修订和完善已有的语言政策，制订新的语言规划，使其更好地为少数民族语文的使用和发展、为少数民族地区的语言生活服务"[3]，促进少数民族语言文字法律法规建设的完善。在现代化进程中，少数民族语言面临新的情况和问题，既需要尽快掌握和普及国家通用语言文字，以平等地获得诸如经济、教育、就业等与"社会效率"有关的语言权利，又要依法享有和行使各项国家制定的民族语言政策，使少数民族在区域自治、少数民族文化传承等方面获得与"社会公平"有关的语言权利。国家制定了一系列法律、法规和政策，近些年，国家民委发布的《国家民委关于做好少数民族语言文字管理工作的意见》（2010）、国务院办公厅印发的《少数民族事业"十二五"规划》（2012）、国家语委发布的《国家中长期语言文字事业改革和发展规划纲要（2012—2020年）》（简称《规划纲要》）均对新时期的民族语言政策规划任务做了具体要求。[4] 长期以来，甘南州认真贯彻落实党和国家的各项方针政策，相继出台了《甘肃省甘南藏族自治州藏语言文字工作条例》（1996）、《甘南藏族自治州藏语言文字工作条例实施细则》

---

[1] ［以］博纳德·斯波斯基：《语言政策——社会语言学中的重要论题》，张治国译，商务印书馆2018年版，第7页。
[2] 陈章太：《语言规划研究》，商务印书馆2005年版，第148页。
[3] 王远新：《中国民族语言学70年：成就和努力方向》，《陕西师范大学学报》2019年第6期。
[4] 黄行：《当前我国少数民族语言政策解读》，《中南民族大学学报》2014年第6期。

(2006)等条例、办法。这些法规和政策明确了藏语文的发展方向及其与汉语文的关系,也是甘南州开展民族语言工作的指导思想,有效地促进了民族关系的和谐发展。

国家通用语言文字的推广、普及。语言文字是人类最重要的交际工具和信载体,国家通用语言文字是维护国家统一、促进民族团结、社会稳定和文化繁荣的重要工具。当前,我国普通话的推广、普及工作已经进行了60余年,各个地区的普通话通晓程度得到了大幅度提高。甘南州是一个多民族地区,普通话、藏语、汉语方言是当地主要使用的语言,农牧区的普通话还未得到全面普及。因此,做好普通话的推广、普及是甘南语言文字工作的重要内容。当地政府认真贯彻和落实国家的各项语言政策,在全区各领域积极开展相关工作,取得了很大成绩。通过出台相关文件、营造语言文化氛围、开展普通话培训和各种比赛活动等推进语言文字工作的顺利实施。如碌曲县2015年组织全县1443名50岁以下的藏、汉、回各族干部学习普通话,其中藏族干部达865人,占总数的60%;2016年选派100名双语教师参加省委组织的"双语教师普通话培训班"等。

目前,国家通用语言文字在甘南地区的社会功能愈加凸显,人们已经逐渐意识到语言对个体发展和现实语言生活的重要性,现正逐步由藏语的单语状态转向普通话或汉语方言、藏语的双语使用。调查结果显示,甘南地区家庭领域中以藏语为主,比例均值为79.9%(与父母、兄弟姐妹＞与配偶、子女);外部领域居民主要使用藏语、普通话、汉语方言,比例均值为41.8%、40.7%、37.7%。就语言文字的使用领域而言,广播电视传媒、教育和行政领域、司法庭审主要使用国家通用语言文字,但因语言环境或语言使用者的年龄、性别、职业等因素差异表现出不平衡性,如在县城、农牧区使用普通话的情况较少,具体数据详见第三章相关部分。就普通话水平等级情况来看,甘南州对教师、学生、部分干部的普通话水平等级有具体的要求,其通过率较高,但取得高水平等级的人数偏少,大多数教师、干部多为二级乙等,双语干部多为三级甲等。

民族语言文字的科学保护和规范化、标准化、信息化。当国家语言生活发生显著变化时,国家政府一般会对语言政策进行宏观的调整。如中共第十七届六中全会在通过的《中共中央关于深化文化体制改革 推动社会主义文化大发展大繁荣若干重大问题的决定》(2011)中明确提出"大力推广和规范使用国家通用语言文字,科学保护各民族语言文字"的指导思想;《规划纲要》中提出要加强各民族语言文字的科学研究和资源开发利用,如语言资源数字化建设、语言资源库的建立和完善等;国家《少数民族事业"十二五"规划》亦将"少数民族濒危语言抢救与保护工程"列入规划等。同时,国家语委启动了"中国语言资源有声数据库建设"(2008)工程,国家重大科技工程"中华字库"建立国家通用文字和少数民族文字的编码和主要字体字符库,以满足各民族古今各类文献的出版印刷、数字化处理和传输的需要等。另外,国家在对出现濒危趋向的少数民族语言进行科学的抢救保护外,还对语言活力保持较好的民族语言文字进行了规范化、标准化和信息化工作,以适应新时代民族语言发展的需要。如制定了蒙古语、藏语、维吾尔语等的人名汉字音译转写规范,藏语、朝鲜语、彝语等的术语标准化工作原则与方法,蒙文、藏文、哈萨克文等的拉丁转写规范,蒙、藏、维、哈等的编码字符集、字形、键盘国家标准和国际标准,开发了多种支持民文处理的系统软件和应用软件,出版了《汉藏新词术语大词典》等工具书等。① 这些语言政策和具体举措均表明了国家对民族语言文字资源的重视程度,对民族语文发展和少数民族语言生活的改变起到了重要作用。甘南州正是在国家语言政策的引导下开展各项语言文字工作,充分发挥汉语文、藏语文的社会功能,将其应用于行政、司法、传媒、社会等各个领域。

教育政策的具体实施。20 世纪 80 年代初期,适合我国国情的

---

① 黄行:《当前我国少数民族语言政策解读》,《中南民族大学学报》2014 年第 6 期。

双语文教学作为一种新型的教学模式在我国民族地区广泛开展起来，充分发挥语言资源在教学中的价值，提高地区的教学质量，促进教育的发展、人才培养和人口素质的提升，使少数民族既能学习和掌握好国家通用语言文字，又能掌握本民族语文，便于民族之间的交际[①]、满足个体发展需求。《中华人民共和国教育法》（2015年）中规定民族自治地方可以从实际出发，实行双语教育。甘南州双语教育经历了艰难曲折的发展历程，积累了丰富的经验，已初步形成较为完善的教育体系；经过长期的调查研究和教学实践，建立了一整套适合本地的教学体系，相继制定了相关政策，如《发展民族教育实行意见》（1980）、《关于积极稳步地发展民族教育的决定》（1982）、《甘南藏族自治州中小学试行工作条例》（1982）、《甘南藏族自治州少数民族义务教育试行条例》（1986）、《关于进一步发展藏族教育的规定》（1989）、《甘南藏族自治州九年义务教育全日制藏族小学和初级中学课程计划》（1995）、《甘南州师资素质提升工程实施方案》（2009）等一系列重要文件，为当地教育的发展做了比较全面的规划，对双语文教学的实施做了细致的规定和要求；使甘南州的教育目标更加明确，双语教育模式的完善更加符合地区实际，富有时代性。[②] 依此可见，甘南地区教育深受国家语言政策的影响，是在国家政策支持和法律保障的指导下才得以健康、稳步地发展。

整体而言，国家语言政策、民族政策是影响甘南地区语言生活发生巨变的根本因素，是当地政府根据社会生活实际制定具体语言政策、语言规划的指导思想，是维护甘南地区居民语言权力的法律保障，是保持语言文字地位及其发展的基本原则。

（二）教育因素

教育的首要功能是个体发展功能，即通过对个体社会化和个性化

[①] 孙宏开：《中国少数民族语言规划百年议》，《青海民族研究》2015年第2期。

[②] 王洪玉：《甘南藏汉双语教育历史与发展研究》，博士学位论文，中央民族大学，2010年，第210页。

的影响，促进人们文化素质的发展，对社会人才体系变化和政治、经济、文化发展产生深层次影响，以实现教育的潜在功能，如具有传播文化、促进社会和政治融合等。可以说"教育是社会化的一个重要方面，是人生观、价值观和社会成员的行为符合特定文化要求的终身学习过程"[①]。因此，制定科学的教育发展战略对保持教育的健康协调发展，保障经济社会发展的人力需求具有重要的意义。而语言能力是人口文化素质的重要方面，教育又是提高人们语言能力的主要途径。因此，甘南地区教育事业发展和居民受教育程度的提高是探讨当地语言生活不可忽视的影响因素。

1. 教育事业发展及人口受教育程度

因历史社会体制、经济落后和交通不发达、信息闭塞等因素影响，甘南地区人口文盲率高，但随着国家政策和教育体制的不断完善，居民受教育范围逐步扩大。寺院教育一直是甘南文化教育的传统形式。清代时期，在部分藏区及多民族杂居地区设有府学、州学、县学以及书院、私塾等各类教育机构；20世纪20年代，卓尼私塾改为高等小学校，临潭县初级中学成立；1931年，有一定规模的公立小学有7所。这个时期，小学教育在甘南州开始发展，但受教育范围仍然十分有限。新中国成立前，甘南有中小学校91所，学生1900人；新中国成立初期，全州学龄儿童平均入学率为3%，藏族学龄儿童入学率仅为1.3%，许多群众还采用刻木、数珠、结绳等办法记数。接受教育的仅有个别的土司官宦子弟和寺院僧人，普通藏族群众基本处于文盲和半文盲状态。[②] 随后，甘南教育经历了曲折的发展过程，教师队伍减损严重。1961年年底，全州有公办小学439所、中学5所、全日制师范学校1所、全日制中等畜牧学校和卫生学校各1所；而实际开课的各类学校不足180所，占学校

---

① ［美］理查德·谢弗：《社会学与生活》，赵旭东译，世界图书出版公司2015年版，第505页。

② 王洪玉：《甘南藏汉双语教育历史与发展研究》，博士学位论文，中央民族大学，2010年，第216页。

总数的40%。1965年，各类学校发展达至346所，在校生25898人，学龄儿童入学率达到40.3%。1990年人口普查时，当地有文盲、半文盲人口319461人，占总人口的55.1%；藏族受教育程度普遍低，平均受教育年限为2年，牧区儿童入学率低于农区。2000年，各类学校有708所，其中小学670所，各级在校学生首次超过10万人，藏族学生占46.2%，任教教师4533人；儿童入学率从1990年的77.3%稳步增加到2000年的96.8%；[①] 目前，甘南州各级各类学校有736所，在校生134265人，专任教师11797人，其中双语学校及人数分别占总数的31.9%、37.9%。甘南州七县一市已经实现了普及初等义务教育，所创办的甘南师范学校、甘南畜牧学校、甘南卫生学校、甘南藏族综合专业学校和甘肃民族师范学院等，为本地培养了一大批教育、卫生、畜牧等多专业人才。

随着九年义务教育的全面普及、政府不断加大教育资金投入，甘南州人口素质显著增强，首先是人口受教育程度大幅度提高。表6-3数据表明，在第五次人口普查中，甘南受教育程度范围明显扩大，尤其是接受小学教育的人口比例最高；进入21世纪后，在2000年的第六次人口普查中，各阶段的受教育人口比例稳步上升，其中接受大专及以上学历、小学教育的人口增幅明显。2020年第七次人口普查中，大学文化程度人口明显增加，小学和初中文化程度人口大幅度减少；与第六次相比，15岁及以上人口平均受教育年限由6.76年上升到7.97年。其次是文盲率大幅下降。人口普查资料显示，全州文盲人口由1982年的21.21万人减少到2010年的10.56万人；文盲率由1982年的40.93%下降到2020年的13.31%，下降27.62%。这一变化趋势反映了全州多年来落实普及九年制义务教育、增加教育投入以及发展各类教育等方面所取得的成果。

[①] 韩克茵：《希望之光——关于甘南藏族教育的探索与思考》，甘肃民族出版社1991年版，第71页。

表6-3　　　　　甘南州各类受教育程度人口比重统计　　　　单位:%

人口普查	大专及以上	高中/中专	初中	小学
第三次	0.36	4.09	7.11	16.56
第四次	0.71	5.41	9.04	17.03
第五次	1.8	6.45	10.27	33.11
第六次	6.94	6.67	14.76	48.07
第七次	10.04	5.12	9.75	30.16

受游牧民族逐水而居生活习俗的影响，学校教育不易发展和普及，在各种不利因素的综合影响下，甘南州人口文化素质依然不容乐观，文盲率较高。从2000年的统计数据看，当地未上过学的占总人口的35.9%，上过扫盲班的占的6.53%，尤其是女性的文盲率更高，此三项比例均高出甘肃省平均水平的两倍。卓尼县和舟曲县的文盲人口占15岁及以上总人口的63.94%和60.53%，而甘南地区的平均水平为25.95%，比甘肃省平均水平高出13.91%。[①] 同时，甘南教育的发展很不平衡，有许多生活在牧场分散居住的牧民家庭入学仍比较困难，孩子一般要到乡寄宿制小学就读。目前，甘南地区人均受教育年限低于全省、全国平均水平。如2012年，学前教育在全州三年毛入园率只有31%，分别低于全国、全省水平33.5%和26.5%；职业教育的职普比为1.1∶8.9。整体来说，虽然甘南地区教育得到了很大发展，人口文化素质有了较大提高，居民接受教育的观念不断加强，但仍与甘肃省和其他地区存在较大差距。而形成这种状况的原因是多方面的，如居住地差异而造成的学校生源、家庭教育很不平衡，家庭教育比较滞后，县城和城市优于农牧区。学生教育多依赖于学校，因为许多农牧区的学生家长是文盲或半文盲，基本无法保障子女的学业辅导，家庭文化氛围不浓；也有一些家庭的教育观念薄弱，同意孩子

---

① 张广裕：《甘南藏族自治州人口与环境问题研究》，博士学位论文，北京林业大学，2010年，第52页。

退学、辍学，或参加家庭劳动等。可以说，群众的教育观念和接受教育的支持度是影响当地教育发展不可忽视的因素。

2. 受教育程度是影响语言生活的重要因素

甘南地区教育随着教育事业的整体发展而不断推进，人口文化素质得到明显提升，对个体职业发展、语言能力提高、经济收入增加等都产生一定影响。其中受教育程度是人口文化素质的重要指标，且能反映整体的文化知识结构。就目前甘南地区语言生活现状来看，居民因受教育程度的不同在语言能力、语言使用、语言态度等方面显现出差异性。具体详见第三章这三方面在学历变项中的差异性分析。首先，受教育程度与语言能力存在相关性，通过两者之间的相关性进行单因素方差分析发现，被试受教育程度（学历）在其普通话能力（$F=151.483$，$Sig=0.000<0.05$）、藏语能力（$F=10.348$，$Sig=0.000<0.05$）、汉语方言（$F=9.243$，$Sig=0.000<0.05$）、英语能力（$F=41.773$，$Sig=0.000<0.05$）方面存在显著性差异，其中变化较为明显的是普通话、英语能力随教育程度的提升而逐步增强。如图6-1所示，随着学历层次的提升，"普通话能力强于藏语"和"两者水平相当"的比例呈上升趋势，且被试的这两种

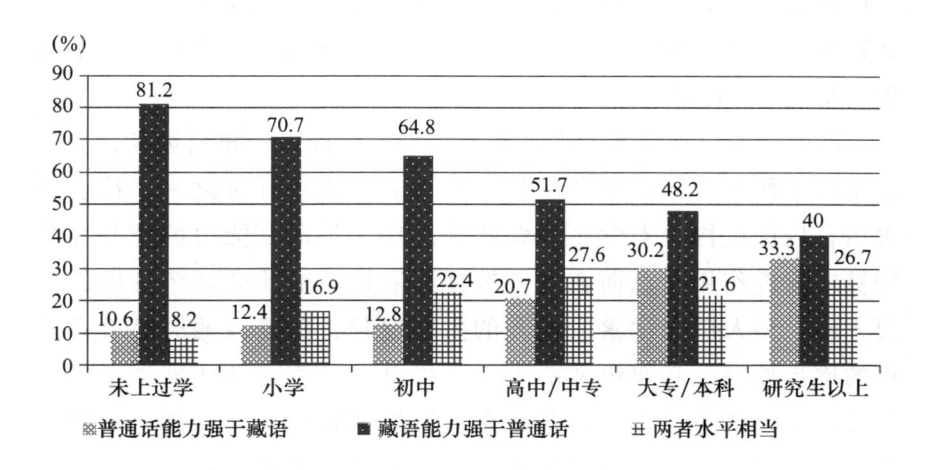

图 6-1 被试国家通用语与藏语水平差异在学历变项中的统计

语言能力趋渐平衡,"藏语能力强于普通话"的比例呈下降趋势;相反,未受教育者的相关语言能力差距较大。就语言学习途径而言,学校教育是被试文字学习的主要途径,社会教育(培训班学习等)亦是学习途径之一,但所占比例较小。

其次,受教育程度因素在居民语言态度上亦呈显著性差异,如被试对普通话的社会地位评价($F=4.436$,$Sig=0.001<0.05$)、发展前景预测($F=6.248$,$Sig=0.000<0.05$)因受教育程度变项而呈显著性的差异,有教育背景的居民对普通话的认知持更加积极的态度。在语言文字的使用方面,随受教育程度的提升,居民使用普通话汉字的情况愈多。但受教育程度只是影响语言文字掌握程度的一个方面,尚不能决定人们日常生活中使用哪种语言进行交流。如内部语域中家庭成员之间、外部语域中本民族之间交流时,受教育程度与语言使用的相关性并不明显,藏语仍是其主要的交际用语。外部语域中的语言使用呈现多样性特征,具有教育背景的公务员、教师、医生、企业工作人员、大学生等在社会交往中因语言环境的复杂性和交际对象的差异性,其语言文字的使用相对于未受过教育者更加丰富一些,尤其是使用国家通用语言文字的频率较高,在传媒领域所接触的媒介范围更加广泛、获取的信息量更大;而文盲或半文盲居民多以口头语表达作为信息传播的主要途径,书面语的信息传播功能并不凸显。

除此之外,社会教育亦是提高人们语言能力的重要途径,如双语培训工作是甘南地区各单位人才培养的重要任务之一,社会各种语言培训机构也对学生、教师等工作人员语言能力的提升起着积极的促进作用。总而言之,教育因素是当地社会经济发展的重要方面,是人口文化素质提升的主要途径;随着当地居民教育程度的逐步提高,其双语文能力明显提升,语言态度亦发生了根本转变,语言使用更加多元化;充分发挥教育的文化功能,不仅能提高个人的文化素养和学历水平,也利于个体职业规划和文化的传播与传承。

第六章 甘南地区语言生活存在的问题及影响因素

二 经济文化及传播媒介因素

(一) 经济文化因素

1. 经济因素

语言与经济的关系是互动的。经济能对语言产生影响,"主要体现在语言在经济活动作用上的动态发展上,即语言本身产生、演变以及消亡的规律。"同时,语言的产生和发展是社会发展的需求,而经济是社会的重要组成部分,也是语言反映的对象,即"语言、语言政策及其演变与经济主体行为、经济增长、收入分配等的相关性"[①]。因此,通过不同时期不同地域的经济状况不仅可以对当地语言文字的发展产生影响,而且还可以反映语言使用者的语言生活状况。

甘南地区地处特殊的地缘区位,整体上属于青藏高原经济和文化圈。甘南经济和社会发展的基础非常薄弱,农牧经济长久地占据主导地位,经济类型是以草地放牧为主体的粗放型、低效益的传统经济类型,农牧民生活水平远远低于全国、全省及同类民族地区平均水平。新中国成立前,甘南经济基础非常弱,商品交易方式主要是"以物易物";新中国成立后开展了集市贸易,促进了城乡商品交流。[②] 在这种单一性、封闭性、分散性的经济发展模式和交通、卫生、通信、教育等因素的制约下,民族聚居区文盲率高、人口流动性小,居民也很少接触其他民族、传播媒体等,藏语便是其重要的交际工具,表现出很强的社会功能和语言活力。

改革开放以来,甘南地区大力发展商品经济,开放集市贸易,鼓励农牧民走出村寨,从事个体经营活动;同时对经济结构进行逐步调整,使支持经济发展的产业不断增多。甘南正逐渐从相对单一的内向型高原畜牧业结构发展为多种经济形态并存的多元化经济结构。由此,藏族居民的生计方式均向着更为多元的方向发展,从传统的农牧

[①] 黄少安、张卫国、苏剑:《语言经济学导论》,商务印书馆2017年版,第8页。
[②] 中共甘南州委党史研究室:《中国共产党甘南历史 1921.7—2003.7》,甘肃民族出版社2003年版,第455页。

业逐渐转向商业、服务业等，各民族之间的互动明显增加，经济关系密切，语言接触更加频繁，居民在经济收入、生活质量和自身文化素质等方面均得到了较大程度的提高，呈现出由单语到双语社会发展的总趋势。此时，甘南地区的语言生态也直接或间接地受经济生态环境变迁和经济生活的多元化的影响，发生着悄然变化，汉语方言、普通话的社会功能逐渐凸显，双语或多语人口数量不断增加。

经济因素是居民语言学习的重要驱动力，利于其形成增强语言能力的意识。在市场经济环境下，甘南地区的经济得到了较快发展，尤其是第三产业对经济的贡献率最高，如2019年它对当地经济的贡献率是97.62%。许多居民选择从事服务业、经商或外出打工，使其在藏、汉、回等各民族在共同工作场域中共事的可能性不断增加。藏族在人口流动、各民族交往互动的过程中，无形地形成了语言能力提升的意识，即掌握汉语方言或普通话能力，以更好地适应新的工作环境、语言环境，保障生活的正常运行。丰富的旅游资源、深厚的文化积淀、浓郁的民族风情为甘南州发展全域旅游创造了得天独厚的优势条件，现已成为国内外知名的旅游热点地区，成为甘南对外交流的桥梁。当地在塑造"青藏之窗·户外天堂"主题形象，打造"九色甘南香巴拉"品牌的文化旅游事业发展中，为藏族居民提供了很多的就业机会，并鼓励群众兴办"藏家乐"。如夏河县香告村依托区位和生态两大优势成为省级"千村美丽"示范村，素有"甘南第一村"的美誉；碌曲县尕秀村成为全域旅游样板村。依此来看，随着外来旅游人口的增加，甘南地区语言生活也会随之发生变化，单语人需要通晓普通话或汉语方言，接触传媒了解更多的信息资源等。他们在增加经济收入、提高生活质量的同时，还提高了自身的语言素养。

经济发展促进了语言服务产业的形成，增加了语言文字的市场价值，并促进藏语文的传播。语言不但具有工具属性，还具有商品属性。随着语言科技的进步，语言符号的"商标化"和话语的"商品化"现象愈加突出。① 语言服务产业是"以语言服务作为生产和经营手段的一系列经济活动的集合,其产业链条中的核心元素是语言,它可以以内容、对象、产品等多种方式呈现";总体上划分为语言翻译产业、语言教育产业和语言成品产业三个领域。② 可以说,它是在经济发展到一定程度而产生的。甘南地区除了汉语文服务产业外,藏语文服务产业也应运而生,语言文字成为一种产业、服务性产品,使人们在经济利益上倾向使用某种语言。如出现了双语翻译、双语教育培训等语言服务业,这对满足居民日益增长的语言生活需求、体现藏语文经济价值、增加藏族语言学习的新途径和促进语言文字传播等产生积极作用。当然,居民语言能力的提升对经济发展也产生重要影响,如利于提升旅游业发展水平,增加居民的经济收入等。2018 年,舟曲县政府投入资金118 万元,在白龙江沿岸、拱坝河流域的18 个乡镇适宜区域实施一江一河万亩油菜花观赏带建设项目。如图6-2 中用碧绿小麦和金

图6-2 甘南州公共空间语言景观

---

① 郭玉梅、杜敏:《新媒体时代网络语言的经济功能》,《北方民族大学学报》2019 年第2 期。

② 屈哨兵主编:《语言服务引论》,商务印书馆2016 年版,第111 页。

◈ 语言与社会：甘南地区语言生活

黄油菜花产生的强烈色差绣出"花开舟曲"四个彩字清晰可见。① 该语言景观使用了文字的艺术字体，不仅具有很强的观赏性，也凸显出地区的地域特色，成为白龙江一道美丽的旅游风景线。

　　经济地位是影响多语现象的因素之一。语言的社会地位评价是考察语言态度的重要维度，而某种语言的社会地位或重要性往往取决于使用这种语言集团的经济地位。"经济地位是影响语言维护或更换的一个重要原因，经济地位较低的语言集团总是向经济地位较高的语言集团的语言演变。"② 普通话与规范汉字是我国的国家通用语言文字，在我国具有特殊的政治、经济和文化背景，具有较强的普遍性。长期以来，甘南经济水平比较薄弱，在发展经济过程中，尤其是市场经济的开放性促进了民族之间、人与人之间的交流，藏语的社会功能尚不能适应更广阔、开放的市场经济环境，其社会地位随之受到挑战。越来越多的居民逐渐意识到语言能力与现代生活、个体需求息息相关，也倾向学习、使用普通话，提高语言能力。

　　另外，经济发展水平的地域性差异影响着该地域语言功能的强弱。合作市作为甘南州的政治、经济中心，是典型的多民族杂居区，主要使用藏语、普通话和汉语方言，其中普通话、藏语的使用范围广、人口多，具有较强的社会功能。而在经济发展水平略低的县城或民族杂居区，居民主要使用藏语、汉语方言，普通话尚未完全普及；在经济欠发达的农牧区或民族聚居区，汉语方言和普通话的语言活力不强。

2. 文化因素

文化是"为社会成员共同拥有的生活方式和为满足这些方式而共同创造的事事物物，以及基于这些方式而形成的心理和行为"③。文化的构成和发展离不开思维，而语言是人类最重要的交际工具和思维工具，是记录文化的符号系统。戴昭铭在谈到两者之间关系时，指

---

① 全当周：《甘肃"花开舟曲"绽新颜　绵延美景醉千山》，中国西藏网（http://www.tibet.cn/cn/index/zqdt/201904/t20190415_6553083.html）。
② 祝畹瑾编者：《社会语言学概论》，湖南教育出版社1992年版，第195页。
③ 邢福义主编：《文化语言学》，湖北教育出版社2000年版，第8页。

第六章 甘南地区语言生活存在的问题及影响因素

出:"一方面,语言是人类文化的重要组成部分,是人类文化得以建构和传承的形式和手段;另一方面,文化又每时每刻对语言有制约作用和决定性影响。"① 甘南地区是一个多民族文化碰撞、融合的地域。在经历了从封建农奴制到新时代社会的漫长历史长河中,甘南地域文化也经历了一个曲折而发展的过程,对当地语言生活产生了一定影响。

文化传播提供了双语双言的文化背景,并能对人们的语言观念产生影响。有学者认为语言观念即"语言态度",是人们对语言社会价值而形成的认识或评价;也有学者将关于语言的认识、态度、情感和审美情趣总称为"语言观念"②。虽然学者对其界定不一,但有共识的一点是语言观念属于社会心理范畴,是精神文化的一部分,是文化观念在语言方面的具体体现。语言观念文化是动态发展的,所体现的人的心理和行为亦是变化的;语言观念因不同民族的社会历史、心理特征的差异而不同。早期,甘南地区各民族处于相对封闭的聚居区域,彼此间很少来往,在生活风俗等方面保持着不同的文化特征。当时,藏语的社会地位较高,即便当时亦有极少数土司子女在受教育过程中接触了中国传统文化,一些手工业者在商品交易中了解到一些其他民族文化等,掌握一些汉语能力。但整体上不同民族文化的碰触机会很少,自然对其所使用的语言认知较少。随着社会性质变革、经济教育的迅速发展和城镇化进程的加快,原有的居住格局逐渐被打破,各民族交往、交融加深,族际通婚现象也随之普遍;彼此在交往中逐步熟悉对方的文化,相互尊重,使当地的文化生态环境更加和谐;此时,多文化传播营造了较为浓厚的双语双言环境。藏族居民在多文化的接触、社交的需求中,逐步认识到汉语文的重要社会地位和功能,并在行为倾向方面保持积极的语言态度。

文化发展对语言习得的影响。语言习得是指人们在自然的语言环

---

① 戴昭铭:《文化语言学导论》,语文出版社1996年版,第14页。
② 邢福义主编:《文化语言学》,湖北教育出版社2000年版,第303页。

境中获得语言。文化同语言学习有着千丝万缕的关系，对其产生直接或间接的影响。在社会化过程中，儿童首先接触和学习已有的文化，而语言就是文化的一部分。甘南地区多数藏族居民最早接触的是藏语，调查结果中有84.6%被试最先习得藏语，较少被试最先学习汉语方言（13.7%）和普通话（1.5%）。在浓郁的地域文化氛围影响下，儿童在学习文化、掌握语言的社会化过程中，逐步形成文化认同观念。一般来说，即便人类有习得语言的先天能力，后天的语言环境对儿童的语言学习也产生重要影响。语言环境受各种文化因素制约，藏族儿童在后天的学校教育、社会交往、适应社会的过程中逐渐接触到汉族、回族、土族、裕固族等多民族文化。随着普通话的大力推广、普及和他们在学校、社会等多语环境中习得了普通话、汉语方言、外语等语言，成为双语或多语人，形成了对不同语言社会价值的科学评价的能力，并表现出不同的行为倾向。他们亦会逐渐克服原有的传统认知和观念，对其他文化的认知呈现螺旋式上升的特征，形成积极的中华文化认同。

　　文化传播利于语言接触和融合，促进语言文字的传播和发展演变。随着甘南地区经济发展、人口移民、城镇化进程的加快，民族文化交流更加频繁，促进了多民族文化的交流、传播。因为文化具有共享性，各民族之间通过互相学习和借鉴，加深了彼此的沟通和理解，他们在相互尊重、相互欣赏的基础上实现了多民族和谐。在文化传播的过程中，各民族语言不仅作为文化的一部分被传播，语言之间还出现了语言混合、语言借用、语言转用等语言现象。这种民族文化之间的互动和长期的语言接触对藏语文系统（语音、词汇、语法）产生了不同层次的影响。如新媒体背景下的文化传播较为凸显，出现大量的新词新语被翻译成藏语，较大地丰富了藏语文词汇系统，随后被应用于各种语言生活领域。如语言混合是藏族言语交际时普遍存在的语言现象，即藏语中夹杂汉语，多表现为生活中的基本词汇或出现的新词新语等（如香皂、电脑、手机、微信等）。

　　另外，受甘南地区历史和地域文化因素的影响，藏语的书面表达

第六章 甘南地区语言生活存在的问题及影响因素

形式是一致的，但不同地域居民所使用的口头表达形式不同。目前，甘南地区存在安多方言和康方言两种，且不同方言内部存在各种土语群。如夏河、碌曲、玛曲、卓尼一部分藏族使用安多方言，卓尼的农业地区和迭部、舟曲等地的居民使用康巴方言和卫藏方言。这种地域差异表现的方言特征有时会对言语交际或双语翻译产生一些影响，如在司法领域的司法翻译中，通晓所有藏语方言的双语翻译工作人员非常少，有时不能完全听懂诉讼人的意思，出现藏语方言翻译不一致的情况，有可能影响诉讼人的正当权益等。

（二）传播媒介因素

传播越来越成为影响人类存在方式的基本要素，即传授信息的行为（或过程），其形态和类型多样，有口语传播、文字传播和图像传播，亦有自我传播、人际传播、组织传播和大众传播。[1] 媒介是"插入传播过程之中，用以扩大并延伸信息传送的工具"[2]。传播媒介或称"传播媒体""传媒"，指"介于传播者与受传者之间的用以负载、传递、延伸、扩大特定符号的物质实体，具有实体性、中介性、负载性、还原性和扩张性等特点"[3]。它不仅包含电影、电视、广播、印刷品、网络等大众媒介，也包括广场、街道、建筑物等实体空间；而通常情况下，传播被理解为大众媒介领域的活动，发挥着诸如信息沟通、舆论监督、协调社会，推动社会政治、经济和文化互动等功能。同时，传播变迁亦是人类社会发展的反映，尤其是当传播进入大众传播阶段、全媒体媒介化的生存时代，网络和移动客户端等新媒体蓬勃发展的时代，多种类型传播相互交错，电视、广播等传统媒体也不断变革适应新的媒介生态，与新媒体融合，形成一张覆盖社会和个体的传播网络。在少数民族聚居区，除汉语文传媒外，少数民族语言传媒

---

[1] 张国良：《传播学原理》，复旦大学出版社2009年版，第2页。
[2] ［美］威尔伯·施拉姆、威廉·波特：《传播学概论》，陈亮等译，新华出版社1984年版，第144页。
[3] 邵培仁：《传播学》，高等教育出版社2000年版，第148页。

具有民族性、地域性、对象性特点,[①] 所面向的受众以单语（藏语）和双语（汉语与藏语）受众为主,不仅对民族地区的社会变迁和发展产生不可替代的作用,而且还在民族语言保护、文化传承与国家认同构建等方面产生特殊的价值。传播媒体的功能和传播效果是多方面的,在此仅阐述其对语言生活的影响。

多元化传媒促进了语言传播,扩大了语言文字的传播方式,有助于构建多语和谐的语言生活。传媒变迁使得甘南居民接触传媒的形式更加多样,调查结果显示,居民"经常接触"汉语文、藏语文传媒频率为书报杂志66.3%、27.25%,手机69%、37.9%,电视广播74.6%、21.4%,电脑66%、35.2%。随着时代的变迁和信息技术的不断更新、发展,藏语文传媒经历了从出现到成熟的曲折发展过程,已由单一的书写媒介、纸质媒介发展为多类型的印刷媒介、电子媒介。长期以来,因社会结构、经济状况、地理特征和人口素质等因素影响,甘南地区的媒介传播十分有限,地方报纸、广播还未创办,居民的语言生活相对简单,还主要处于口语传播阶段,接触纸质媒介频率也很受限,较少使用藏文。新中国成立后,甘南地方党报、甘南广播电台相继创刊、筹建,使用藏文制作或译制的电影、戏剧、歌曲、磁带等传媒形式也逐渐公开发行,藏族的语言文化生活开始趋向多样化,在接触藏语文传媒的同时,也逐步接触汉语文传媒。甘南报刊、广播、电视等传统媒体在改革开放以后得到了快速发展,逐渐成为居民获取信息的重要途径。2009年,有学者通过调查认为甘南当时尚处于传统信息传播的阶段,其传播方式以群体传播为主,还未完全进入大众传播时代。[②]

自网络或移动客户端新媒体出现后,甘南地区的藏语文传媒形式愈加多元化,广大居民可以通过网络随时进行交流、获取信息,媒介融合度的大幅度提高,不仅扩展了语言文字、文化的传播途径,还促

[①] 赵丽芳:《民族语言媒体研究:功能、效果与受众》,中央民族大学出版社2017年版,第1页。
[②] 朱杰:《甘南藏族地区大众传播现状的调查与思考——以夏河县科才乡为例》,《西藏研究》2007年第2期。

第六章　甘南地区语言生活存在的问题及影响因素

进了地区的经济发展、社会稳定和民族团结。调查结果显示藏族居民关注藏语文微信公众号的情况：有时关注（33.3%）＞经常关注（30.6%）＞很少关注（13.6%）＞从不关注（22.4%）；甘南广播电视台开通了网络广播电视台，《甘南日报》开通了汉文、藏文微信公众平台、新闻客户端等。另外，和谐的语言生活是要处理好人与语言之间、普通话与方言之间、普通话与民族语言之间等语言关系，使其相互协调、均衡有序地发展。藏语文传媒的出现和发展使居民在传媒领域拥有了更多的自主选择权，语言生活的多样化需求得到了有效满足。汉语文传媒和藏语文传媒发挥各自优势，服务于有所需求的受众，呈现出积极和谐的语言生活现状。

传播媒介为受众提供语言文字的学习、使用的机会和社会环境，利于引导语言文字的规范使用。早期，藏语是甘南地区藏族从小自然习得的语言，极少数居民寺庙教育、私塾教育中接触到一些印刷书籍，学会文字。当印刷媒介、电子媒介逐步普及时，居民通过大众媒介所接触和学习语言文字的频率逐渐增加，当地的双语教育也逐步全面实施。而当具有交互式、虚拟式传播模式的以电脑、手机为载体的网络新媒体出现后，广大居民可根据个体需求，或通过网络视频课程、学习软件等多种方式学习汉语、外语等。另外，以广播、电视、报刊、书籍等为主体的传统媒体一般给受众传播的是标准、规范的语音、词汇和文本内容，间接地引导着受众的语言规范意识。尤其是一些新词新语的统一翻译，在各种传播媒介中的规范使用等有利于语言文字发展的统一稳定。

在语言服务方面，多元化的传播媒介不仅较大范围地扩展了居民语言选择的途径，利于其建立积极的语言态度，而且促进了政府职能部门语言服务能力的提升。语言选择是个体或群体根据语境需求而进行的一种言语实践行为，是对语言实践显性或潜性行为规范的认同及趋同性语言使用行为。[①] 甘南地区传播事业的发展

---

① 王跃平：《社会语言学视域下的语言选择分析》，《黑龙江工业学院学报》2019年第19期。

为广大居民提供了更多语言选择的媒介。如居民接触汉语文传媒的频率比较高,其中接触频率较高的是电视、手机;在接触传媒时以汉语文传媒为主。以手机为载体的网络客户端普遍融入居民的生活,尤其是具有聊天、朋友圈和公众号等功能的微信已成为广大居民信息传播和社交的重要平台。因居民学历、职业、年龄和个体爱好、需求等主体因素影响,导致广大居民所选择的传媒形式、节目类型语言选择等存在差异。以学历为例,教育程度越高的居民所选择的传媒形式更加多样、语言选择多为双语文,如调查结果显示中大专/本科及以上学历的居民在使用微信时选择汉字(100%)、藏文(61.7%)、英文(29.8%)多文;而较低学历或无学历的受众所选择的传媒形式和语言相对单一,使用微信时多以藏语语音为主,关注书面语言的频率不高。受众在接触传媒语言的过程中会形成一定的认识或评价的语言态度,而和谐健康、规范发展的传播媒介亦能引导广大居民树立积极的语言态度,认识到国家通用语言文字重要的社会地位。

长期以来,甘南政府主要通过广播电视等传统媒体向广大群众进行政策宣传等。随着信息化技术的更新,甘南州行政机关、事业单位等亦要适应时代发展,充分利用网站、微博、微信公众号、移动客户端等网络新媒体平台,进行信息公开、传递信息、提供政务咨询等,以满足居民日益增长的语言服务方面的需求。如网络空间的语言景观图(见图6-3)是甘南州政府的网页,其首页规范地使用了汉字、藏文、英文三种语码,且以前者为主,并提供了信息引擎、"甘南政务服务App"等小程序服务;州司法局在手机上开通了双语法治宣传教育平台,每周固定向干部群众发送相关信息;甘南州政府网和中国甘南网等主要媒体网站均开设双语网页;《甘南日报》开通了双文微信公众平台、新闻客户端、新闻网站等。一般情况下,甘南政务新媒体所使用的语言主要是汉字,部分单位的网站首页使用双语,如甘南广播电视台网站设有藏语文栏目等。

传播媒介的融合发展为甘南地区营造良好的语言生态环境。所谓语言生态是指"特定语言和环境之间相互作用关系"①。多语和谐是语言生态健康发展的重要方面。在多语生态环境中，因语言功能的不平衡存在或显或隐的语言竞争，而语言和谐是保障语言生态系统健康运行的必要前提。影响语言生态的因素有语言竞争、社会政治文化、语言使用者的心理等。就甘南地区的传媒事业来看，汉语文传媒的优势地位较为明显，藏语文传媒亦要适应时代的发展，并满足单语或双语居民日益增长的信息需求，逐渐完善内部系统，如藏语文广播、电视、报刊需不断优化栏目内容，加大翻译人才的培训等。在公共空间以广告、建筑等实体空间为媒介构成的语言景观中，汉字、藏文、英文等语码能"各尽其能"，以营造良好的语言生态环境、促进语言文化的传承和可持续发展。

整体来说，甘南传媒事业在现代化进程中不断完善和发展，表现出传统媒体和新媒体相互融合的特征，且在城镇及农牧区越来越普遍。当传媒使用率提高时，居民潜移默化地受传播媒介社会功能的影响，逐步改变个体的语言生活。目前，汉字、藏文是甘南传媒事业主要使用的语言，它们共同成为各民族信息传播、文化沟通、生活娱乐的重要工具，发挥着重要的社会功能。

三 城镇化及人口转移因素

在推动甘南地区语言生活发展的诸多因素中，城镇因素、人口因素起到了很大的作用。城镇化发展和人口的迁移、流动推动甘南社会形态发生着深刻的变化，推动了其从封闭到开放、传统到现代、农牧村到城镇的逐步转型。

（一）城镇化因素

国内学者对"城镇化"的理解大致有两种。一是从人口、地域、就业结构、生活方式等某一方面对其定义，认为城镇化是"农村地域

---

① 冯广艺：《语言生态学引论》，人民出版社 2013 年版，第 5 页。

向城市地域转化的过程"①。二是认为城镇化是一种综合系统的转变过程,"不仅表现为城镇数目的增多、城市面积的扩大、城市人口增加,还包含人口职业、产业结构、空间形态的变化,也包含人类社会的组织方式、生产方式和生活方式的变化"②。我国是一个以汉族为主体的多民族、多语种国家,伴随着城市化进程的逐步推进,人口流动加速、不断流入城市,"大杂居"的分布局面不断扩大,语言环境亦更加多元化,引起语言使用、语言关系发生变化。

甘南地区城镇的兴起多与行政等因素有关,各级城镇的经济职能和现代服务职能较为薄弱。甘南州的城镇化水平从1978年的12.16%提高到2010年的22.90%,2012年的25.98%,2018年的36%。但总体来说,城镇规模普遍偏小,城镇职能结构单一,即中心城市—县城—建制镇三级,且县城大部分是以行政管理型、农业服务型为主,以农产品加工、贸易集散为职能,无明显的特色产业,不利于促进县域经济的多样化发展;③加之甘南居住空间模式发展的数量大、规模小、分布散的现状,增加了地区经济社会和生态环境成本,使当地一直处于缓慢的城镇化增长阶段。有学者根据2000—2015年的基础数据,从人口城镇化、经济城镇化、社会城镇化和土地城镇化四个层面12个指标对甘南州城镇化综合水平进行了统计和评价,认为当地城镇化综合发展水平在研究期间基本呈上升态势,其中人口城镇化与城镇化综合发展水平的相关性最大,社会城镇化的影响力最小;且整体变化趋势与人口城镇化的发展趋势基本一致,而土地城镇化水平总体上呈缓慢增长趋势。④

---

① 周加来:《城市化·城镇化·农村城市化·城乡一体化——城市化概念辨析》,《中国农村经济》2001年第5期。
② 倪鹏飞:《新型城镇化的基本模式、具体路径与推进对策》,《江海学刊》2013年第1期。
③ 姚志春:《甘肃少数民族地区城镇化与生态环境保护协调发展研究——以甘南州为例》,《兰州商学院学报》2014年第1期。
④ 张佩佩、董锁成、李泽红、马蓓蓓:《甘南藏族自治州城镇化与生态环境耦合协调关系》,《资源开发与市场》2017年第1期。

第六章 甘南地区语言生活存在的问题及影响因素

在城镇化水平不断发展的过程中,甘南地区城乡差距的逐渐缩短在客观上加速了各民族之间的语言接触、语言使用变化等,对语言环境、语言资源功能等产生一定的影响。首先,从人口城镇化这个重要指标来看,人口模式的改变为语言的使用提供了生存条件。甘南城镇人口数量会因人口自然增长率、第三产业人口的增长而增加,城镇中新增加的藏族人口与城镇原有的藏族、汉族等民族之间因工作、社会交往等而发生各种密切或复杂的接触,从而营造的语言环境更加多元化,有普通话、汉语方言、藏语或其他民族语言。长此以往,语言生活中自然出现双语、语言混合、语言转用等现象,且迁入城镇的藏族居民的普通话能力、汉语方言能力得到提高。同时,那些城镇周边因丧失原有耕地或草场的农牧民也会选择进城务工或从事第三产业,在其适应社会环境的过程中自觉或不自觉地学会汉语,其语言能力也随之提升,接触到更多的文化或信息。此时,藏语之外的语言习得和使用在生活、工作和学习中的社会功能越来越凸显。

城镇化速度和人口数量是语言扩散和语言维持的重要因素。甘南地区城镇化建设稳步推进,尤其是城镇化牧民集中定居和新农村建设的实现,城镇人口数量呈增长趋势,当地的语言资源功能也悄然发生了变化。如汉语的使用范围逐步扩散,其语言功能愈加凸显,双语人口明显增长;而相应的,藏语虽具有很强的语言活力,但居住在城市或县城里的已出现部分居民的子女发生语言转用的现象,不会使用藏语,成为汉语单语人。另外,随着生产生活方式的改变,居民所享受到的综合服务质量较之前得到大幅度提高,享受便利的教育、交通、医疗、广电等资源,能更稳定地接触到广播电视、移动网络、公共图书报刊等各种传媒,获得更多的就业机会,这不仅丰富了居民的语言文化生活,还对其个体职业规划、经济收入增加产生积极的作用。总体上,甘南州是甘肃省城市化水平较低的地区之一,人口的城镇化水平仍比较低,大部分人口住在乡村,语言传播范围仍然较窄,会受到一定程度的限制。以个案访谈为例:

×××，男，未受过教育，夏河县曲奥乡村民，采访地点：家里，采访时间：2018年8月15日

我们村子基本上都是藏族，汉族人特别少。自从我们村子被发展成为生态旅游村，现在好多人家办了"农家乐"，县政府发了营业证和专门的宣传牌（见图6-3）。每年来这里旅游的人也很多，加上这里离临夏比较近，周围的汉族、回族也多，因为长期交往我们好多人都学会了汉语方言，基本说的是临夏方言。平时，我和孩子、村民说的是藏语，年龄特别大的老人听不懂也不会说汉语。虽然我没有上过学，但是也自学了一点汉字，现在还是村里的带头人，经常参与村里的旅游接待工作，现在家里的经济收入比以前好多了。我特别尊重有知识的人，也非常支持两个女儿上学，她们在合作藏中、夏河藏中读高三，藏语、汉语都会。让我特别高兴的是她们今年一起考上了张掖河西学院教育专业，希望她们到外面能够多看看，多学点知识。我觉得甘南藏族学会汉语、藏语都很重要。

通过访谈可知，农牧区城镇化速度加快，一方面，城镇化促进了当地经济的发展，如生态旅游的蓬勃兴起使曾经的贫困村面貌一新，在村容村貌升级优化的同时，香告村的生态旅游产业还带动全村精准扶贫户29户实现脱贫；① 另一方面，城镇化提高了民族聚居区居民的双语能力，对居民的教育观念、语言态度等也产生了重要影响。

（二）人口转移因素

"在描述一个双语环境时首先要考虑的因素是作为第一语言所拥有的使用人数，原则上说，说某种语言的人数越多，其社会地位就越高，但并不是所有的情况都是这样；在某些因素的影响下，说一种语言的个体数量和所在人口总体中的比例终将要发生变化，如生育率、

---

① 数据来源于相关单位的访谈资料。

第六章 甘南地区语言生活存在的问题及影响因素

移民因素;同时,双语环境中的社会压力的相互作用可能改变不同语言习得的速度,增加或减少使用每种语言的个体数量;而这些情况能随时显示语言的分布状态并能进行预测,且不同语言的使用人数在地域或各种社会层次上的分布并不均匀,每种语言使用人数在地区之间、城乡之间等都有极大不同。"① 可见,多语地区的语言使用状况、双语文发展程度与人口迁移、人口素质之间存在一定的相关性。

人口密度和人口分布对甘南地区的语言使用产生一定影响。人口转移伴随着社会经济结构变革而产生,包括人口迁移和人口流动两种形式。② 国际人口科学联盟将"人口迁移"定义为人口在两个地区之

图6-3 夏河县曲奥乡"藏家乐"宣传牌

---

① [加] W. F. 麦凯、[西] M. 西格:《双语教育概论》,严正、柳秀峰译,光明日报出版社1989年版,第27页。
② 杜小敏、陈建宝:《人口迁移与流动对我国各地区经济影响的实证分析》,《人口研究》2010年第3期。

229

◈ 语言与社会：甘南地区语言生活

间的地理流动或者空间流动，这种流动通常会涉及永久性居住地由迁出地到迁入地的变化。因我国户籍制度的存在，"人口流动"是指人口转移但户籍未变动的地理或空间流动。人口转移能带来人口分布的变动，就人口数量增加而言，人口迁移不仅能为迁入地创造社会财富，推动地区经济发展，而且能够促进多民族之间的交流、交融，带来语言接触、语言扩散，出现语言转用、双语或多语现象等；另外，人口迁移可能造成语言使用人口数量分布的变动，人数增加能促进语言资源发展和语言维持。相应地，人数减少可能造成语言资源逐渐失去其语言活力。

甘南在历史上曾经维系着一种封闭稳定的社会结构系统，那时地广人稀，交通闭塞，生产生活方式落后，人们与外界的交往非常少，人口迁移、流动的现象也相对较少。甘南大规模的人口转移是从新中国成立以后开始的，有学者将其分为指令性流动期、自主流动活跃期、经济诱导流动期三个阶段。1949—1978年主要是以指令性人口流动为主，与政策背景、措施有很大联系。首先在甘南政权组织的建立健全时期，甘南洮河林业局、白龙江林业局、甘南州印刷厂、甘南州乳品厂、各县厂矿等相继建起，吸引了大批外地工人、技术人员，机关单位亦有外地知识青年参加工作。迁入人口还有北京、上海等地的支边青年、复转军人、医护人员等，其中仅从河南迁入的知青就有28341人，此时当地人口快速增加。20世纪50年代，甘南净迁入人口达37218人，约占当时全州总人口的10%。1960—1963年，为了度过严重的自然灾害和经济困难，甘南精简职工队伍、动员城镇居民返回农村，大量人口外迁；其间共精简非农业人口23195人，净迁出人口55630人。[①] 在城乡人口迁移方面，1950—1960年，因许多项目在城镇兴建，出现乡村人口向城镇迁移。其次是国民经济得到恢复和发展时期（1964—1978年），1969年全州组织大批县城人口迁往农牧区参加生产劳动，如夏河县城关净迁出人口1700多人，合作镇净

---

① 张来成：《人口流动与甘南藏区社会转型》，《发展》2006年第3期。

第六章　甘南地区语言生活存在的问题及影响因素

迁出 800 多人，临潭县城关净迁出 200 多人。这批居民在 1978 年以后大多返回城镇。70 年代初，甘南州组织大批知识青年上山下乡，到农牧区插队落户，1973—1977 年共安置了 3400 多名知识青年，形成了从城镇向农村迁移的高潮。期间，知识青年陆续因招工、征兵、上大学及病残等原因回城，平均每年约 800 人。[1]

一般情况下，操同一种语言的人聚居的地区更容易维持这一种语言。在甘南地区还处于相对封闭状态的时期，藏语的社会地位非常稳固。而当大量内地人口迁入当地并产生一系列社会效应时，一方面推动了甘南社会结构的转变，促进了教育、医疗、文化等方面的发展和人才培养；另一方面促进国家通用语言文字的推广、使用和传播，尤其是对农牧区居民语言观念的影响，使其意识到汉语文的重要性。日常交际中，移民与当地居民彼此学着对方的语言，逐渐产生双语或多语现象。另外，虽然州、县内或州外人口转移较少，农牧民向城镇转移的速度较慢，但在城乡人口迁移的过程中，如大批汉族、回族等城镇居民到农牧区参加劳动，各民族在语言接触中学会了一些汉语或藏语，双语人口数量大幅度增加；而当久居农牧区的城镇居民返城后，较强的双语能力相对于单语人在工作、学习、就业或与人交往等方面显得更具有优势。改革开放后，大批知青等陆续返城，形成了农村人口向城镇迁移的高潮。从 1970 年末到 1980 年初，甘南州返回城镇的有 1 万人，农转非的有 1.25 万人。此时期，国家经济体制由计划经济向市场经济转变，农牧民可以自主向生产经营者、劳动者转变，自主经营，他们在自主流动中不仅开阔了视野、增加了收入，而且在与其他民族交往中通晓了汉语，双语人大幅度增加。随着市场经济体制的完善和甘南地区社会经济的快速发展，人口城镇化速度的加快、旅游业的逐渐兴起，人口流动量不断增加，形成了有组织的人口流动，主要体现在生态移民、劳务输出和牧民定居。[2]

---

[1] 王洪玉：《甘南藏汉双语教育历史与发展研究》，博士学位论文，中央民族大学，2010 年，第 214 页。

[2] 张来成：《人口流动与甘南藏区社会转型》，《发展》2006 年第 3 期。

◇❖ 语言与社会：甘南地区语言生活

甘南牧民定居主要存在两种类型。一是牧民自发进城定居，20世纪90年代中期以后，部分牧民通过在城镇务工、经商和开办旅游景点，自筹资金在城镇建房或购房；二是政府引导牧民集中定居，牧民自愿进入政府统一规划建设的小城镇牧民定居点集中定居。2004年，甘南州开始实施"易地搬迁牧民定居点（牧民新村）建设工程"项目，定居点由政府部门统一规划和建设，地点大多选择在交通、通信、水电等基础设施较为完善的牧区小城镇；涵盖全州6个牧区半牧区县（市）、24个重点牧业乡，17351户牧民家庭（含半定居半游牧的牧民），约10万人。截至2005年年末，甘南已定居牧民6909户，占牧民总户数的51%；[1] 国家下达甘南州易地扶贫搬迁资金共5.2亿元，建成现代化牧民新村38个。2007年，"甘南黄河重要水源补给生态功能区生态保护与建设规划"总投资13.1亿元，解决了14524户73708人游牧民的定居问题。[2] 生态移民和牧民定居是艰巨复杂的系统工程，是对牧民居住方式的改变，更是生产方式的跃进，社会观念的变更，对改善藏族居民生活、增加抵御自然灾害的自我保护能力、遏制草场退化等具有积极的意义。

移民定居打破了甘南地区居民原有的语言生活状态，对其语言态度和语言使用也产生了一定影响。牧民搬迁后，告别了以往的动态牧业生活，脱离了原有相对单一、封闭的自然环境和社会环境，生活生产方式趋渐稳定；在水电、广播电视、教育、卫生等方面享有便利、优越的生活条件，一些其他民族陆续到当地经商、工作。长此以往，语言接触、学校教育、传媒信息传播及社会交际、个体职业发展需求等会影响藏族居民的语言态度发生变化，有的能听懂汉语，学习和使用汉语的居民逐渐增多，尤其是稳定的移动网络信号更加丰富了他们的语言生活。当生活方式稳定后，亦有一些居民选择到城镇或外地务

---

[1] 高永久、邓艾：《藏族游牧民定居与新牧区建设——甘南藏族自治州调查报告》，《民族研究》2007年第5期。

[2] 张广裕：《甘南藏族自治州人口与环境问题研究》，博士学位论文，北京林业大学，2010年，第93页。

第六章 甘南地区语言生活存在的问题及影响因素

工、经商,在语言环境的影响下,居民的双语能力也自然得到提高。但因自然、历史、文化、传统观念等多种因素影响和缺乏固定的生产场所,部分牧民定居点相对分散,离城镇较远,交通不便利,信息不畅通,教育、卫生等基础设施发展相对滞后,加之产业结构单一,在一定程度上也限制了定居点的经济发展、人口流动和语言环境的多元化。2000年,有学者对城镇牧民定点进行了调查,结果显示甘南地区牧区约60%以上牧民是藏语单语人,他们愿意放弃游牧生活集中定居,但比较担心迁入城镇后在语言交流、现代化生活设备使用等方面会遇到很多不便。①

个案调查:

碌曲县尕海镇尕秀村坐落在碌曲草原腹地,属于以藏族为主的高原纯牧业村庄,是典型的游牧文化与现代文明相互交融的牧民定居点、示范旅游村。近年来,随着甘南州城乡环境综合整治的纵深推进和生态文明小康村的全面推开,尕秀村发生了巨大变化,牧民告别了流动的放牧生活,藏家民居、藏式门楼独具特色。调查结果显示,被试均熟练掌握藏语,其普通话或方言能力情况是完全不会说(50%)>基本能交谈(21.4%)>会说简单用语(14.3%)>熟练交谈/基本不会说(7.1%);有85.7%的被试认为藏语非常有用,78.6%认为普通话非常有用,对各语言的重要性排序为:藏、方言、普、英(28.6%)>藏、普、英、方言(21.4%);经常接触广播电视、手机的比例为藏语文(78.6%、14.3%)、汉字(64.3%、28.6%)。另外,通过对村书记的访谈得知,近些年旅游项目的开发促进了村子的经济发展,增加了牧民收入,并且村里会说汉语的农牧民也越来越多,也非常重视孩子的教育问题,一些年轻的村民也选择外出务工。

---

① 高永久、邓艾:《藏族游牧民定居与新牧区建设——甘南藏族自治州调查报告》,《民族研究》2007年第5期。

个案访谈：

××××，男，藏族，23岁左右，牧民，未受过教育，合作市阿木去乎镇人，访谈地点：镇子路边的观景台，访谈时间：2018年8月11日

我没有上过学，前两年在外面打工时，学会了一些汉语，但还是不太熟练，因为汉语能力的问题，今年就再没出去打工。我们这里旅游的人比较多，加上我会说一点普通话，就在观景台附近带着游客骑马挣点钱。我们家里人平时都说藏语，也没有上过学；我媳妇只会说藏语，听不懂汉语，不会看手机；我的孩子3岁了，计划以后让他去镇子上学，那里的教学质量好一点，老师会说普通话、藏语，希望他把这两种语言都学会。我特别愿意学普通话，现在经常通过手机学习普通话，写汉字、藏文。在这里放马能挣到钱，还可以通过和游客交往来提高我的普通话能力。以后，我还是打算要出去打工，这样我的语言能力提高得快，等挣了钱，希望我们一家能住城里，让孩子接受更好的教育。

可以看出，外出务工是促进定点移民、农牧民语言能力、语言态度发生变化的重要原因。甘南人口布局随着人口转移而发生了各种变化，无论是外来人口迁移，还是州内生态移民、牧民定居等人口流动都对当地语言环境产生了不可忽视的影响，对语言接触、语言传播、双语人口增加等都产生着相应的影响。

四 居住格局及族际通婚因素

（一）居住格局因素

民族居住格局是指"在特定的空间范围内不同民族的分布组合情况，包括不同民族的人口比例、居住区域的空间组合以及在此基础上所形成的各种社会联系模式与权利分配架构"。通常可以用两个指标来衡量，一是某民族人口占多数或某民族人口占少数，二是某民族聚

第六章　甘南地区语言生活存在的问题及影响因素

居或不同民族杂居。[①] 自清末起，甘南地区各地主要居住着藏族，尤其是广大的牧区里几乎均是藏族的村落和牧场帐圈。汉族、回族也逐渐在甘南形成一些各自聚居的社区。改革开放前，各民族的居住格局基本保持着相对封闭的状态。后来，随着民族之间的交流、交融，他们在长期互助合作中，民族分界意识也逐渐淡化，居民在邻居选择上基本消除了坚决排斥的态度；尤其在县城各民族交错分布的格局逐渐形成。[②] 人口迁移、城镇化建设等因素对各民族的人口数量、居住格局的变化产生重要影响。目前，各民族选择性居住的现象逐渐普遍，混合居住的现代居住格局也已基本形成。2006 年，有学者对夏河县的多民族的邻居民族情况进行了统计，显示藏族、回族和汉族以本民族为邻居的比例分别为 57.6%、62.9%、36.1%，三个民族混居的情况达到 21.3% 以上，这种居住格局表现出各民族逐渐破除以本民族为邻居限制的趋势。[③]

不同的居住格局所体现的语言生活特征存在差异。对处于相对封闭的传统聚居格局环境中的居民来说，他们较少与其他民族交往，其语言生活非常简单，尤其是在早期阶段，藏语是最主要的交际工具，很少有人通晓藏文、接触传播媒介。随着经济、教育、传媒、交通、旅游等方面发展和人们观念的逐渐更新，生活在现代居住格局环境中，无论是民族聚居区还是民族杂居区的居民都不同程度地加深了民族间的密切交往。目前，除居住在农牧区和城镇一些年龄较长的藏族居民尚未具备双语能力外，其他大多数居民基本具备了藏汉双语能力。

第三章通过 SPSS 统计软件进行了单因素方差分析，显现出居民的语言能力（普通话 $F = 113.643$，$Sig = 0.000 < 0.05$；藏语 $F =$

[①] 郝亚明：《论民族居住格局对少数民族语言传承的影响——以乡村蒙古族为例》，《学术探索》2011 年第 2 页。

[②] 丁宏主：《回族、东乡族、撒拉族、保安族民族关系研究》，中央民族大学出版社 2006 年版，第 553 页。

[③] 敏俊卿：《甘南地区民族关系研究》，硕士学位论文，中央民族大学，2006 年，第 26 页。

9.724，Sig＝0.000＜0.05）、语言使用和语言态度（普通话社会地位评价 F ＝13.486，Sig ＝ 0.000 ＜ 0.05 及其发展前景期望度 F ＝ 15.685，Sig ＝ 0.000 ＜ 0.05，藏语的社会地位评价 F ＝ 14.599，Sig ＝ 0.000 ＜ 0.05）均与居住地变项存在显著差异，也说明甘南地区居民的语言生活因居住格局的差异表现出一些共性或个性的语言特征。如城镇、牧区居民的藏语能力基本相当，多用于本民族之间、家庭领域中；就语言能力强弱、语言使用多样性来看，城市 ＞ 县城 ＞ 农牧区。如合作市参木道村、碌曲县尕海镇尕秀村为民族聚居区，藏语是居民主要的交际用语，汉语方言和普通话较少使用，只有上学的学生、外出务工的村民会使用一些。而合作市那吾乡加拉村人口构成是以藏族为主的多民族社区，大多数居民是汉藏双语人。

农牧区1（与本民族聚居）个案访谈：

××××，男，43岁，藏族，村干部，采访地点：合作市勒秀乡安果村村民家中，采访时间：2018年6月15日

勒秀乡安果村离合作市有30多公里，是一个半农半牧区，也是乡政府所在地。现在村子里的老人和孩子比较多，年轻人基本外出打工去了，村里基本都是藏族。族际通婚的现象非常少，还是本民族好一点，生活习惯什么的也都方便。村民基本就用藏语交流，会说汉语的人不多；因为男人外出的机会比较多，语言能力比女人好很多。常年在家没出门的老人基本听不懂汉语，大部分村民不识字，在使用微信时一般都用藏语语音相互交流。学校门口的商店、饭馆店主的汉语方言稍微好一点，有的还会说普通话，因为学校里有其他民族的老师会经常到那里买东西，有时也有游客。

村里有一个小学，实行的是双语教育，学校的藏族老师比较多，也有几个其他民族的老师。学生在学校基本都是用藏语交流，上汉语文课时就用普通话，英语课上会用简单的英语对话，有的学生的普通话说得挺好。学校三年级开设英语课；学生平时

第六章 甘南地区语言生活存在的问题及影响因素

接触电脑、手机的机会很少,看电视时,一般都看汉语台的动画片、电视剧,他们也很少去外地。

农牧区2(多民族杂居)个案访谈:

××××,男,23岁,藏族,公务员,采访地点:合作市那吾乡加拉村村民家中,采访时间:2018年6月18日

加拉村距离合作市不远,2.3千米。村子有居民40多户,其中藏族有十几户,汉族一般都会说一些藏语,有的藏语非常熟练。学生一般要到合作市去上学,大多数藏族孩子上的是合作市第四小学(以藏为主),汉族孩子上合作市第三小学、第二小学(普通学校),有些藏族干部的孩子上普通学校,会说藏语,不会写藏文。

藏汉通婚现象在村里是存在的,现有3户,一户是六十多岁的,一户是三十岁左右的,一户是四十多岁的。他们的孩子都上普通学校,会说藏语,不会写藏文。在我爷爷辈时,许多藏族只会说藏语,汉族只会说汉语,为了便于沟通交流,他们在上学、日常生活中会相互学习对方的语言;到我爸爸辈时,已经使用藏语、汉语方言进行交流了。村里少部分藏族老人会使用藏文,大部分年轻藏族会使用藏文书写。现在村里汉族老人都会使用藏语,有的说得非常好;年轻汉族基本能听懂藏语,但使用情况有差异,比如"80后"的年轻人基本会说藏语,"90后"的年轻人会说一点藏语,"00后"的初中生、小学生基本听不懂,也不会说了。尤其是村里面的阿姨们藏语说得非常好。

村里人基本收看的都是汉语台节目,过年的时候会看藏语台节目(青海卫视),因为藏语电视剧、电影太少了,看的节目主要是娱乐性节目。人们基本不使用收音机了,除了老爷爷、老奶奶外,其他人大都使用微信,不会打字的人一般会使用语音。使用手机时一般使用的是汉字输入法,"90后"的大多数年轻人会使用藏语输入法。一般情况下,藏族之间用藏语语音进行交流,会藏文的用藏文交流。市区藏族在上班时一般使用汉语;在家里

使用的是藏语，其他社会用语一般随谈话对象而定。整体而言，在市区使用汉语方言的情况比较多，"90后""00后"的居民使用普通话的多一些。

"行动者和社会关系是构成社会网络的基本要素"，社会网络理论关注的是人们之间的互动和联系，而密度、联结强度是社会网络结构重要的两个概念，可说明特定的行为和过程。① "一个由高密度、复连关系构成的强关系网络更会支持地方的语言规范而抵制来自外部的压力。"② 合作市居民更能构建起这种强关系网络，在这种网络中，普通话的使用度相对高，价值凸显。总体来说，不同居住格局所呈现的语言能力、语言使用和语言态度存在差异，城市居民的普通话水平/汉语方言能力显著强于县城、农牧区，内部语域和外部语域的语言使用存在鲜明差异。纯牧区居民以藏语为主，较少使用汉语方言/普通话；半农半牧或农区的汉藏双语现象比较普遍。可见，语言环境是影响语言文字发展的重要因素，浓厚的语言环境能够有效提高语言使用者对文化的认知，引发其学习语言的动力。

(二) 族际通婚因素

族际通婚是社会学研究族群关系的重要内容，也一直被视为衡量民族之间社会距离、民族融合的重要指标。就甘南地区民族关系来看，"藏、回、汉"三元民族关系构成了当地民族关系的基本格局，而居住格局、互交方式、教育水平和语言能力是影响族际通婚的重要条件。③ 一般情况下，具有双语或多语言能力的外族居民越容易与其他民族交往。族际通婚能够深刻反映民族关系的深层次状况。族际通婚对各民族的语言能力产生一定的影响，甘南地区的族际通婚对藏族

---

① 胡海华：《基于社会网络的群体行为扩散及其干预策略》，湖北科学技术出版社2016年版，第15页。
② 瞿继勇：《湘西地区少数民族语言态度研究》，博士学位论文，陕西师范大学，2014年。
③ 马彪、邓艾：《西部民族地区城市化进程中族际通婚问题研究——甘南藏族自治州合作市调查报告》，《西北人口》2008年第4期。

语言生活所产生的影响也是值得探讨的问题。

1. 家庭通婚情况

据表6-4可知,被试父母的民族涉及藏族、汉族、回族等,其他民族仅出现在极少数家庭中;父亲是非藏族的比例稍高于母亲。被试家族中存在通婚现象的统计结果（$N=361$）显示:没有（70.6%）＞有（26.3%）＞不清楚（3%）。可见,族际通婚现象普遍存在,其中藏汉通婚较多、藏回通婚次之。

表6-4　　　　　　　　被试父母民族情况统计

民族	父亲（$N=655$） 人数	比例（%）	母亲（$N=655$） 人数	比例（%）	总数（$N=1310$） 人数	比例（%）
藏族	625	95.4	637	97.3	1262	96.4
汉族	26	3.5	14	2.1	40	3.1
回族	3	0.4	4	0.6	7	0.5
其他	1	0.1	/	/	1	0.1

家庭通婚现象的比例与被试居住地变项有关,家族通婚现象在不同居住地总样本中的比例分别为:城市（36%）＞县城（27.3%）＞农牧区2（16.2%）＞农牧区1（13.5%）,显现出民族杂居区族际通婚比率明显高于民族聚居区。也有学者对夏河县拉卜楞镇曼克儿村的族际通婚进行了调查,在265对夫妇中,有38对是族际通婚（14.3%）,其中汉藏夫妇29对,藏回夫妇3对,[①] 此结果与农牧区1的调查结果基本一致。

2. 族际通婚态度

被试家族中无论有无通婚成员,对族际通婚看法的均值为3.04（见表6-5）,显现出被试整体上对族际通婚持接受的态度。选择

---

① 谢文莉:《甘南州回藏贸易中民族关系研究》,硕士学位论文,西北民族大学,2014年,第35页。

语言与社会：甘南地区语言生活

"不愿意""不合心意"的主要原因一般多是在生活中语言交流不方便、风俗习惯等存在差异等。刚毕业的23岁大学生表示："在农牧区很少有族际通婚的现象，在城市、民族杂居区会有藏族和其他民族通婚的情况；我是可以接受族际通婚的，但是我的家人估计不会同意，以后我找朋友应该会是藏族。"

表6-5　　　　　　　　　　被试通婚态度分析

类别	最大值	最小值	均值	标准差
族际通婚看法	1	5	3.04	0.995

注：1. 应当提倡；2. 应当尊重；3. 可以接受；4. 不合心意；5. 不愿意。

不同社会变项的通婚态度差异。经单因素方差分析，显现被试对族际通婚态度在居住地（Sig＝0.000 ＜ 0.05）、学历（Sig＝0.000 ＜ 0.05）、年龄（Sig＝0.001 ＜ 0.05）变项上达到显著性水平，在性别变项（Sig＝0.340 ＞ 0.05）上未达到显著性水平，故被试的族际通婚态度因居住地和学历变项而呈现显著差异，与性别变项未呈现显著差异。

表6-6　　　　被试族际通婚态度在不同社会变项中的差异

项　目	社会变项	平均值	标准差	F 值	显著性	差异性
族际通婚态度	居住地	2.04	0.978	8.973	0	组间有差异
	性别	1.56	0.5	1.134	0.34	组间无差异
	学历	3.47	1.478	16.155	0	组间有差异
	年龄	4.76	0.837	4.545	0.001	组间无差异

甘南地区居民对族际通婚持比较认可的态度，但调查结果显示被试家庭中存在族际通婚现象，且所占比例较小，95%以上被试的父母为同一民族。可见，族际通婚态度和实际通婚现状之间存在一定差

异，当地的人口通婚范围仍较窄。

3. 族际通婚对语言生活的影响

不同民族虽然在语言和饮食等方面存在较大差异，但长期的混居模式使人们在交往中逐渐消除了族群隔阂，促使族际通婚现象出现。语言是交际的重要载体，在婚姻生活的过程中，双方所接触的亲戚、朋友等社会范围也会随之多元化，长期受语言环境的影响，自然学会一些对方的语言，从而影响子女的语言习得、教育选择等。

个案访谈：

×××，男，藏族，36岁，大学学历，公务员，访谈地点：家里，访谈时间：2018年8月14日

我和媳妇都是甘南人，她是汉族，我们是自由恋爱走在一起的，现在有一个孩子，上的是普通小学，汉语熟练，会一点藏语。我和父母亲戚说话时都是使用藏语，在自己家里，我们三口之间交流时使用汉语，但受语言环境的影响，媳妇和孩子学会了一些藏语的简单用语，听一些藏语歌曲。生活中，有藏族的饮食习惯，媳妇也会佩戴一些藏式戒指、手镯，媳妇和我们家亲戚相处得也很好，我们过得也很幸福。

×××，男，回族，50岁左右，初中学历，务工人员，访谈地点：家里，访谈时间：2018年8月13日

我们村是个城乡接合部，有藏族、汉族和回族，在这里租房子的人比较多，一般都是来合作市打工或做生意的外地人，大家交流时一般使用的都是汉语，藏族之间使用藏语。我是回族，媳妇是藏族，在这里不同民族通婚的有好几家呢，平时在家时我们使用的是汉语方言；孩子在上户口时写的是回族，主要也是考虑饮食习惯，她不会说藏语，上的学校也是普通学校，但是我们能够听懂一些藏语。我们结婚时，双方家人也有不赞成的，担心因饮食等差异而造成许多矛盾。在这么多年的生活中，我们相互尊重，在家里也注意饮食习惯，和她家亲戚相处得也很好。现在，

◇◆ 语言与社会：甘南地区语言生活

> 我们的女儿已经参加工作了，至于她对象是什么民族，我和媳妇是尊重并支持的，其实最主要的还是要两个人的感情好。

通过访谈资料发现，被试对族际通婚持较为认可的态度，虽然与配偶因民族不同而表现的生活习俗、语言等方面存在差异，但家庭成员之间仍相处得比较和谐，能够彼此尊重。同时呈现出人们的择偶观和婚姻观也在不断地发生着变化，越来越注重感情、人品等因素。综合而言，甘南地区族际通婚的现象较为普遍，多数居民对其持支持的态度，但因居住地、年龄因素，家庭成员在语言互动中彼此学习对方的语言或学习一方的语言，成为汉藏双语人，语言态度也会相应地发生变化。

小　结

语言生活的内涵丰富广阔，本章以不同类型社区、相关领域和特定群体的语言能力、语言使用、语言态度等调查结果和分析材料为基础，对目前甘南地区语言生活存在的问题和影响其变化发展的主要因素进行了深入的分析和阐释。整体来说，甘南地区语言生活存在的问题主要表现在：普通话尚未得到全面普及，居民的语言能力仍不均衡，虽然大多数居民已经具备汉藏双语能力，但农牧聚居区居民的语言使用依然比较单一。不同地域和教育模式教学发展存在差异，如双语教育教学方面存在优质教育资源紧缺、双语教师紧缺、藏语文课程教材落后、信息化建设滞后、教育信息化与教学深度的融合度不高等问题。行政司法领域的语言翻译水平有待提高，双语人才培养机制尚不完善，人才资源明显不足。在居民日益增长的信息化需求方面，藏语文传媒事业发展面临很大挑战，且其传播力不足，受众对待藏语文传媒的态度和实际接触情况存在差异。在语言服务方面，政府职能机构的语言服务水平有待提高，广大居民在语言服务方面的需求并不明显，其语言规范意识亟待提升。

第六章　甘南地区语言生活存在的问题及影响因素

　　从宏观和微观视角来看，制约和影响甘南地区语言生活变化和发展的因素是多方面的。本章仅对影响语言生活变化和发展的主要因素进行了分析和阐述，而影响居民个体语言使用的一部分因素（性别、年龄、职业等社会变项）在前面章节中均有所涉及，在此未做探讨。整体来说，国家语言政策、民族政策是影响甘南地区语言生活发生巨变的根本因素，是甘南州制定具体语言政策、语言规划的指导思想，也是维护居民语言权力的法律保障。教育因素是人口文化素质提升的主要途径，是影响居民语言能力提升、语言态度根本转变和文化传承的核心因素。城镇化发展和人口迁移打破了居民传统的语言生活状态，有效地促进了多民族交流、交融，语言接触、语言资源的功能转变、语言环境的多元化，语言传播和双语人口增加等。传播媒介的发展不仅扩展了语言文字的传播、政府职能部门语言服务提升的途径，而且还能够引导语言文字的规范使用，利于为广大居民营造和谐的语言生活环境，并为其提供了语言学习的机会，使其形成了积极的语言态度，实现双语文传媒事业的社会功能。同时，经济发展促进了语言服务产业的形成和语言文字市场价值的体现，是广大居民语言学习的重要驱动力，利于其形成语言能力增强的意识；文化传播营造了语言文化背景，并对居民语言习得、语言观念产生积极影响。不同居住格局所呈现的语言能力、语言使用和语言态度存在差异，民族杂居区社区所呈现的普通话活力明显高于民族聚居区，城镇社区居民的双语或多语能力较强，普通话、汉语方言的使用率较高。

第七章　甘南地区语言生活的特征、发展趋势及对策建议

语言生活随着时代的变迁呈现出动态发展的特征，每个时期的语言关系、语言功能及其语言使用者的语言能力、语言选择、语言态度因社会因素而有所不同。第六章厘清和分析了甘南地区语言生活存在的问题及影响其发展的社会因素，本章主要阐述了甘南地区语言生活的特征，并对其发展趋势进行了预测，提出相应的对策建议。

第一节　甘南地区语言生活的特征

语言生活是动态发展的，具有时代性特征。本书从国家政策、行业领域和个体语言使用三个维度对甘南地区语言生活进行了观察分析。从发展演变的角度来说，甘南地区藏族居民正在从传统"单语单文"的语言生活逐步过渡到现代"双语双文"的语言生活。居民的语言态度和语言实践均发生了深刻的变化，虚拟的网络语言生活也初步形成。

一　藏语文具有很强的语言活力

语言是一种社会现象，其社会本质在于其交际功能和认知功能。语言会经历产生、发展、保持或消亡的演变过程，语言处在不同状态时会表现出一种语言的生命力——语言活力。黄行等将其定义为"具体语言群体语言能力和语言运用的不同存在状况与发展水平"，并认

第七章 甘南地区语言生活的特征、发展趋势及对策建议

为一般是在具体的语言使用场合或交际情境中对其进行观察和记录;语言活力指标体系表现在行政、立法、司法、教育、出版、媒体、文艺、宗教、经济和信息活力十个领域方面;语言资源是语言活力的基础。[1] 可以说,在考察少数民族地区语言活力时,需要对当地所存在的各种语言资源活力进行实地调查,通过调查资料、专家咨询和聚类分析等对少数民族语言活力的强弱进行评价。

语言资源因自身的生产活力和发展活力呈现出不同的社会功能和语言活力状态。甘南州地处甘肃、青海、四川省交界之地,周围接壤的广大区域均是藏族聚居区,表现出浓郁的文化氛围。这种较强的社会同质性为学习和传播藏语文提供了语言环境。当今,随着社会经济发展,现代化进程的加快,民族之间的交往、交流、交融和国家通用语言文字的全面推广、普及,甘南州人口布局发生了变化,主要存在民族聚居和多民族杂居两种类型,语言资源也更加多样化。藏族占全州总人数的54.2%,在第三章的调查资料和量化的统计结果显示藏语、普通话和汉语方言是当地居民在家庭和社区领域的主要交际语。除了国家通用语言文字以外,藏语文仍被广泛应用于甘南地区行政、司法、传媒、教育、公共空间、日常生活等领域。当地行政领域设有专门负责语言文字工作的部门,且有比较完善的条例和细则;司法领域的部分单位设有专门的双语翻译科室或岗位,为不通晓汉语的单语诉讼人提供语言服务;汉藏双语教育是当地教育事业的重要内容;有专门的藏语文广播电视、出版物、网站、微信公众号等多样化传播媒介。从语言能力、语言使用和语言态度现状均能呈现甘南地区藏语文具有很强的活力。

甘南地区除了藏族使用藏语外,行政司法单位其他民族的公务人员在双语培训和社会交往中的语言学习和使用扩大了藏语的传播范围和社会功能。目前,普通话在当地处于普及阶段,且存在地域差异,农牧区的普及率不高,汉语方言的使用率相对较高。一方面,为了全

---

[1] 黄行:《中国少数民族语言活力研究》,中央民族大学出版社2000年版,第7页。

面推进各项工作，有效落实脱贫攻坚政策，加强干部与农牧区群众之间的语言交流和情感互动，甘南州比较重视干部双语能力的提升，通过双语培训班、干部夜校等形式定期或不定期对藏语零基础的干部进行培训，促使其掌握基本的藏语口语，与农牧民进行交流，顺利开展工作。另一方面，在民族聚居区居住的其他民族因长期与藏族交往，也学会了一些藏语。如作者在夏河县王府村的拉卜楞寺门口访谈时发现，当地的非藏族居民中有会熟练使用藏语与寺庙的和尚、藏族居民交流的。合作市加拉村是一个城乡接合部、民族杂居区，被访表示因言语交际的需求和语言环境的影响，当地其他民族居民会使用藏语的现象比较普遍。

> 个案访谈：
> ×××，女，回族，55岁左右，小学学历，夏河县拉卜楞寺院门口的凉皮店店主，访谈地点：店铺内，访谈时间：2018年8月13日
> 我是夏河人，和老伴来这里卖凉皮有20多年了，这里生活的人基本都是藏族，寺庙和尚、村民也经常来这里吃饭，时间久了，我们就能听得懂藏语，也会说了，目前交流不存在任何问题。这里的藏族小商贩刚开始也不会说汉语，因为每天来这里旅游的人很多，长期交流后，也基本能听懂汉语，但是有的说得挺好，有的只会说一些简单的汉语，比如商品名称、价格等。

整体来说，汉语文和藏语文是甘南地区语言生活的重要交际用语，其中藏语文发挥着不可忽视的社会功能，广泛应用于藏族居民生活的方方面面。虽然有小部分居民已经不学习和使用藏语，部分藏语文传媒的传播力不足，但藏语文仍表现出很强社会功能和语言活力。

二 语言使用呈现出差异性

语言使用的环境是离散而复杂的，且因不同社会变项呈现或潜或

第七章 甘南地区语言生活的特征、发展趋势及对策建议

显的差异。本书在探讨甘南地区语言生活的影响因素时，基本是从宏观视角的社会因素对语言使用的变化进行详细阐述。此处主要侧重微观（个体视角）方面的因素。据调查可知，与居民语言使用显著相关的社会变量有居住地类型、受教育程度、年龄和性别。但这些变量又因不同语言使用所处的语言环境或语域的差异性而表现出不同的特征。

地理差异呈现语言使用差异性特征比较明显。索绪尔认为语言的差异在空间上的分歧可以一目了然，地理差异是语言科学研究的最初形式，且始终是语言差异的最一般因素。[①] 而差异与扩散是相联系的，研究语言地理扩散的学者认为，交际或其他外部动力推动着语言在地理上形成扩散，对邻近的语言影响最大，对较远的语言影响逐渐减小，呈现类似波浪的形式。但这种创新形式是假设传播沿着移民或交通路线进行的。社会学家拉波夫指出：从城市外面看，城市始终是语言变化的发源地，而且变化在地域上的传播不是一条直线，而是以跳圈的方式从一个城市跳到另一个城市。所遵循的是"层级效应"，即创新形式是沿着大城市扩散到较小的城市、乡镇和村庄，扩散地区的层次是依次递降的。[②]

甘南州作为一个整体区域，其内部又包含不同地理特征的地域辖区，在自然条件、经济发展、人口密度等方面存在差异。本文按照行政区域对甘南州部分城市、县城、农牧区居民的语言使用情况进行了调查。合作市是甘南州府所在地、多民族聚居区，也是通往青海、西藏的枢纽，是政治、经济、文化中心，东连卓尼、南靠碌曲、西接夏河、北倚临夏州和政县。目前，合作市藏族主要使用藏语、普通话和汉语方言，碌曲县藏族主要使用藏语、汉语方言，农牧区居民因民族构成差异分为两种类型，合作市勒秀乡安果村、碌曲县尕秀村以藏语为主，合作市那吾乡、夏河县曲奥乡主要使用藏语和汉语方言。将数

[①] ［瑞士］费尔迪南·德·索绪尔：《普通语言学教程》，高名凯译，商务印书馆2008年版，第266页。

[②] 徐大明主编：《语言变异与变化》，上海教育出版社2006年版，第241页。

据结果和甘南州的市、县地图结合发现,当地的普通话传播主要是以合作市为中心逐步向各县城和农牧区扩散,被试的普通话使用范围呈现出逐级递降的特征,即城市 > 县城 > 农牧区;汉语方言的地理扩散特征与普通话基本相似,城市、县城、农牧区居民的藏语能力普遍较高,但其使用的范围、社会功能却随语言地理扩散的趋势而逐层递增,农牧区 > 县城 > 城市,尤其是民族聚居区所凸显的藏语应用范围较广。总之,甘南地区语言生活因语言地理扩展表现出不同的差异性和层次性,县城、农牧区居民的生活逐步向城镇化、普通话靠拢,逐步走向现代化。

代际差异是体现居民语言使用差异性的另一个表现。联合国教科文组织濒危语言问题特别专家组认为,代际语言传承是评估语言活力的一个主要指标,即语言是否仍然代代相传,并依据不同年龄的语言使用情况将语言濒危划分为六个层级。[1] 甘南地区不同年龄段居民的语言生活表现出一些共同特征,如大多数藏族居民通晓并使用藏语,但也因地理差异、民族布局差异等存在部分差异,呈现出代际差异的层次性,如居民在使用普通话、汉语方言方面的层次性较为明显。在语言能力方面,居民的普通话能力存在代际差异,如31—70岁居民随年龄递增,普通话能力愈弱;其藏语和汉语方言能力方面的差异并不明显。影响居民语言使用呈现代际差异的因素是多方面的,如青少年随着受教育程度的提高,在小学到大学、农牧区到城市、毕业到步入社会的过程中,多元文化的融入和语言环境的复杂性、职业发展等都促使他们的语言能力、语言使用和语言态度发生变化。普通话逐渐成为他们适应社会发展、语言环境,或满足个体发展的需求。

三 语言竞争与和谐是语言生态的客观表现

共同存在于一个社会中的各种语言,因语言接触而产生关系,而语言竞争是语言关系的产物。戴庆厦定义"语言竞争"为"语言功

---

[1] 范俊军、宫齐、胡鸿雁译:《语言活力与语言濒危》,《民族语文》2006年第3期。

第七章 甘南地区语言生活的特征、发展趋势及对策建议

能不同所引起的语言矛盾,属于语言本身功能不同反映出的语言关系";认为它是语言关系在语言演变上反映的自然法则,是调整语言协调于社会需要的手段;并且有三种走向:一是互相竞争的语言长期共存,功能上各尽其职,各自稳定使用;二是弱势语言在与强势语言的较量中,功能大幅度下降,走向衰退;三是弱势语言在语言竞争中濒危,被强势语言代替。① 语言的这种竞争关系在少数民族地区的多语环境中表现得比较凸显,尤其是少数民族语言的社会功能已经不能满足日益增长的经济发展和个体需求等,其他语言在语言竞争中的社会功能便逐渐显现出来,而原有的语言生态系统格局也随之发生相应的变动。

首先,多民族杂居,多语、多方言共存是甘南地区语言生态格局的主要表现,双语(多语)竞争是当地语言生活的客观存在,它们在语言竞争中保持着一种和谐状态。语言资源是语言生态的构成基础,陈章太从语言功能、语言活力和语言资源价值角度,将语言资源分为超强价值语言资源、一般价值语言资源和弱价值语言资源。② 甘南地区境内多民族杂居,拥有的语言资源较多,语言的多样性、差异性是当地语言生态的特征;语言资源的竞争主要依据语言资源价值(语言功能、语言活力、社会需求等)的高低,来区别它们是属于强势语言还是弱势语言。甘南地区语言资源之间的关系错综复杂,其中主要存在普通话与藏语、普通话与汉语方言、藏语与其他少数民族语、藏语方言之间等语言竞争关系。各种语言平衡地处于语言生态环境中,在语言权力等方面亦是平等的,而区别主要在于各自所体现的语言资源价值不同。

不同语言资源所呈现的语言活力亦有差异,它们在语言竞争中发挥着各自的语言功能,且功能互补。普通话是国家法定的通用语,具有特殊的社会功能和绝对的优势地位。甘南地区有丰富的语言资源,

---

① 戴庆厦:《语言竞争与语言和谐》,《语言教学与研究》2006年第2期。
② 陈章太:《语言资源与语言问题》,《云南师范大学学报》2009年第4期。

如普通话、汉语方言、藏语、土族语和其他少数民族语言。就甘南地区语言使用现状来看，口语交际中藏语和汉语方言属于超强价值语言，普通话属于一般价值语言资源，土族语等少数民族语言属于弱价值语言资源；在书面语交际中，汉字属于超强价值语言资源，藏文属于一般价值语言资源。整体上来说，汉字是当地行政司法、传媒、教育、公共空间等各个领域主要使用的语言文字，是甘南语言生活的重要组成部分。虽然藏语使用范围受地域和民族限制，但藏语文仍广泛存在于各个领域中，发挥着重要的语言功能、文化功能。汉语方言是当地各民族广泛使用的日常交际用语；藏语方言中使用安多方言的人口最多，而康巴方言和卫藏方言的使用范围较窄；土族语仅限于卓尼地区土族群体之间使用，且语言转用的现象严重，土族文字的知晓率极低；① 其他少数民族语因语言环境和人口密度等因素影响而使用的情况更少；英语随着国际化趋势常出现在语言景观和媒介传播中，但使用者多限于教育程度较高的居民。

　　语言价值是呈现语言竞争的重要方面。在甘南地区，普通话、藏语、汉语方言使用范围广、价值凸显；而藏语的康巴方言和卫藏方言、英语和其他民族语的社会价值较低。观察公共空间语言景观中的语码使用情况，汉字、藏文属于超强价值语言资源，英文、汉语拼音属于一般价值语言资源，藏文的拉丁字母转写等属于弱价值语言资源。虽然甘南地区还有土族等民族文字，但其语言功能呈下降趋势，日益濒危。语言资源价值虽有差异，但各种语言是和谐共存的平衡关系，在竞争中相互影响、补充，营造着一种良好、和谐的语言生态环境，发挥着不可忽视的社会功能。

　　其次，语言与语言使用者、社会之间的生态和谐是甘南地区和谐语言生态的重要表现。语言与语言使用者之间的关系是一种天然的生态关系，是自然界生物适应于生存环境的特定性而形成的一种状态。

---

①　杜敏、刘志刚：《新中国少数民族文字创制的目标和成效——以土族文字考察为例》，《华东师范大学学报》2020 年第 3 期。

第七章　甘南地区语言生活的特征、发展趋势及对策建议

同时，语言与社会之间的关系是一种"共变"的生态关系，语言作为一种社会现象，服务并受制于社会，并随社会的变迁而发生变化。人在语言生活中所表现的语言态度、语言选择、语言规划等均与社会的政治、经济、文化等有着密切的关系。甘南州经济发展、语言政策实施、双语教育的普及、城镇化进程加快、传播媒介的多元化发展等对居民语言生活产生了较大的影响，人们也为了适应社会和满足个体需求，逐渐改变着自身的语言观念等。可以说，和谐的语言生态离不开良好的社会条件。

最后，在不同领域或地域的语言竞争凸显着语言资源价值存在差异性。语言的社会功能在复杂中存在着普遍性和有序性。[①] 但语言的层次理论认为语言因其所承担的社会交际功能的不同而所处的层次也不相同。王均对我国语言进行了功能分类（一级到五级顺序）：区域性方言、民族语、区域性族际共通语、族际共通语、国际共通语。[②] 宏观来看，在甘南地区语言生态系统中，这些语言资源的层次性其实表现得已十分鲜明；但从不同领域、地域、语域来看当地语言生活中所凸显的语言资源价值却存在差异。如在行政、司法、传媒等领域中的普通话的语言资源价值最高；教育领域的普通教育和双语教育的语言资源价值存在差异，因课程设置和语言环境因素影响，如前者显现的普通话资源价值更高，后者显现的藏语资源价值凸显。在城市的外部语域中，汉语方言、普通话具有较高的语言资源价值。

四　甘南地区与相关地区语言生活状况的对比

（一）不同地域藏族语言生活特征的一致性

国内藏族聚居区主要分布在西藏、青海、甘肃、四川和云南五个省区。通过文献收集和整理，各藏区语言生活的共同特征主要表现在以下方面。

[①] 黄行：《中国少数民族语言活力研究》，中央民族大学出版社2000年版，第15页。
[②] 冯广艺：《语言生态学引论》，人民出版社2013年版，第67页。

语言能力、语言使用及语言态度方面。整体观察各省民族聚居区藏族居民语言生活中这几方面的特征,发现受教育的、居住在城镇的年轻居民相对于无学历或受教育程度低、生活在民族聚居区的居民来说,其双语能力更强、语言使用更加多元化;民族构成较为单一的区域语言生活的同质性较高。但无论是语言能力是否存在差异的地域,还是生活在不同居住格局的城镇、农牧区,绝大多数居民对藏语具有浓厚的情感,充分肯定普通话和藏语的社会地位和语言功能,希望子女具备汉藏双语能力。在语言接触方面,语言借用、语言混用、语码转换等语言现象也是客观存在的。

专门领域的语言文字方面。在各省藏族聚居区,国家通用语言文字发挥着非常重要的社会功能,藏语文又在藏区各领域语言生活中起着不可或缺的重要作用。如根据各地域的实际需求,开办或多或少的双语学校,实行大致相同的"一类模式"和"二类模式"教学模式,使用"五省"区联合编写的教材。在信息传播中,藏语文传媒(如报纸、广播、电视、书籍、网页等)是单语农牧民获取信息的重要途径。公共空间语言景观中,如西藏拉萨、甘肃甘南、四川甘孜等藏族聚居区均能落实国家少数民族语言政策的具体要求使用汉藏双语。行政司法领域中以国家通用文字为主,重要文件、宣传资料一般被翻译成藏文,双语翻译、藏语文新词术语的使用和规范化是语言服务的重要内容。在语言生活中也面临一些共同问题,如双语翻译人才缺乏、普通话尚未全面推广和普及,藏语文传媒发展面临挑战等。

(二) 不同地域语言生活特征的差异性

同一民族的语言生活因自然地理、经济发展、民族构成、教育文化、语言生态等多种社会因素而表现出地域差异。在呈现甘南地区语言生活的同时,也需要了解甘南与省内、省外其他藏族聚居区语言生活的一致性和差异性,以更清晰地呈现青藏高原与黄土高原过渡地段,藏、汉文化交汇带——甘南藏区语言生活,对了解国内藏族语言生活状况亦有重要的参考价值。

语言生态环境差异比较明显。各省藏区因所处地理环境、民族人

第七章　甘南地区语言生活的特征、发展趋势及对策建议

口构成的差异所呈现的语言生态环境亦不同，即语言资源的关系、数量及功能不相一致。西藏位于中国的西南边陲，青藏高原的西南部，占我国总面积的1/8，是人口最少、密度最小的省区，是藏族居民最集中的地区；其他古老民族如门巴族、珞巴族因长期和藏族人民密切交往，多通晓藏语，通用藏文；四川藏区的语言生态环境相对多元复杂。该省地处青藏高原东麓，聚居着13个世居少数民族，其中彝族人口最多，藏族人口次之；当地语言和方言种类复杂，藏族支系多（如嘉绒藏族、木雅藏族、尔苏藏族、贵琼藏族、纳木依藏族等）；地域语言除使用汉语西南官话外，还有藏语安多方言、藏语康方言、藏语白马话、普米话、羌语、嘉戎语、纳西语、彝语等多种语言和方言。甘肃省天祝藏族自治县地处河西走廊东端，属青藏高原东北边缘，素有"河西走廊门户"之称，有藏、汉、土、回、蒙古等多民族，少数民族占总人口的37.1%，藏族占少数民族人口的81.7%；其地势优越，南接兰州，东靠景泰，北邻古浪，西邻青海。[①] 天祝的藏族人口分散在各农牧区，且多与其他民族杂居，藏族所处的语言环境比较多元化，周围汉族或其他民族多使用汉语，为天祝藏族营造了良好的双语或多语言环境。而甘肃省甘南州地处青藏高原东北边缘与黄土高原西部过渡地段，是古代"唐蕃古道"的黄金通道，是内地连接西藏的重要通道之一，是汉藏经济、文化的重要枢纽；语言生态环境为多语言并存，部分少数民族开始基本转用汉语，藏语、汉语方言、普通话的语言资源功能属性更为凸显。

语言使用及能力差异。在甘肃省内，甘南自治州与天祝自治县藏族语言使用状况存在比较明显的不同。目前天祝地区的藏语使用范围较小、使用频率较低。普通话是当地的优势语言，藏语仅在寺院、牧区的藏族家庭等特殊领域中被经常使用，呈现出明显的代际差异；[②] 通过1988年与2015年天祝牧民语言能力的对比，"懂藏

[①] 本部分内容主要根据相关单位的访谈资料整理而成。
[②] 王浩宇：《藏族青年语言能力与社会经济地位关系调查研究：以天祝县为例》，《语言战略研究》2019年第1期。

语"比例分别为100%、64.2%,"懂普通话"比例分别为59.3%、94.3%,反映了天祝县藏族语言能力的变化比较明显。在其他四省区,云南迪庆州的大多数藏族能够听、说汉语方言,语言使用存在明显的代际差异,居民的藏语能力略呈下降趋势,尤其是年青一代的藏语能力逐渐弱化,普通话、汉语方言在交际中的主导地位不断增强;在语言习得中有明显的双语现象。[①] 相对来说,甘南地区藏语的使用范围比较广泛,居民的双语能力与天祝县藏族存在较大差异。这与甘南地区的地理环境、人口构成等有一定的关系,如藏族人口比例相对较高,汉语方言和普通话一般出现在城镇社区,农牧区的语言环境比较单一。另外,西藏具有从小学到大学完整的汉藏双语教育体系,藏语文传媒发展更为成熟、传播范围广,在我国藏语文规范化和标准化等工作中发挥着非常重要的指导功能。从数据结果及访谈情况来看,甘南地区藏族多选择收看西藏、青海和四川地区的藏语卫视,经常到西藏、青海学习双语文翻译经验等。总之,国内各藏区居民的双语文能力均明显提高,居民对普通话的认同度和学习积极性愈加凸显,各地域的语言生活趋向多元化。但受地理环境、经济发展、人口构成等因素影响,居民在语言使用、语言能力等方面亦存在一些差异。

第二节 甘南地区语言生活的发展趋势

一 藏语文保持所面临的挑战

甘南地区藏语文仍然继续被使用。甘南地区的语言资源丰富,其中普通话、藏语、汉语方言是居民的主要交际用语,藏语广泛应用于行政司法、教育传媒、文化艺术等各个社会领域,尽管其使用、传播范围有限,但依然发挥着较强的语言资源价值,具有很强的语言活

[①] 王富银、史文洁:《云南省迪庆州藏族语言使用现状调查研究》,《现代语文》2018年第9期。

第七章 甘南地区语言生活的特征、发展趋势及对策建议

力，并在多语的语言竞争中处于优势地位。甘南地区的经济发展、城镇化进程加快了人口互动的速度，现代信息技术以其强大的传播力正深刻地影响着藏族的语言生活；居住格局、人口密度和藏语文的本体结构、使用暂时不会在短期内发生较大程度或较为明显的改变。因此藏语文在相对稳定的状态中与其他语言接触时可能发生语言变异、语言借用等现象；居民改变传统语言态度的趋势会更加明显，在认同汉语文的基础上，愿意主动接触和学习更多的语言文化。在未来的语言生活中，具有双语或多语能力的人口将逐渐增加，居民更加明晰藏语与普通话、汉语方言、外语之间的关系。

利于语言文字发展和传承的因素是多方面的。一是现代化传播媒介的发展为藏语文发展提供了优越条件，尤其是传统媒体和网络新媒体的相互融合使藏语文使用的范围更广、传播途径更加多元化。这不仅促使甘南地区语言生活更加丰富多彩，且客观上为地域文化的发展、传承创造了必要的物质条件。二是开放的市场经济背景下的人口双向流动利于语言、文化的传播和发展。经济欠发达地区的劳动力或那些告别游牧生活、移民定居后又无固定收入的农牧民，会流入城镇或省外务工或从事第三产业等；外地人亦会选择到甘南地区经商，以促进不同文化的交流和包容。另外，经济发展亦能促进语言服务行业的形成，增加语言的市场价值。三是国家语言政策的支持和双语教育的持续发展是藏语文发展的原动力。国家出台的一系列法规和政策明确了少数民族语言文字的发展，是各种语言关系的指导思想，是维护居民语言权力的法律保障；汉藏双语教育是符合当地实际情况而形成的一种教育模式，有力保障了双语人才的培养、人口素质的提高。四是居民积极的语言态度和高度的语言认同是语言文字传播的主观条件。语言态度、语言认同与语言使用者的语言行为、语言能力、国家认同等有着密切联系。目前，当地居民对语言文字的情感、认知、评价都比较高，表现出积极、正面的语言态度，这些心理特征正是他们学习语言的主要驱动力。

藏语文在发展中所面临的挑战与机遇并存。一是藏语文不能满足

经济互动在语言方面的需求。在激烈的市场经济环境下，甘南地区要改善当前薄弱的经济生态，亦要参与到市场经济的竞争中。近些年来，甘南地区经济结构已初步呈现出多元化态势，跨区的经济互动频繁，藏语文因使用和传播对象的局限性尚无法满足于社会经济发展的现实需求。二是藏语文无法满足旅游业在语言服务方面的需求。"旅游兴州"的战略实施也成为当地经济增长的新型支柱产业，甘南州在第十二次党代会（2016）报告中将文化旅游业作为当地未来五年加快经济转型升级的首位产业之一；大力支持旅店业、农牧林家乐建设，打造十大旅游名镇和80个旅游专业村。由此，吸引了大量外地游客，但大多数景区和旅游村地处民族聚居区，许多农牧民不熟练或不通晓汉语，使得语言障碍成为当地旅游业语言服务中面临的主要问题。三是市场经济的逐利性和文化冲击是阻碍藏语文传播的因素之一。普通话具有很强的社会功能和语言价值，许多居民意识到了语言能力在市场经济中的重要作用。四是组织或个体语言保护意识的不足。政府部门在发展地域经济，关注经济增长的过程中，可能会忽视对少数民族语言工作的关注和支持。如存在藏语文机构设置不健全、双语翻译人才紧缺、藏语文科研业务能力不足等问题。五是教育程度低、语言能力弱的部分农牧民因语言障碍而不能外出务工，这种因人力资本特征而影响其经济收入的现象是客观存在的。总体来说，甘南地区在把握好藏语文发展机遇的同时，亦要认识到它所遇到的各种挑战，以保障其继续被使用、传播。

二 语言态度的转变及语言使用类型的转化趋向

（一）语言态度的转变趋向

态度是人们对社会事务的一种心理倾向，具有稳定性、调节性，在社会生活中具有调节行为的作用。虽然态度具有稳定特征，会比较持久地继续下去，但因一些内部或外部因素引起原先认知、情感和行为倾向的变化，使人产生一种新的态度。语言态度是语言生活中的重要组成部分，是基于情感层面对某种语言的主观评价，常常通过语言

第七章 甘南地区语言生活的特征、发展趋势及对策建议

使用来体现。语言使用是一种社会行为，语言态度这种社会心理因素也会对语言使用者的语言选择、语言使用起重要的调节作用。一般情况下与语言行为具有一致性，即语言态度越具体、明确、强烈，它与语言行为的相关性越高，积极、乐观的语言态度往往可能产生相应的语言行为。语言态度与社会价值取向有密切关系，是由是政治、经济、文化、人口等社会因素和学历、年龄等个体因素综合而成的结果。根据情感、认知因素的变化过程可将语言态度分为：认知型语言态度（认知的作用大于情感的作用力）、情感型语言态度（情感的作用力大于认知的作用力）和均衡型语言态度（认知与情感的作用力大体相等）三种类型。[①] 这种分类方法呈现了语言态度的变化，认知、情感、行为倾向聚合或偏离的变化过程。

从历史视角来观察甘南地区居民语言态度的转变。在甘南尚处于封建农奴制的社会背景下，广大居民的居住格局、经济发展、民族互动、信息接触等均处于较为封闭的状态，语言选择非常单一；藏语是居民最主要的交际用语，除极少数人接受寺庙教育和土司私塾教育，大多数人很少接触藏文、汉字。此时期，居民的语言态度属于"情感型语言态度"。新中国成立后，当地社会性质和经济结构的较大转变对人口迁移、多民族互动等产生了积极影响，藏语的社会功能仍比较凸显。伴随着学习和使用汉语的人口增多，逐渐显现出汉语的社会功能和语言价值。此时，居民的"认知型语言态度"逐渐形成。而今，随着经济文化、双语教育、传播媒介和城镇化建设的发展，甘南多民族杂居、族际通婚现象已普遍存在，居民的语言态度发生了巨大变化；他们在对藏语保持深厚情感的同时，也深刻意识到汉语重要的社会功能学习汉语的必要性，汉语方言在社交中的语言价值促使个体形成较为鲜明的语言行为倾向。而这是一种稳定而和谐的双语状态，属于"均衡型语言态度"，居民学习或期望学习普通话、藏语或汉语方

[①] 瞿继勇：《湘西地区少数民族语言态度研究》，博士学位论文，陕西师范大学，2014年，第11页。

言，甚至一门外语，成为双语或多语人。

个体的工具性动机和凝聚性动机在新时期均已激发，居民一方面认识到普通话、汉语方言的实用性，通过学习普通话等语言实现了社会地位的提升或获得更高的经济收益等实质性功效；另一方面也获得情感认同、国家认同等方面的依附。目前，国家通用语言文字已经在甘南地区行政司法、传媒、教育等领域中广泛使用和传播，但普通话尚未全面普及，部分农牧区还属于单语型社区。甘南地区居民的语言态度会随语言资源的社会价值取向变化而逐渐发生缓慢转变；居民对藏语的态度已由"情感语言态度"初步逐步过渡到"均衡型语言态度"，期望学习普通话、藏语、汉语方言、外语等多种语言，但离全面实现这种"均衡"状态还有一段时间。

语言态度与语言使用存在不相一致的情况。社会心理学认为："态度这种内在的心理反应倾向对行为仅起准备作用，只决定行为的一种倾向；这种心理上提供的可能性要变成现实，还必须在特定的社会环境中，依据一定的社会关系和规范来实施或表现。"[1] 一般来说，人们对某种语言的发展前景持乐观的态度，便会表现出积极的学习态度。然而，在被试预测语言发展前景的测量结果显示，普通话高于藏语（3.76＞3.65）；表示最想学习的语言顺序是普通话（72.3%）＞藏语（58.2%）＞英语（35.8%）＞汉语方言（4.9%）。就语言使用的代际差异特征来看，有小部分青年不会说藏语。影响语言行为的因素是多方面的，就态度因素而言，居民对藏语在社会中的实用性认知发生了改变。当语言行为与情感认知发生矛盾时，为了适应社会发展和实现个体利益，会进行相应的语言行为选择。居民语言态度在转变过程中，语言的实用性认知评价起着重要的决定作用。目前，语言生活虽已出现语言转用现象，但从语言使用的范围、语言功能、语言地位等角度观察居民语言态度的转变趋势，"均衡型语言态度"将在未来的很长一段时间内继续保持。

---

[1] 刘蕾、闻明晶、李冉主编：《社会心理学导论》，吉林人民出版社 2016 年版，第 93 页。

(二) 语言使用类型的转化趋向

语言使用类型随社会因素和语言自身的发展而发生变化。"双语或多语现象是社会的个体和集体使用两种或多种语言的现象""是操不同语言的人频繁交往和语言接触的产物"①。"民族杂居区双语或多语现象的普遍性是各民族在彼此杂处、相互接触的过程中形成的,不仅具有较长的历史,而且随社会环境、民族关系、民族人口比例、不同民族之间的通婚、语言态度等因素变化;双语或多语的类型也发生变化。"② 双语现象是甘南地区语言生活中客观存在的语言现象,从双语使用范围来看,属于局部型,部分民族聚居区仍是藏语单语区,双语尚未完全普及。

甘南地区语言使用类型的转化趋向主要是单语向双语的转化,即藏语单语人向藏汉双语转化。早在秦汉至明清时期,甘南地区就已经存在双语现象,官方的茶马司设置、地方官办儒学、土司办的私塾教育、其他民族的人口迁入等促进了各民族之间的经济交往和语言接触。人们在互动过程中学习彼此的语言,客观上促进了双语现象的形成;但双语人数很少,藏族的文盲率很高,绝大多数居民仍是藏语单语人。新中国成立至今,社会经济发展、双语教育实施、媒介传播、文化交融、族际通婚等社会因素较大程度地改变了甘南地区语言生活,居民的语言能力明显提高,逐渐由藏语人单语转变为藏汉双语人。调查数据显示,居民的藏语能力强于汉语能力的人数比例为54.3%,汉语能力强于藏语的人数比例为28%,藏语能力与汉语能力相当的人数比例为17.7%。这反映了甘南地区语言使用正处于单语转向双语的过程中,虽然大多数人具备了双语能力,但居民双语能力尚不均衡,国家通用语还需进一步被推广、普及。

居住在多语言环境、经济相对发达的城市、县城,有一些青少年最先习得的是汉语,体现了语言使用的代价差异特征。这种语言现象

---

① 祝畹瑾主编:《新编社会语言学概论》,北京大学出版社2013年版,第228页。
② 王远新:《中国民族语言学:理论与实践》,民族出版社2002年版,第196页。

所占比例很小，但呈现出此类语言使用类型的发展趋向。这种类型一般主要出现在一些公务员、族际通婚等家庭中，被访表示自己的子女基本不会说藏语，就读的是普通小学或中学，日常生活中主要使用汉语，虽然有的孩子学会了一些简单的藏语，但也很少使用。

三 语言关系的发展及语言功能的转变趋势

（一）语言关系的发展趋势

语言既有相对的稳定性，又有与社会共变的特征，而社会环境的变迁亦会引起语言的变化。社会因地域、经济、文化、民族的差异性呈现出语言的复杂性和多样性，不同语言人在社交互动中必然发生语言接触，引起语言互动、语言竞争，语言功能和语言关系逐渐发生变化。语言的发展受制于语言关系的制约，良好的语言关系是维持一个地域和谐语言生态环境的重要指标。"语言关系"是"指不同语言之间在语言结构特点和语言使用功能上的相互影响和相互制约的关系"；主要包括语言影响、语言兼用、语言转用等方面。[1] 可理解为各种语言资源之间是双向的、互动的关系。甘南地区所呈现的语言关系是复杂多元的，有普通话与藏语的关系、普通话与汉语方言的关系，藏语方言之间的关系、藏语与其他民族语言的关系等。

观察甘南地区语言影响的角度是多方面的。表层的影响涉及语音、词汇和语法，其中以词汇影响最为显著。如藏语词汇中吸收了大量的汉语词汇（如科技、医疗、法律、历史、网络等各领域的基本词汇或新词新语）以满足广大居民语言生活的现实需求；深层的影响主要表现在语言系统的调整优化和表达功能的变化，如藏族居民口语交际时经常出现语言混用的现象。从语言影响的程度来看，藏语受普通话的影响最为深刻，藏语方言之间的影响也是客观存在的。语言的相互影响是多因素的共同作用，其中往往有一个主要的因素起主导作用。"一般来说，两个民族发生接触时，其中政治经济力量强的民族

---

[1] 戴庆厦：《语言和民族》，中央民族大学出版社1994年版，第153页。

第七章 甘南地区语言生活的特征、发展趋势及对策建议

使用的语言必然影响另一个民族的语言；人口少的民族语言易于接受人口多的民族语言。当民族关系融洽时，语言互相影响的速度就会快些，反之，相互影响速度就会慢些。"① 如在甘南处于封闭型社会环境时期，生活在民族聚居区的汉、回等民族的人口密度明显低于藏族，他们在互动交往中学会了彼此的语言。而今，国家通用语言文字以其稳固的社会地位与较强的语言功能成为当地的优势语言之一，普通话、汉语方言的使用和传播影响着藏语，双语人口不断增加。

语言兼用即双语现象，是民族接触、语言接触的产物，随语言关系的发展而发展。长期以来，甘南地区的经济水平相当薄弱。为了更好地发展当地经济文化，融入市场经济，藏族需要学习普通话，提高语言能力。双语人口的逐渐增多亦反映了民族之间、语言资源之间的和谐关系。双语教育的实施是全面普及双语的有效策略，甘南州行政、司法、传媒等领域也加大了对居民的语言服务，对公务人员进行双语培训，使其利于开展各项工作、加深与农牧区居民的语言互动和情感交流。

语言转用是双语发展的结果，指"一个民族或民族的一部分放弃使用母语而使用另一民族语言的现象。它是由语言接触引起的语言特点及功能上的变化"②；是民族之间密切交往、杂居、婚配等引起的，是自然发展的结果。甘南语言生活中的语言转用现象是客观存在的，但不明显，一般出现在合作市、县城公务人员和族际通婚的一些家庭，其子女从小习得汉语。一般情况下，居住在杂居区、城市的年轻居民更容易发生语言转用。语言转用需要经历一个漫长的过程，不是任何双语现象都会导致语言转用，除语言功能因素外，主要受制于社会文化因素。整体来说，甘南地区语言生态中的各种语言之间是相互影响的，语言影响、语言兼用、语言转用现象将继续持续下去，但发展速度可能存在差异，如藏族人口密度、藏语文的社会功能在很长时

---

① 戴庆厦：《语言和民族》，中央民族大学出版社1994年版，第154页。
② 戴庆厦：《阿昌族语言使用现状及其演变》，商务印书馆2008年版，第235页。

间内是比较稳固的,语言转用的速度相对较慢。

(二) 语言功能的变化趋势

语言功能是指语言在社会生活中所发挥的功能,因社会领域、民族分布的差异性而表现出层次性特征,并能造成语言使用的差异性。王远新按照语言社会交际功能的适应范围将各民族语言的功能分为族际通用语、区域优势语和族内交际语;认为其语言功能存在两种情况:一是因某种少数民族语言使用人口多,社会文化功能强,可能成为该地区的区域优势语;二是当地的各种少数民族语言均不具备人数和社会文化功能上的优势,难以形成区域优势语。[①] 民族聚居区和民族杂居区是甘南地区的两种居住格局。居民的语言观念随社会环境的变化也发生转变,外出务工人员和受教育的居民越来越多,双语人数逐渐增加;在日常交际中,藏语发挥的社会功能依然很强,是区域优势语。就书面用语而言,汉语文的社会功能优于藏语文,如合作市安果村、碌曲县尕秀村均属于这种类型。

民族杂居区的不同民族分布并不均匀,语言资源的社会功能存在强弱之分。普通话是我国各民族之间的族际交际语,具有很强的社会文化功能,已成为各民族之间的族际通用语或地区之间交际语的必然选择,汉语文和藏语文均存在于各个领域,从使用和传播范围来看,前者明显优于后者。可以说,普通话具有较强的社会功能,民族杂居区中藏语属于族内及家庭交际语,尚未形成区域优势语,如合作市、合作市加拉村、碌曲县城等民族杂居社区均表现出这种特征。

观察不同社会领域语言使用情况,语言资源在不同社会领域发挥的社会功能不均衡。如表7-1所示,汉语文、藏语文应用于各个领域,但使用的范围存在差异性。教育领域双语教学中藏语文发挥着重要作用,而在普通学校教学中基本不使用。日常交际领域中,农牧区尚存在一些既听不懂也不会说普通话的居民,普通话的语言功能相对较弱;在民族杂居区,普通话、汉语方言的语言功能明显,藏语主要

---

① 王远新:《中国民族语言学:理论与实践》,民族出版社2002年版,第188页。

用于家庭领域和与本族人交流时，藏文对会说藏语却不通晓文字的居民所产生的功能较弱。

表7-1　　　　　甘南地区言语社区中语言功能分类

语言文字 语域	语言				文字		
	普通话	汉语方言	藏语	外语	汉字	藏文	外文
官方工作语言	+	-	±	±	+	±	±
教育	+	-	±	±	+	±	±
大众传媒	+	-	±	±	+	±	±
公共服务	+	-	+	±	+	+	±
日常交际	±	±	+	-	±	±	-

注："+"表示语言文字在某语域中发挥作用；"-"表示语言文字在某语域中不发挥作用；"±"表示有些语言文字发挥作用，有些语言文字不发挥作用。

语言生态系统中的各种语言资源竞争是激烈的，语言功能的变化影响语言资源价值强弱的评价或语言活力的预测。而语言功能的变化是各种主客观因素综合的结果。人口迁移、牧民定居、新农村建设带来的人口分布的重组，改变了居民原有的语言生活状态，尤其是多民族杂居促进了语言之间的接触、互动、融合，各种语言资源的功能也悄然发生着变化，普通话、汉字的社会文化功能日趋凸显；而居民因居住格局的差异性，在民族聚居区是区域优势语，在民族杂居区是族内、家庭交际语。随着居民语言能力的逐渐提升，区域优势语也会逐渐转变为族内交际语；普通话、汉字的社会功能会更加凸显，汉语方言仍会在很长时间内在其日常交际中发挥作用，外语文仍会继续在官方工作语言、教育、大众传播中发挥作用。整体来说，甘南语言资源将长期并存并用，在各个领域发挥着自己的作用，若某种语言不能适应自身发展的需要，便要使用语言功能更强的语言，使语言资源在功能上互补。

第三节　甘南地区语言生活发展的对策建议

一　推进双语教育教学，加强双语人才培养

（一）继续推进甘南地区双语教育教学

1. 实施双语教育的必要性

双语教育教学利于促进多元文化的教育发展，是构建和谐民族关系、铸牢中华民族共同体意识的需要。甘南地区居民曾在很长一段时间内所接触的语言和文化比较单一，双语教学的实施不仅促进了学生学习普通话和中华文化的积极性，而且还促进了不同民族之间的了解和包容、国家多元文化的认知、"中华民族多元一体格局"思想的确立。

双语教育教学是现代化发展和甘南社会经济发展的客观需求，符合广大居民对语言文字的现实意愿。在社会经济不断发展的时代背景下，甘南地区需融入开放的市场经济，发展当地的经济文化，而传播范围有限的藏语和受教育程度较低的人口尚无法适应时代的快速发展，居民已改变了传统的语言观念并开始积极学习普通话。目前，双语人口不断增加，在由藏语单语人到"藏—汉"双语人的转化过程中，双语教育发挥了非常重要的社会效益。从发展的角度来看，双语教学是提升居民双语能力的主要途径，学习汉语已成为甘南民族教育发展的总趋势。多元一体的双语教学模式赢得了广大居民的支持，家长也期望子女通过双语教学的语言文字、文化知识学习考上大学，走出甘南，拓宽视野，了解更多的文化知识或从事一份比较好的工作。甘南地区双语教学是对民族学校学生进行汉语文和藏语文教育的教学方式，一般以其中一种语言作为主要教学用语，另一种作为辅助教学用语；近些年，双语教学中增设了英语文课程。学生家长可根据自身意愿选择不同的教学模式，一般情况下纯牧区家庭因汉语能力低较多选择"一类模式"，城市、半农半牧和农区或靠近城市的家庭因通晓部分汉语，多选择"二类模式"。

第七章　甘南地区语言生活的特征、发展趋势及对策建议

双语教育教学是提高甘南教育质量的现实需求和重要途径。甘南地区的民族教育滞后、基础薄弱。新中国成立至今，民族教育经历了一个曲折发展的过程，"以藏为主""以汉语为主"的双语教学模式是在基于国家统一和多元文化的政治基础上、符合当地特定的社会文化环境的条件下而形成的，并在实践中不断得到完善和发展，较大程度地促进了甘南教育事业的快速发展。双语教育中的藏语文教学是扫除文盲、普及基础教育，帮助居民学习国家通用语言文字、传播科学知识、提高人口素质和双语能力的最直接、有效的手段。双语教学利于语言文字的发展。民族标准语是促进语言统一且有效的措施，体现了当地藏语统一化程度的重要标志。甘南地区存在安多藏语、康巴藏语和两种方言混合的藏语方言，在发音上存在差异。为了促进当地藏语标准语更好地形成及藏语发展，双语教学要在藏语中选择标准语，以便统一教学或被推广使用，更广泛地适应甘南居民的个体需要。可以说，双语教学模式的实施不仅是符合科学规律的，适应于甘南教育的实际需求，而且也利于社会的和谐稳定。

2. 完善双语教育教学的具体策略

注重教辅资料的修订和开发。加强双语类校本课程的编译、开发和应用，修订双语类学生使用的汉语文教材。教材修订是提升教材质量的重要环节，也是教材内容满足时代和学科发展的客观要求。针对甘南双语教材情况，建议甘肃省、甘南州组建专家团队，结合甘南地区教育实际，重新修订教材，编写出注重语文教学思想性、具有时代特征、从学前到中小学各阶段有效衔接且与学生学习能力相适应、与普通《语文》教材难易程度相接近的国家通用语文教材和教辅资料。另外，建议建立统一的藏语标准语，解决因藏语方言差异而带来的部分名词术语不一致的问题，以免出现误译和错译。

积极研发教学资源。教学资源是为教学的有效开展提供的素材等各种可被利用的条件，是促进教师教学和学生学习的重要资源。一方面加大教育信息化经济支持和建设力度，搭建州级层面的教育信息中心，专家队伍可由外聘专家团队和州内培训的人才组成，以分层次的

形式对全州教师实施信息技术专项培训；另一方面加大双语教育资源库建设的扶持力度。投资建立远程学习、教学、教研、交流的网络资源共享平台，开发符合地区汉藏双语智能的语音教学系统；同时也要充分发挥省内外名校优质资源优势，全面提升甘南地区各类学校的信息化教学水平和教学质量。建议相关单位组织熟悉汉藏双语教学的专家和一线骨干教师为双语教师和学生研发科学、实用、方便的双语教学资源包，且侧重点不同，如研发学前幼儿的双语资源包需更加注重趣味性、可读性。教师的教学资源包一般包括理论学习资源包和学科培训资源包。前者以各种教育理论和新课程大纲、演示文稿、讲座光盘、参考书目和网址索引等为主；后者以学科课程标准解读、各版本教材分析、教法研究、教学参考资料等为主。同时，还要注重理论书籍译介水平的提高，将最新教育教学理论翻译成藏语文，并尽快将成果开发为电子信息资源。

加大教师队伍的培养和培训力度。不同语言在语言习惯和思维方式等方面具有差异性，双语学生的普通话为第二语言，小学三年级加授英语；他们在有限时间段学习不同语言课程、掌握不同专业知识内容，具有很大的挑战性。而双语教学不仅包括双语文的教学，还包括两种教学语言的使用。可以说，这种教学模式对双语教师的综合素养提出了更高的要求，教师除了熟悉教材内容，具有熟练的专业素养外，还需熟练使用不同语言将专业知识传授给学生。因此，加强教师队伍建设是提高教学质量的重要前提，尤其是加大紧缺专业教师的培养力度。首先，在解决师资紧缺方面，建议甘南教育行政部门和学校加大与西藏民族学院、甘肃民族学院、青海民族学院等高校的双语师范生的定向招生工作，保证其毕业后到基层学校任教；加大人才引进力度，通过事业单位或人才市场招聘所需要的优秀大学生或代课教师；对居住和教学环境较差的农牧区双语教师尽量提供更多的优惠条件，如增加工资待遇、提高生活环境或给予更多的培训或学习机会等。其次，在双语教师培训方面，采取多种方式的培训以提高教师的专业素质、科研能力、语文素质等。如建议增加专项培训经费的投入

第七章　甘南地区语言生活的特征、发展趋势及对策建议

保障培训的顺利进行；充分利用省内外和本校组织的各种双语教师培训机会，发挥甘南师范学院和师资优势，建立专门的双语教师培训基地，尤其注重教学理念、教学方法、教学设计、语言能力等方面的培训；鼓励教师自主参加各种形式的在职进修、培训活动，提高自身的学历层次、理论水平和科研能力等。另外，因不同地域、学校等级、城乡教师之间的普通话水平可能存在较大差异，多数双语教师的普通话水平等级是二级乙等，建议提高教师的普通话能力，通过语言示范为学生起到积极的示范作用。

继续深化教育改革，全面提高教学质量。在促进各学校办学条件、教学质量、教师队伍均衡发展的过程中，支持和鼓励学校之间的公平、合理竞争，提高办学质量和效益。加强教师的科研、教育教学改革的能力，积极探索提高双语教学质量的方法。如根据双语学生语言能力和双语文学习效果，进一步提升他们的双语文阅读能力、写作能力，尤其是普通话的口语表达能力。另外，创设语言学习情境、激发学生学习兴趣对提高学生的语言能力具有积极意义。情境教学法指"在教学过程中教师有目的地引入或创设具有一定情绪色彩的以形象为主体的生动具体的场景，以引起学生一定的态度体验，从而帮助学生理解教材，并使学生心理机能得到发展的方法"[①]。这种方法不仅符合新课程理念的发展和要求，也符合学生学习双语的特点和情况。如双语学生一般都比较熟练地掌握藏语的口头表达能力，但因藏语方言的差异性，多带有地方口音，尚未掌握系统的书面表达能力；他们在学习汉语时，面临的困难比较大，不仅要学习和掌握普通话的拼音系统、文字的写法，还要逐渐掌握语法知识并学会阅读作品、写作。因此，可通过创设符合学习汉语文化背景的情境，锻炼和培养学生的双语文思维和逻辑表达方式。

创设语言学习的氛围，引导学生形成多元文化的认知理念，营造良好的教育环境。因语言环境的单一性，学生在民族学校较少使用普

---

① 米俊魁：《情境教学法理论探讨》，《教育研究与试验》1990 年第 3 期。

通话。建议学校有意识地为学生创设并形成良好的双语学习氛围，为学生创造获得"说普通话、写规范字"的实践机会和环境，形成积极的语言态度。如通过校园内外可视的黑板报、宣传牌、标示牌、通知等语言景观，课本剧表演、演讲朗诵、故事大赛、唱歌比赛、书法比赛等相关课外活动，贴近学生又富有时代感的校园文化生活等途径营造积极乐观、健康和谐的校园文化环境，提高学生的普通话表达能力，潜移默化地使其产生积极的多元文化认知理念。

（二）加强双语人才培养

双语人才是双语公共服务的直接提供者，甘南地区对双语公共服务仍具有较大的需求。持续推进双语人才培养是甘南地区落实民族政策、维护民族团结的战略工程，是实现经济发展的人才支撑和重要保障。甘南地区双语人才队伍建设面临着特殊的困难和问题，如双语人才数量不足，尚不能完全满足社会需求；双语人才的知识结构、专业结构不合理，兼职多、专职少，工作任务重，素质能力不均衡等。为此，采取措施加强人才队伍建设，培养政治可靠、业务精通的双语人才，是甘南地区创新人才培养机制的必要前提，是社会安定、经济发展、民族团结的现实选择，是满足广大居民语言生活的客观需求。

抓好并贯彻落实现有政策，营造人才队伍的发展环境。《少数民族事业"十二五"规划》（2012）指出："进一步确立少数民族和民族地区经济社会发展中人才优先发展的战略。积极推进民族地区企业经营管理人才、专业技术人才、高技能人才、农牧区实用人才、社会工作专业人才等各类人才队伍建设。"《国家民委有关做好少数民族文字管理工作的意见》（2010）规定："重视少数民族语言文字工作，培养培训少数民族文字翻译人才。""鼓励各民族公民互相学习语言文字。协同有关部门研究制订民族地区学习使用'双语'的激励机制和基层干部'双语'培训计划。推动在民族自治地方的公务员录用和事业单位工作人员招聘、干部选拔等工作中，同等条件下优先录用熟练掌握国家通用语言文字和少数民族语言文字的'双语'人才。"甘肃省结合本省人才发展实际，制订了《甘肃省中长期人才发

第七章 甘南地区语言生活的特征、发展趋势及对策建议

展规划（2010—2020年）》，在民族地区人才开发方面提出："继续实施每年选拔200名少数民族中青年干部参加中央和省委组织的各类专题培训。依托省内高校每年培训100名少数民族地区'双语'教师。"甘南在人才培养中要充分考虑干部培养的普遍性与双语人才培养的特殊性，以健全符合当地实际的人才培养机制。

加大双语人才引进力度，并为其提供一些优惠政策和条件。甘南州在发展经济、脱贫攻坚的过程中，充分发挥双语人才的作用，积极引导其深入基层社区，对农牧民进行实用技术培训等。在积极推进双语干部培养选拔工作过程中，进一步完善干部录用办法，依据法律和有关规定，可以考虑在公务员考试和事业单位招聘计划中对少数民族报考人员给予适当照顾，增加人才的录用比例，定向招录相关专业的高校毕业生，进一步扩大规模、提高质量和改善结构。另外，因甘南属于经济欠发达地区，自然地理复杂，生态环境和气候特殊，一些优秀的双语人才愿意选择去城市或州外就业。为了更好地吸引优秀人才，建议政府或相关单位能为地理环境较差或农牧区等基层服务的双语人才提供较为优越的生活条件或在工资待遇上给予一定的补助。就调研结果来看，甘南地区比较紧缺的双语人才为双语翻译人才、双语教师、双语律师等。在各类服务领域也需要双语人才，如双语节目主持人、双语导游导购、双语心理咨询专家、双语谈判员等。

充分利用培训基地，加大培训力度，提高双语人才队伍的综合素质。培训是人才培养的重要环节，也是加强现有人才队伍建设最快捷、有效的方式。[①] 因此，需要充分发挥甘南州党校、高校和社会培训机构的作用，建立健全分工明确、优势互补的双语人才培训体系；将双语干部培训纳入全州干部教育培训的总体规划中，确立专项经费，用于举办教师、法官翻译培训和民族干部培训等；可以结合需求，为双语人才提供政策法规等方面知识；对表现突出的优秀人才进

---

① 王学荣：《民汉双语人才队伍建设的需求、现状与对策建议》，《民族翻译》2013年第4期。

行表彰奖励等；扩大培训的涉及面，尽量保障每位人才每年能够参加1—2次州内或州外的语言培训；建议各单位能够开展形式多样、具有实践价值的语言培训活动。

以行政、司法和传媒领域的双语人才培训为例。一是司法领域双语法官的培训。双语司法人才在确保广大居民的诉讼权利中承担着重要任务。目前，司法领域中熟练兼通双语又具专业法律素养、司法实践经验的法官、检察官、律师的数量不多。诉讼过程中存在语言交流的困难，法律专业术语翻译与藏文翻译不对接，有的法官理论素养和专业知识薄弱等问题。加强双语司法人才培养是建设法治队伍的重要内容，如甘肃省法官学院、国家法官学院舟曲民族法官培训基地是甘南州双语法官重要的教育培训基地。建议在培训中明确人才培养目标，通过系统学习藏语基础和法学专业知识，使学习者在听、说、读、写、译方面较熟练地掌握和应用藏语；因工作任务的原因，培训时间以短期为宜，5—6周时间，采取理论讲授、模拟审判和实战翻译环节相结合的培训方式；在课程设置中包含藏语言类基础课程、法律基础和民族学知识等。[1]

二是行政领域双语人才的培训。甘南州可充分挖掘州内大中专院校的教育教学和优质师资力量，现已依托甘肃民族师范学院和甘南教育党校而建立了甘南州基层年轻干部汉藏"双语"人才培训基地。截至2018年，共举办基层年轻干部"双语"培训基础班14期、进修班9期、提高班6期，累计培训基层年轻干部2985人，各县市举办"双语"培训班16期，累计培训基层年轻干部3245人，并同步对1627名牧区村组干部进行汉语培训。在全州乡镇干部中深入开展"双语"帮学带学促学活动，努力把"双语"培训成果辐射到所有基层干部。

三是传媒领域双语播音员、主持人、编辑的培训。高素质的专业新闻人才是保障传媒事业健康发展的基本要素。各民族高校培养的新

---

[1] 祁全明：《关于少数民族法官培训的思考——以甘肃省甘南州的调研为基础》，《社科纵横》2014年第4期。

闻传播和汉语言文学专业人才是甘南广播、电视、报社、杂志社等单位双语人才的重要来源，但同时还有一些非专业人员从事相关工作，在专业技能、语言表达、写作能力或业务素质等方面比较薄弱。因此，建议甘南州文化广播影视新闻出版局设立专项资金聘请州内外优秀新闻传播工作者或高校专业教师对各类传媒行业的双语人才进行理论和专业知识等方面的培训；各单位在日常工作中加大双语人才的培训力度，或邀请著名主持人、记者、编辑举办讲座或培训，或组织双语人才到州外相关优秀单位进行学习、交流，或鼓励工作人员进行脱产进修培训，以"连、帮、带"的形式促进单位其他人员新闻专业素养的提高。当然，增强汉藏双语教师、律师和其他双语人才的培养和培训力度也是目前双语人才队伍建设的重要方面。

总之，在规范有序、科学推进双语人才的引进、培养工作的同时，还要加强对其的评价、流动、激励等方面的政策体系，形成有利于双语优秀人才的有效机制，切实有效地优化双语人才队伍建设，使得双语人才结构在知识、地域等方面减少差异并逐渐趋于平衡，促进甘南地区语言服务水平的提升。

二 提升语言能力，深化语言扶贫

（一）语言能力提升的现实需求

语言能力是语言生活、语言政策等研究持续关注的热点，一般指人们运用语言进行交际和沟通的能力。学界从国民语言能力或个人语言能力和国家语言能力两个层面对其进行了深入的研究，扩大了它的内涵外延。国民语言能力是一种多语能力，可以分析为听说读写译等维度，包括本民族语（方言）、国家通用语、外语等语种能力和语言信息技术应用能力；[1] 后者指国家在战略层面处理政治、经济、外交、军事、科技、文化等各种国内外事务中所需要的语言能力。[2] 国家语

---

[1] 国家语言文字工作委员会：《中国语言政策研究报告》，商务印书馆2018年版，第3页。

[2] 文秋芳：《国家语言能力的内涵及其评价指标》，《云南师范大学学报》2016年第2期。

言能力的核心基础是国民语言能力,而国家通用语言文字的掌握情况是国民语言能力最基础、最重要的组成部分。[①]《国家中长期语言文字事业改革和发展纲要(2012—2020)》将"提高国民语言文字应用能力"作为语言文字事业的任务之一;现代社会中,国民国家通用语言文字应用能力是国民生存和发展的一种必要能力,包括国家通用语使用状况、常用国家通用文字运用状况、文通字顺情况和国家语言意识情况。[②] 本文中的语言能力偏指国民语言能力即个人语言能力。因语言的使用领域和需求的差异性,国民语言能力表现出层级性、动态发展的特征。就甘南地区而言,藏族语言能力不仅是具有用藏语、汉语方言、普通话进行语言交流的能力,而且还包括在这个基础上能运用这些语言获取商业信息、学习现代知识或创业入职等应用能力。

甘南地区居民语言能力的提升是社会发展的必然要求,也是甘南经济发展和居民社会交往、职业发展的现实需求。藏族语言能力因居住格局、年龄、受教育程度等因素影响呈现不平衡性、层级性。如居民语言态度的行为倾向结果显示,最愿意学的语言是普通话、藏语、英语,但实际上其普通话/汉语方言能力弱于藏语能力,其语言能力尚不能满足新时代日益增长的主客观需求。被试普通话的自测结果显示:熟练掌握的人数比例为37.2%,基本能交谈的人数比例为40.6%,显现出甘南地区居民的普通话口头表达能力还不高。因此,普通话是居民语言能力提升的重点,其推广、普及有助于消除贫困、民族交流、增进民族团结、促进教育和科技事业发展、人口素养的提升。通过对居民语言能力提升、普通话普及是否符合藏族居民的主观需求和意愿的调查结果显示(见表7-2),被试认为普通话能力对提高自己生活质量、经济收入方面有影响,掌握普通话能力对其职业规划影响均呈现出显著性($p<0.05$)特征。显现出在甘南地区藏族的语言观念中,大多数居民意识到了普通话能力能够对自身发展产生一定的影响。

[①] 魏晖:《国家语言能力有关问题探讨》,《语言文字应用》2015年第4期。
[②] 魏晖:《国民语言能力建设刍议》,《语言科学》2014年第1期。

表7-2　　语言能力对被试生活质量/职业规划影响程度分析

题目	最小值	最大值	平均值	标准差	T·	P·	差异性
1. 您认为普通话对您提高生活质量、经济收入方面的影响程度	1	4	1.680	0.683	17.385	0.000**	组间有差异性
2. 您认为普通话能力对您的职业规划的影响程度	1	4	1.740	1.065	11.548	0.000**	组间有差异性

注：$p<0.05$ ** $p<0.01$；1. 影响很大；2. 影响一般；3. 影响小；4. 没有影响。

（二）语言能力及语言扶贫的相关性

早在20世纪，西方语言学家和经济学家就开始探讨了语言与经济之间的关系，语言的经济功能；认为语言是人类经济活动中不可或缺的工具，是一种人力资本形式，具有价值、效用、费用、收益的经济特性。[1] 国内学者也对这一课题进行了深入的探索和研究，认为"语言不分大小，也不论其通用程度如何，都能为使用者经济利益服务"[2]；语言经济学认为语言多样性对经济增长及相关经济变量的影响，个体语言能力作为重要的人力资本能对其劳动收入产生影响；[3] 但对于经济社会状况改善是一个概率性而非一个充分/必要/充分必要条件。[4] 亦有学者通过一些综合数据检验了普通话以及单项能力（听力和表达）都会对劳动者的收入产生比较显著的影响；发现普通话对服务业从业人员的工资有显著提升作用，对城镇劳动者收入的影响比较显著，对农村劳动者收入的影响不显著。[5]

语言能力是语言扶贫的基本要素。李宇明指出语言与扶贫具有相关性；语言可以扶贫，源自语言与教育、语言与信息、语言与人与互

---

[1] 黄少安、张卫国、苏剑：《语言经济学导论》，商务印书馆2017年版，第2页。
[2] 祝畹瑾编著：《社会语言学概论》，湖南教育出版社1992年版，第14页。
[3] 王海兰：《国内经济学视角语言与贫困研究的现状与思考》，《语言战略研究》2019年第1期。
[4] 王春辉：《语言与贫困的理论和实践》，《语言战略研究》2019年第1期。
[5] 陈媛媛：《普通话能力对中国劳动者收入的影响》，《经济评论》2016年第6期。

联网、语言与人的能力和机会的密切关系。[1] 王海兰认为："语言扶贫是指将语言因素纳入脱贫中，利用或借助语言来开展扶贫、助力扶贫。"[2] 杜敏等对其内涵做了更深入的解释，认为语言扶贫"具体指对某些因语言因素造成各方面发展障碍的特定群体所进行的帮扶，旨在通过提升帮扶对象的语言能力，克服语言因素对他们自我提升和全面发展形成的阻碍，进而促使帮扶对象逐步提高生产、生活的能力，达到自我发展和提升的目的"[3]。可见，在语言扶贫的实施过程中，具备一定的语言能力是其基本要素和前提。虽说贫困是一个涉及因素、维度和层次多样的复杂现象，但是语言能力却是开展"脱贫攻坚战"不可忽视的一个重要因素。对于少数民族贫困地区来说，提升语言能力是发展其经济水平和社会地位的重要条件之一。因藏语使用和传播范围的限制性，尚不能完全满足藏族居民融入市场经济或求职创业、与社会交往的需求。可以说，居民语言能力的提高是一个长期积累的过程，语言扶贫在甘南地区脱贫攻坚战中的作用将随居民语言能力的提高情况而循序渐进。

（三）开展语言扶贫的现实意义

首先，开展语言扶贫利于从根本上解决当地的贫困问题。甘南州地处特殊的地缘区位，属于青藏高原经济和文化圈，经济发展的基础十分薄弱，农牧经济长久地占据主导地位，经济类型是以草地放牧为主体的粗放型、低效益的传统经济类型，农牧民的平均生活水平远低于全国及同类民族地区；而大力发展经济是改善当地经济现状和人口收入的最根本因素。甘南通过实行语言扶贫政策，可以有效提高居民的综合素质，促进贫困居民生活观念、语言态度等的改变，使当地具有"走出去，引进来"的能力。其次，语言扶贫是扶贫举措实施的

---

[1] 李宇明：《修筑扶贫脱贫的语言大道——序〈中国语言生活状况报告（2018）〉》，国家语言文字工作委员会《中国语言政策研究报告》，商务印书馆2018年版，第4页。
[2] 王海兰：《深化语言扶贫 助力脱贫攻坚》，《中国社会科学报》2018年9月11日。
[3] 杜敏、刘志刚：《论语言扶贫在乡村振兴战略实施中的可持续性》，《陕西师范大学学报》2020年第2期。

重要基础和保障。经济欠发达的农牧区的民族构成比较单一，许多农牧民还不具备双语能力，这对政府进行扶贫工作、其他民族驻村干部开展日常工作等造成很大的语言障碍。当广大居民具备了普通话能力，自然就有了接触传媒、了解信息的机会，具备与其他民族进行语言沟通的能力，更能准确地掌握国家政策；居民语言能力的提高对电商、旅游等扶贫产业的发展产生积极的作用。再次，开展语言扶贫利于语言文化的传播、传承。在语言扶贫产业开发的过程中，除了国家通用语言文字产生重要的社会功能外，藏语文也发挥着重要的经济价值。如甘南在大力发展旅游经济产业的过程中，积极开发和利用语言的资源价值，在获得相应的经济收益外，还能在一定程度上促进语言文字的使用、传播。

（四）开展语言扶贫的实施策略

明确甘南地区语言扶贫的对象和目标是该政策实施的前提。《推普脱贫攻坚计划》（2018）的宗旨是要充分发挥普通话在提高劳动力基本素质、促进职业技能提升、增强就业能力等方面的重要作用。[①]这明确了语言扶贫工作的目标和方向。《国家语言文字事业"十三五"发展规划》（2016年，简称《"十三五"发展规划》）明确提出了要"结合国家实施的精准扶贫、精准脱贫方略，以提升教师、基层干部及青壮年农牧民语言文字应用能力为重点，加快提高民族地区国家通用语言文字普及率"。在民族经济发展背景下，"语言扶贫的可持续发展需要不断拓展其内涵，不但要继续进行推普减贫的狭义语言扶贫，还要进行广义的扶贫，即分对象、分阶段提升各类人员的语言能力，克服语言因素对他们全面发展和现代化所产生的阻碍，进而促使其不断提高生产、生活和内生性发展的能力"[②]。首先，从年龄构成来看，甘南政府应根据贫困人口的年龄阶段分别制定语言扶贫方

[①] 国家语言文字工作委员会：《中国语言生活状况报告》，商务印书馆2018年版，第47页。

[②] 杜敏、刘志刚：《论语言扶贫在乡村振兴战略实施中的可持续性》，《陕西师范大学学报》2020年第2期。

案，从而有效率、有针对性地缩小贫困人口的数量。其次，受教育程度与语言能力也密切相关。一般情况下，农牧区居民的受教育程度明显低于城镇，文盲或低文化程度人口偏多，而教育水平偏低往往伴随着语言能力的不足，可能导致失去一些智能发展的基础和手段，在教育和信息沟通获取上产生不利影响，形成脱贫难的恶性循环。[①] 再次，从职业来看，对教师、行政司法公务员、企事业从事服务行业的工作人员等的普通话能力的要求相对其他人员要高一些，使用语言时需更加标准、规范。因此，制定语言扶贫方案时需考虑年龄、文化程度等因素。如文化较低的青壮年农牧民重点培养普通话能力及使用普通话获取知识、信息的应用能力；老年人重点培养普通话简单的听说能力或者继续保持本民族语言能力。通过语言扶贫政策的实施，提升居民的普通话能力，增强其社会交往、获取知识的能力，提高他们外出务工、创业等可能性，通过发挥语言的潜在价值，实现劳动收入的增加。同时，开发语言资源价值能促进语言文化的传播。总之，甘南政府需要在明确了语言扶贫的对象和目标之后才能有计划地落实方案，并做及时调整，助力贫困居民脱贫。

"十三五"时期，甘肃省教育厅提出了"一抓两促三支撑"的工作思路，即抓好国家通用语言文字普及；促进语言文字基础建设、促进语言文字服务能力的提升；提升语言文字工作的支撑保障能力、加强语言文字工作队伍建设、加强语言文字科学研究。[②] 依此，具体实施甘南地区语言扶贫的对策建议主要表现在以下三个方面。

加强语言教育培训，继续国家通用语推广政策。在语言扶贫工作中，推广和普及普通话能力是一个重要的扶贫手段，是提升甘南居民语言能力和水平、实现知识学习和其他技能提升的主要因素之一。在全面普及普通话过程中应突出重点，一是甘南政府在政策上

---

① 史维国、刘昕怡：《少数民族地区语言扶贫效应研究》，《哈尔滨师范大学社会科学学报》2019 年第 2 期。
② 国家语言文字工作委员会：《中国语言生活状况报告》，商务印书馆 2018 年版，第 51 页。

第七章 甘南地区语言生活的特征、发展趋势及对策建议

重视推广普通话，根据不同地域的贫困特征和现实需求精准定位普通话的普及对象，以青壮年和学生作为重点普及对象，并将推广普通话程度纳入脱贫考核评价体系中；在对藏族居民宣传普及普通话时，建议强调普通话能力对个人职业发展、求职务工、增加劳动力经济收入等方面所具有的积极影响。二是加强语言教育培训中的普通话推广。甘南教育事业中的普通教育、双语教育、特殊教育、职业学校、社会语言教育培训机构等均属于推广普通话的教育机构，其中双语教育教学对提高当地居民的普通话能力和多语能力具有深远的价值意义；在各类学校可以开展中小学生的普通话水平评价。同时，可根据各地的实际情况建立职业技能培训学校、农牧民夜校等培训基地，将普通话能力与技能培训有效结合起来，尤其是提高民族聚居区劳动力的综合素质，使其提升参与经济活动的能力，提高个人收入。三是组织或聘请专家编写适合青壮年农牧民需求的且便于教学的推普脱贫入门教材，可以结合纸本教材，录制音频、微课，制作难易程度不等的语言游戏等。四是充分利用广播、电视和网络等传播媒介开展国家通用语宣传和教育，倡导在党政机关、传媒、公共服务行业、学校等领域的工作人员广泛使用普通话，营造良好的语言环境。如可以利用移动客户端开发网络普通话学习软件，电台、电视台可以与学校等单位合作完成普通话方面的教学内容，更便捷有效地推进脱贫工作。五是充分利用高校人才资源，到农牧区开展各种形式的语言支教和助教活动。政府可以与甘南合作师范学院等大中专院校进行合作，鼓励实习大学生到农牧区进行语言扶贫实践活动。在提升普通话的过程中，应正确认识普通话的推广、普及与汉语方言、民族语保护的关系，突出重点、找准突破口、强化国家公民意识、增强对普通话的认同感等。[①]

合理开发和利用甘南地区的语言资源。语言的资源属性表现在多

---

① 刘志刚、杜敏：《新时代国民语言能力提升与国家通用语言的普及》，《新疆大学学报》2020 年第 2 期。

方面，其中语言的经济属性隐含着相应的经济潜能，当语言作用于经济活动时，其经济潜能就能表现为具体的经济功能。① 在经济活动中，要发挥多种语言资源在地区经济发展中的产业价值，社会通过使用国家通用语言文字、藏语文的经济功能实现一定的经济目标，获得经济效益，与之相关的语言服务产业也会通过语言文字服务获取必要的服务型经济效益。同时，政府也需要组织或鼓励多方力量积极进行研究和开发，如开发不同程度的语言学习软件、建立语言资源数据库、录制语言音视频、开发旅游产业中有关语言文字节目的表演等。这不仅能促进语言产业的发展，经济水平的提高，也可以成为研究成果的受益者。

做好语言扶贫的支撑保障工作，创新督导评估机制。除了国家和甘南政府的政策支持外，还需加大对语言扶贫实施工作的督导评估力度，注重基层干部双语意识和应用能力的提升，鼓励驻村干部或下乡干部或对贫困居民开展语言帮扶活动，充分发挥其先进性。在具体实施语言扶贫工作时，一方面深刻认识到国家通用语推广、普及和语言能力提高的重要意义，能够自觉地在生活和工作中使用普通话；另一方面还要提高自己的双语能力，积极参加语言培训，根据扶贫对象合理地使用不同语言。

三 强化语言意识，提高语言服务水平

（一）强化语言意识

加强语言规范意识。语言规范是使用某种语言的人所应共同遵守的语音、词汇、语法、书写等方面的标准和典范；是语言文字事业的重要任务，也是语言政策构成的重要维度。促进语言文字规范化、标准化，旨在促进语言文字更好地发挥工具作用。《国家中长期语言文字事业改革和发展纲要（2012—2020 年）》明确指出"要加强语言文字规范标准建设，强化国家通用语言文字规范意识，提升国民语言文

---

① 郝琳、张丽娟：《语言经济功能再认识》，《武汉大学学报》2017 年第 6 期。

第七章 甘南地区语言生活的特征、发展趋势及对策建议

字应用能力，提高全社会语言文字规范化水平，增强国家文化软实力"[1]。民族语言学家胡坦指出："使用藏语文在藏族人民中传播现代科学技术，首先必须创制大批现代科教成果的新词术语。"[2] 1991年出版、2002年再版的《藏汉对照词典》收集了8万条新词术语，1995年我国"藏语术语标准化工作委员会"成立，随后国内还陆续出版了一系列数学、物理、化学、法律、医学、历史、经济等多种汉藏对照词汇。

甘南地区的语言规范工作不仅包括国家通用语言文字，还包含藏语文、外语文等。在语言发展的过程中往往会伴随着语言分歧或不规范、不标准现象的出现。为了保障各种语言文字的健康发展和传承，语言规范是政府、个人应尽的责任和义务。首先在政府层面，党政机关、新闻媒体、学校教育、公共服务行业是语言规范使用的重点领域，为全社会规范使用语言文字分别发挥"龙头"作用、示范榜样作用、基础阵地作用和"窗口"作用。[3] 由此，政府或具有示范作用的个体（公务员、教师、播音员、主持人等）需具备更强的语言规范意识。如政府所下发的各种文件通知、公共空间语言景观中的交通路牌、街道牌、单位门牌、宣传标语等语言文字均需使用规范、标准。广播电视台播音员或主持人需具备较高的语言能力；领导或工作人员在讲话或宣传工作时更需具备严谨、规范的语言意识，能根据所服务的对象选择使用不同的语言。其次在其他组织和个体层面，普通工作人员、群众等亦要在日常工作或各种社交场合具有使用规范标准语言文字的意识；学生群体的语言意识培养是语言规范工作的重要环节，通过学校教育和教师示范，引导其形成使用标准规范的语言意识，培养其鉴别和使用规范语言文字的能力，认识到语言规范对自身

---

[1] 教育部语言文字信息管理司：《中国语言文字事业发展报告》，商务印书馆2017年版，第156页。
[2] 胡坦：《藏语科技术语的创造和西藏现代化建设》，《中国藏学》1998年第1期。
[3] 教育部语言文字信息管理司：《中国语言文字事业发展报告》，商务印书馆2017年版，第135页。

语言能力、语言文字发展和传承、语言环境等方面的重要影响。

加强语言消费意识。语言消费是人们消费语言产品的行为，也是满足人们某种语言需求的过程。伴随着语言产品（服务）界定的清晰，"语言消费"的内涵逐步扩大，包括以语言产业为供给主体的"典型性语言消费"和以窗口服务行业为供给主体的"伴随式语言消费"；涵盖了对以政府、非营利性质的科研院所、社会公益机构为供给主体的语言政策、语言文字规范标准、语言教育、语言数据、语言康复等服务的消费。具有提升语言能力、感受语言魅力、优化消费体验的功能和经济功能、文化功能、社会功能；关系着社会的语言生活质量，影响着文化的传承与传播，显性或潜性地对经济发展产生着影响。[1] 从语言消费的主体来看，有政府、社会和个人，其中个人的语言消费需求不仅包括获得基本语言能力的需求，还含有获得具有竞争力的语言技能。近些年来，面对开放的经济格局，甘南地区经济的全面推进必将给广大居民带来多种语言需求，当地语言产业亦开始发展，居民的语言消费意识也逐渐凸显。一是语言文化的融通需求。甘南是一个多民族地区，民族之间的交往一定会促进语言和文化的相互融合，各民族会了解彼此的语言、文化。二是获取信息的需求。不通晓汉语的居民在生产生活中需要掌握相关信息，以增长知识、发展生产、融入社会；或学习、理解党和政府有关方针、政策，掌握并利用有关惠民政策，实现更好更快发展。三是双语人才的需求。整体上看，甘南地区居民的受教育程度不高，在普通话还未全面普及的阶段，民族聚居区仍有一部分居民尚未通晓汉语，尤其是在司法领域中单语被告人进行诉讼时、发生突发事件中进行社会治理时普通话的语言应急等对需求表现得比较明显。由此，司法领域需要双语翻译人才为其提供翻译，以消除单语人在语言方面的障碍；另外，教育、行政和传媒等领域也需要大量的双语人才。四是语言产品的需求。包括居

---

[1] 李艳：《语言消费：基本理论问题与亟待搭建的研究框架》，《语言文字应用》2017年第4期。

第七章　甘南地区语言生活的特征、发展趋势及对策建议

民在教育、传媒领域所需要的教材、音频视频课程、工具书、学习软件、文字输入法、文学作品、影视戏剧等，以获取更多的知识和信息。五是语言应用的需求。居民在其生活、学习或工作中所需要的语言环境建设、语言培训、翻译服务等。

加强语言服务意识。语言服务是语言生活中的一个重要理念，是"利用语言（文字）、语言知识、语言艺术、语言技术、语言标准、语言数据、语言产品等语言的所有衍生品，来满足政府、社会及家庭、个人的需求"①。语言服务者的提供者可以是政府、社会单位，亦可以有个人。而语言服务意识是语言服务者自觉主动做好服务工作的一种观念和愿望。一般而言，社会对党政机关及公共服务行业的语言服务意识要求相对较高。单位不仅能为语言服务的接受者提供规范或标准的语言文字服务，而且单位的工作人员也应该具备为广大群众服务的意识，除掌握一定的语言能力外，还需要具有良好的语言态度、表达方式。如在政务大厅、医院、银行或邮局等单位语言服务中，窗口语言服务者则需具备良好的综合素养（语言、态度、行为），使用普通话，对单语居民使用藏语，在语言服务过程中多使用文明用语、礼貌用语，禁止使用服务忌语，掌握良好的沟通方式、具备耐心细致的心理素质。语言服务者的语言态度不仅体现了其语言服务意识，也往往间接地影响语言服务者的服务行为、服务效果；而使用服务忌语可能造成许多不良影响。当然，良好语言服务意识的形成一方面与单位的语言服务理念和要求有关，也与个体素养和语言服务意识有很大关系。另外，在语言扶贫政策的实施过程中，建议具备双语能力的工作人员、群众或学生能够积极参与双语服务志愿者队伍建设，发挥自己的语言和能力优势，为社区或农牧区发展、建设贡献力量，促进当地的语言和谐、民族团结和政府工作的顺利开展。

（二）提高语言服务水平

1. 语言服务的现实意义

"语言服务"是国家语言政策的重要维度。《"十三五"发展规

---

① 李宇明：《语言服务与语言消费》，《教育导刊》2014年第7期。

划》将"提高国家语言文字服务能力"列为主要任务之一,指出提高保障国家战略和安全的语言文字服务能力、创新语言文字服务和语言人才培养机制、服务特殊人群语言文字需求等具体要求,提升语言应急和援助服务能力、增强语言经济意识,大力支持语言产业发展等具体要求。语言服务包含的领域复杂多样,具有市场与公益性双重属性,其系统可分为国际层面、国家层面、族际层面、方言/社群层面和家庭/个体层面的语言服务,具有明显的工具效能和经济效能。[①] 少数民族地区的语言服务属于族际语言服务层面,其语言资源丰富,除国家通用语言文字在少数民族语言生活中发挥着重要的社会功能外,少数民族语言文字仍在相当时间内发挥着不可忽视的基础性作用,是部分社区的主要交际用语;并且还应用于双语教学、政府文件的双语翻译和行政诉讼单位窗口的双语标识、古籍整理、翻译及广播、电视、出版物、网络等传媒各个领域中。我国《宪法》、民族区域自治法、义务教育法和相关法律系统中均涉及少数民族语言文字使用和发展的相关规定和要求。然而少数民族语言文字服务工作在新时代背景下面临着新的任务和挑战。

甘南地区语言服务主要涉及国家通用语言文字语言服务和藏语文语言服务两个方面。因语言地位和功能的差异性,国家通用语言文字、藏语文语言服务现状并不均衡。就民族语言服务工作方面,主要偏重于政府服务、宏观服务、政策服务和文字服务方面,所表现的语言服务能力还不足,具体表现已在前面章节中有所阐述。双语服务工作的有效开展和公职人员双语服务能力的提升具有重要意义。一是有利于当地的安定团结。语言文字是一个民族的重要标志,甘南地区居民对藏语文具有深厚的情感,做好双语服务是维护地区安定和多民族团结十分有效的手段。二是有利于增强中华文化的传播,居民可通过教育、传媒等各领域中的双语服务,了解中华优秀传统文化、国家的各种政策和宣传教育等,对中华民族的向心力和凝聚力起着积极的作

---

① 屈哨兵主编:《语言服务引论》,商务印书馆2016年版,第4页。

用。三是有利于当地突发事件的应急援助。在应对期间,很有可能遇到救援沟通、翻译服务、舆论导向等方面问题,而语言应急措施跟进能促进社会治理的有效进行。四是有利于国家语言政策的贯彻落实和语言文化的传播、传承。五是利于发挥语言显性或潜性的资源价值,参与经济活动的过程,对地区经济的发展产生积极的作用。总之,做好语言服务是适应时代发展和满足居民的现实需求。

2. 提升语言服务的具体策略

结合甘南地区语言生活现状和语言服务存在的问题,从宏观和微观、现实和长远的视角来看,建议采取相应措施利于提升甘南语言服务。首先,及时进行语言舆情监测是语言服务的重要环节。当前,甘南地区语言生活正快速地发生着变化,社会需要提供语言服务的类型与方式也日益多样化,全面把握其语言生活动态十分有必要。在信息化时代,社会公众当面对海量信息时,若政府无法适时做出恰当的决策,则难以判断信息真实性。因此,政府需及时把握语言舆情,了解语言生活,做好决策,影响、引导民众。所谓"语言舆情"指"一定时期内,公众(包括民众和机构)对自己关心或与自身利益密切相关的语言文字公共事务的情绪、意愿、态度和意见交错的总和"[1]。因此,语言舆情可以透视社区成员的语言意识、语言态度和语言消费意愿的变化,亦是政府制订语言规划、实施语言服务的必要前提。

创新语言服务人才培养模式,是语言服务的重要方面。甘南在社会发展进程中必然催生更多的语言服务需求,需要大量的语言服务人才。甘南语言服务人才不仅包括熟练掌握国家通用语言文字、藏语文或外语文能力,且能适应社会经济文化发展需要的复合型人才,还包括能服务于语言事业发展的人才。在以居民为语言服务对象方面,双语人才培养显得尤为重要。除日常生活领域外,藏语文在其他领域的专业性比较强,如党政文件、宣传材料和公共标识的藏语文书面翻译、广播电视中的藏语口头表达的标准性均有较高的要求;同时还需

---

[1] 魏晖:《语言舆情与语言规划》,《语言文字应用》2011年第1期。

要鼓励其他民族公职人员、窗口服务人员等学习藏语文，以利于到基层开展各项工作或与农牧区进行情感沟通等。可以说，有目的地培养双语人才是语言服务开展的重要保障。在语言服务人才培养中，建议组织语言服务从业人员的在职培训，实现"知识+能力+素质"方面的提升；建立全州的语言服务人才库，创新人才合作，以创新项目合作为目标，充分利用各种语言服务人才资源，实现人才培养的需求化和实用化；政府和企业积极参与学校的人才培养教育，强化校企双向交流；搭建语言服务人才的云交流平台，促进彼此之间的交流和学习；评估各种语言服务业的资质，对优秀单位和与语言服务密切相关的优秀个人（如翻译工作者、导游、播音员、营销员等）进行表彰等。

重视学校教育教学是提升语言服务人才培养的有效途径。甘南地区学校教育的形式多样，其中汉藏双语教育教学是教育的重要部分。语言服务人才作为应用型人才的一部分，在大中专院校中，学校可有针对性、目的性地扩展社会服务和专业服务的相关内容，同时还可以鼓励大学生积极参与语言服务的社会实践，在专业领域和应急事件中发挥作用。单靠高校的培养难以满足市场的需求，建议教育行政机构、学校可以与其他行政单位、企事业单位建立"校企合作"或探索"政产学研"的联合培养模式，为学生搭建参与语言服务的平台，形式可包括师资合作、实习基地、课程设置等，并完善其在实践过程的考核评价。学生在锻炼中不仅能增强语言服务意识，还能培养语言沟通能力、服务社会的责任感等。各类学校也应积极适应市场需要，不断优化人才培养方案、教学方法、教学内容等。

"互联网+"是推进语言服务发展的新方式。"互联网+"是一种社会经济新形态，代表着一种全新的生活方式和生产方式，为语言服务提供了新的发展思路。甘南地区可充分利用大数据、云计算等技术手段开发和共享当地的语言资源，推动语言学习、语言服务和语言管理。建议积极打造全州国家通用语言文字学习的网络平台，建立政府引导、市场运营、互联共享和在线学习评价相融合的语言文字学习

第七章 甘南地区语言生活的特征、发展趋势及对策建议

和推广机制；组织或聘请专业技术人员整合现有资源，建设涵盖国家通用语言文字规范标准、语文知识、双文/外文中文译写规范等内容的基础数据库，向社会、广大居民提供语言文字咨询服务。可以说，甘南地区"互联网+"与语言服务的融合发展利于社会经济的发展、居民语言能力的提高及其语言生活质量的提升等。

行业的语言服务因行业特征的差异性所呈现的语言服务策略也有所不同。语言服务存在于生活的方方面面，如行政、司法、教育、传媒、医疗、银行等各个行业领域，从业者在提供具体行业产品的过程中，辅助性、伴随性地为消费者提供语言服务；而"部分行业的'语言服务'在发挥'伴随式'语言服务功能的同时，也具有一定的行业特征，如媒体语言、教师语言、导游语言等本身是服务的内容"[1]。针对甘南地区语言生活状况和呈现的问题，各行业领域语言服务的提升既具有普遍性策略（如提高语言服务者的语言能力和语言服务意识等），又表现出明显的差异性，以行政司法领域的语言服务为例。

"十九大报告提出要转变政府职能，增强政府的公信力和执行力，建设人民满意的服务型政府，完善及时的语言服务必不缺少。这既涉及政府行政资讯能否及时达到民众的语言配送能力，也涉及需要特殊语言帮助的人群能否得到来自政府直接组织或者推动提供语言支援问题。"[2] 在行政领域语言服务方面，甘南州政府不仅需要对整个地区的语言文字事业进行规划、管理，在认真贯彻落实国家语言政策、民族政策、教育政策等，制定符合本地区的相关政策或规定的同时，还需要及时进行语言舆情监测，对各民族、各地域、各领域语言文字的使用情况、存在的问题等有全面而准确的了解，以更好地服务于语言文字工作建设和社会经济、教育事业发展等。从微观层面来看，各行

---

[1] 李艳、齐晓帆：《城市人文形象构建下的行业语言服务能力研究——以旅游行业中导游语言服务为例》，《文化产业研究》2016年第1期。

[2] 教育部语言文字信息管理司：《中国语言生活状况报告》，商务印书馆2018年版，第15页。

政单位需要一方面认真贯彻落实本地区制定或下发的各种语言文字工作方面的文件、通知等，并能积极有成效地完成；另一方面还要做好本单位的相关工作，如加强工作人员的语言服务理念更新、语言能力提升、人才培养和培训等。尤其是在下乡宣传、开展工作或驻村扶贫时，为农牧区的单语居民提供语言服务是国家政策传达、工作落实的重要方面。另外，州藏语委是负责全州藏语言文字工作的部门，需继续宣传和执行党的民族政策，贯彻落实法律、法规中的语言文字条款，检查、监督和协调全州的语言文字工作，加强对文字规范化、标准化的执法检查等。可定期或不定期组织各县市语委办、相关部门对各公共领域的社会用字（包括各种语码）进行检查、监督，对路标、门牌、宣传牌、指示牌等语言景观中所出现的语码置放颠倒、语码翻译不规范等问题及时指出，并要求限期整改等。还可发挥媒体单位社会舆论的监督作用，协助政府顺利开展社会用字管理工作，从而塑造一个和谐健康的地域形象。

　　司法领域的语言服务。在司法领域提供国家通用语言文字和民族语文的服务，是切实维护各民族公民合法权益的重要方式。"语言沟通在法庭参与者之间具有不言而喻的作用。法官、律师需要让当事人明白其权利和义务，当事人则需要对提出的问题做出回答，所使用语言的同一性及可理解性就成了意思顺畅传达的保障。"[1] 另外，在审理案件时涉及有争议的语言问题，一般需要由司法专家、法官、办案人员等专业人员对所提供语言证据就语音、语体、话语结构与意义等进行调查、鉴定与解释等服务。[2] 可见，语言翻译人才在司法领域中的作用是非常重要的，对其专业和翻译能力的要求也相对更高。甘南地区司法领域语言服务者主要有双语翻译（法官等，专业要求较高）、普通的双语干警或工作人员。司法诉讼过程中单语藏族诉讼人

---

[1] 邹玉华、刘家瑶、于慧媛：《司法领域的语言服务》，《佛山科学技术学院学报》2014年第2期。

[2] 胡志清：《司法语言学及司法语言学家的四大专家领域》，《当代语言学》2002年第2期。

第七章　甘南地区语言生活的特征、发展趋势及对策建议

需要提供语言服务的情况比较常见，而目前州检察院、法院具备双语审判和翻译能力的法官并不多，尚不能满足审判需要，即专业双语翻译人才比较缺乏。因此，一是重视语言翻译人才的培养和培训，使双语法官、检察官及律师不仅熟练掌握国家通用语言文字、藏语文的语言知识和技能，还需要具有较高的法律素养、司法实践经验。二是建议完善法庭翻译规章制度，对翻译人员的符合条件进行明确规定并进行资格认证，还可建立法庭翻译备案制度，充分利用全州的双语人才库，选择符合标准的翻译人员为司法诉讼提供语言服务。三是建议部分单位增设专职翻译岗位，针对难以满足招聘条件的问题，建议制定录用特殊职位的公务员制度，以便审讯、审判的顺利开展；增加藏语文法律参考书的种类和数量。总之，甘南地区需要将宏观规划和微观落实相结合，通过提高政府语言服务水平，增强公务人员的语言服务意识、能力，对政府的公信力和执行力都会产生积极的促进作用。

四　提高媒体传播力，推动语言多元化传播

"传播力是媒介传播力的简称，指媒介的实力及其收集信息、报道新闻、对社会产生影响的能力"[1]；包括媒体规模、人员素质，传播的信息量、速度、覆盖率及社会效果，其中传播效果是媒介传播力的主要表征。[2] 就大众传媒而言，传播力是其本质职能的彰显，一种到达受众、影响社会、充分发挥大众传媒社会功能的能力，[3] 是媒体促进社会价值共享的能力。[4] 而语言是各种传播媒介的主要工具，是传播信息的重要载体；媒介传播力亦对语言的传播和发展起着重要的积极作用。汉语文和藏语文是甘南地区传播媒体主要使用的语言文字，涉及广播、电视、报纸、出版物等大众传媒，在实际社会生活中所发挥的传播效用存在差异。调查结果显示，汉语文传媒具有较强的

---

[1] 刘建明：《当代新闻学原理》，清华大学出版社2003年版，第37页。
[2] 刘建明：《新闻学概论》，中国传媒大学出版社2007年版，第40页。
[3] 张春华：《传播力：一个概念的界定与解析》，《求索》2011年第11期。
[4] 姚林：《大众媒体传播力分析》，《传媒》2006年第9期。

传播力，能够发挥良好的社会功能；而藏语文传媒还未形成综合的影响力，受众范围有限，广大居民在日常生活中接触的频率不高。从语言权利角度来看，居民有使用语言文字的权利，在传媒等各领域中使用汉语文、藏语文；从语言资源角度来看，藏语文是中华文化的一部分，它的积极传承和保护亦是语言资源持续发展的一部分内容。推动语言文字使用和传播的路径是多方面的，在网络信息技术迅速发展的时代背景下，传播媒介是语言使用、传播的重要途径。根据甘南传媒领域语言文字传播效果来看，塑造和提升传播媒体传播力，促进普通话的推广、普及很有必要，这也是时代的选择和受众的现实需求。甘南地区传媒主体需牢牢把握政治立场和舆论导向，认真探索与创新传媒的新途径，初步建议主要体现在以下几个方面：

宏观层面。一是政府需了解全州传媒的市场现状，根据不同传媒传播的特点、功能进行重新布局、整合，依据各自承担的社会功能按照公益性、半市场化、完全市场化模式进行分层管理和区别扶持，促进双语文传媒事业的健康发展。二是藏语文传媒应立足地域特点，确立特色的经营理念，在保证正确舆论导向的前提下，积极挖掘新闻资源，增加传媒信息量，提高自采率和时效性，扩大覆盖面。三是州政府适当增加对传媒事业发展政策、资金及相关项目等方面的扶持力度。如建议甘肃省能积极争取本省的双语翻译高级职称评审权，解决甘南州双语翻译职称名额少、评审难的问题。惠民工程方面，随着国家"村村通""西新工程"的实施和落实，建议扩大对农牧区的网络覆盖面，实现"网络村村通"，解决驻村干部、教师、学生或群众因网络信号差无法正常学习、办公、获取信息等问题。

微观层面。一是把握主流受众，优化节目或栏目内容。传媒应先把握好各自主流受众的特征，创新理念、树立精品意识，对节目/栏目的设置、内容等进行优化，凸显地域特色，增强节目/刊物的可视性/可读性和亲和力。不仅实现大众传媒的宣传功能、新闻传播功能、舆论监督功能等，还可满足广大受众的媒介消费需求。二是注重传播实效，制定切实可行的评价体系、运行模式，杜绝重复、同质化现象,保持良好的媒介传播力。三是深度融合传统媒体与网络新媒体。网络新媒体的出现拓宽了人们社会交往的活动空间,刷朋友圈、看微博、搜索信息等已成为广大居民的日常行为。因此,传统媒体为了适应时代的发展,需调节和丰富自身的生态系统,积极接纳新媒体的传播模式,选择开通网络平台以扩宽传播途径,从而扩大信息传播的广度和深度。如《甘南日报》、甘南广播电视台已形成了微博、微信公众号、客户端三位一体的网络传播布局。四是培养与发展专业人才。双语翻译人才需具备扎实的双语基本功,掌握两种语言的差异、文化及翻译技巧知识外,还需注重获取信息、处理信息及创造性处理语言的能力;建议努力营造良好的双语翻译环境,设立翻译图书室、定期召开交流会;进一步加强双语工作团队建设,在翻译工作中积极借鉴先进的翻译模式,并将其"本土化"。另外,针对电视台、报社的岗位编制比较紧张、工作任务重、外聘人员比较多、工资待遇低且流动性较大等问题,如何加快产业人才队伍引进、培养与稳定也是值得重视的问题。总之,传媒单位积极优化内部系统是其增强其传播力的根本策略,以保障其在市场经济下能够发挥社会功能,并得到健康发展。

  传统媒体承担着传递社会主流价值观,引导舆论、规范社会行为等诸多社会责任。无论是甘南政府的各种支持,还是广播、电视、报社等传媒为适应时代发展和受众需求而逐渐完善内部系统,其目的是增强传播力,以扩大其媒介覆盖面,满足居民的需求,使其实现媒介消费等方面的传播效用;为广大居民营造普及、使用国家通用语言文字的语言环境和藏语文可持续发展的文化环境。从新媒体视角来看,信息技术和网络媒体的发展繁盛,促使人们的语言交际步入了一个全新的时代。居民的网络语言生活亦逐步凸显,他们可以在网络社区中使用国家通用语言文字进行资讯共享、沟通交际、电子交易、表达情感等。在融媒体时代,媒介传播也突破了原有广播、电视、报刊、图书、电影等传统媒体"点对面"的单向传播模式,相对简单的人际传播模式;微信、微博、QQ、抖音及各种音视频软件等各种网络平台将多种传播模式相融合,虽然受众范围有限,但也利于丰富广大居民的语言生活。当前,新媒体生态系统尚处于不断完善的阶段,语言文字的不规范、不标准现象,网络信息化还不够完善等问题也是客观存在的;而传统媒体是新媒体良好发展的重要支撑,发挥其舆论导向作用促进新媒体语言生态的和谐、健康发展,对推动语言文字的多元化传播产生着重要影响。

主要参考文献

一 著作

白润生主编：《中国少数民族新闻传播史》，民族出版社 2008 年版。

才让措：《藏汉双语教学研究》，社会科学文献出版社 2015 年版。

陈章太：《语言规划研究》，商务印书馆 2005 年版。

戴庆厦：《社会语言学教程》，中央民族大学出版社 1993 年版。

戴庆厦：《语言调查教程》，商务印书馆 2015 年版。

戴庆厦主编：《语言国情调查概论》，中国社会科学出版社 2017 年版。

戴昭铭：《文化语言学导论》，语文出版社 1996 年版。

丁石庆主编：《社区语言与家庭语言》，民族出版社 2007 年版。

冯广艺：《语言生态学引论》，人民出版社 2013 年版。

甘南藏族自治州地方史志编纂委员会办公室编：《甘南州年鉴（2010）》，甘肃人民出版社 2010 年版。

《甘南藏族自治州概况》编写组编：《甘南藏族自治州概况》，甘肃人民出版社 1987 年版。

甘南州地方史志办公室编：《甘南州年鉴（1991—1995）》，甘肃人民出版社 1996 年版。

甘南藏族自治州地方史志办公室编：《甘南州年鉴（2017）》，甘肃文化出版社 2017 年版。

郭熙：《中国社会语言学》，商务印书馆 2013 年版。

虎技能：《藏汉双语"一类模式"教师队伍建设研究——甘南藏族自治州民族类中学田野工作与理论阐释》，民族出版社 2016 年版。

黄少安、张卫国、苏剑：《语言经济学导论》，商务印书馆 2017 年版。

黄行：《中国少数民族语言活力研究》，中央民族大学出版社 2000 年版。

李永斌：《语言和谐背景下西藏的汉语习得和使用》，中国藏学出版社 2013 年版。

刘建明等：《新闻学概论》，中国传媒大学出版社 2007 年版。

刘蕾、闻明晶、李冉主编：《社会心理学导论》，吉林人民出版社 2016 年版。

南长森：《西北地区少数民族新闻传播与国家认同研究》，陕西师范大学出版社 2014 年版。

屈哨兵主编：《语言服务引论》，商务印书馆 2016 年版。

邵培仁：《传播学》，高等教育出版社 2000 年版。

孙宏开、胡增益、黄行主编：《中国的语言》，商务印书馆 2007 年版。

王希杰：《修辞学通论》，南京大学出版社 1996 年版。

王远新：《语言理论与语言学方法论》，教育科学出版社 2006 年版。

王远新：《中国民族语言学：理论与实践》，民族出版社 2002 年版。

王远新：《中国民族语言学基础教程》，中央民族大学出版社 2012 年版。

王远新主编：《语言田野调查实录（12）》，中央民族大学出版社 2017 年版。

邢福义主编：《文化语言学》，湖北教育出版社 2000 年版。

徐大明主编：《语言变异与变化》，上海教育出版社 2006 年版。

张廷国、郝树壮：《社会语言学研究方法的理论与实践》，北京大学出版社 2008 年版。

张兴权：《接触语言学》，商务印书馆 2012 年版。

赵丽芳：《民族语言媒体研究：功能、效果与受众》，中央民族大学出版社 2017 年版。

周庆生：《语言生活与语言政策：中国少数民族研究》，社会科学文献出版社 2015 年版。

周炜：《西藏的语言与社会》，社会科学文献出版社 2018 年版。

洲塔、乔高才让：《甘肃藏族通史》，青海人民出版社 2004 年版。

祝畹瑾编著：《社会语言学概论》，湖南教育出版社 1992 年版。

祝畹瑾主编：《新编社会语言学概论》，北京大学出版社 2013 年版。

[以] 博纳德·斯波斯基：《语言管理》，张治国译，商务印书馆 2016 年版。

[以] 博纳德·斯波斯基：《语言政策——社会语言学中的重要论题》，张治国译，商务印书馆 2018 年版。

[瑞] 费尔迪南·德·索绪尔：《普通语言学教程》，高名凯译，商务印书馆 2008 年版。

[美] 哈罗德·拉斯韦尔：《社会传播的结构与功能》，何道宽译，中国传媒大学出版社 2015 年版。

[加] W. F. 麦凯、[西] M. 西格恩：《双语教育概论》，严正、柳秀峰译，光明日报出版社 1989 年版。

二 论文

安世兴：《藏文在甘青藏区的使用和发展》，《民族研究》1996 年第 2 期。

安英全：《新媒体形势下少数民族传媒的转型——以藏语传播为例》，《新闻研究导刊》2015 年第 17 期。

陈媛媛：《普通话能力对中国劳动者收入的影响》，《经济评论》2016 年第 6 期。

陈章太：《语言资源与语言问题》，《云南师范大学学报》2009 年第 4 期。

戴庆厦：《语言竞争与语言和谐》，《语言教学与研究》2006 年第 2 期。

戴庆厦、邓佑玲：《城市化：中国少数民族语言使用功能的变化》，《陕西师范大学学报》2001 年第 1 期。

杜敏、刘志刚：《论语言扶贫在乡村振兴战略实施中的可持续性》，《陕西师范大学学报》2020年第2期。

多措、章波：《坚持正确舆论导向，促进藏区社会和谐》，《青海民族研究》2010年第3期。

范俊军、宫齐、胡鸿雁：《语言活力与语言濒危》，《民族语文》2006年第3期。

冯雪红、王玉强：《西部民族地区城镇化研究现状与走向述评》，《中南民族大学学报》2016年第3期。

尕藏草：《我国藏区互联网络的发展与变化》，《当代传播》2014年第6期。

格桑达吉：《甘南藏族自治州农牧区调查研究报告》，《中国藏学》1993年第3期。

郭熙：《七十年来的中国语言生活》，《语言战略研究》2019年第4期。

郭熙、祝晓宏：《语言生活研究十年》，《语言战略研究》2016年第3期。

郭玉梅：《新媒体视域下网络流行语生成传播机制》，《北方民族大学学报》2017年第4期。

郭玉梅、杜敏：《国民语言能力提升及语言扶贫实施策略研究——以甘肃甘南地区为例》，《北方民族大学学报》2021年第1期。

郭玉梅、杜敏：《新媒体时代网络语言的经济功能》，《北方民族大学学报》2019年第2期。

郭玉梅、杜敏：《新时代背景下双语地区语言景观时态研究——以甘肃天祝藏族自治县为例》，《青海师范大学学报》2019年第5期。

郝琳、张丽娟：《语言经济功能再认识》，《武汉大学学报》2017年第6期。

胡坦：《藏语科技术语的创造和西藏现代化建设》，《中国藏学》1998年第1期。

黄国文：《Chomsky的"能力"与Hymes的"交际能力"》，《外语教学与研究》1991年第2期。

黄行：《当前我国少数民族语言政策解读》，《中南民族大学学报》2014年第6期。

瞿霭堂：《中国藏族语言文字研究五十年》，《中国藏学》2004年第1期。

李丽生：《国外语言景观研究评述及其启示》，《北京第二外国语学院学报》2015年第4期。

李艳：《语言消费：基本理论问题与亟待搭建的研究框架》，《语言文字应用》2017年第4期。

李艳、齐晓帆：《城市人文形象构建下的行业语言服务能力研究——以旅游行业中导游语言服务为例》，《文化产业研究》2016年第1期。

李宇明：《论语言生活的层级》，《语言教学与研究》2012年第5期。

李宇明：《语言服务与语言消费》，《教育导刊》2014年第7期。

李宇明：《语言生活与语言生活研究》，《语言战略研究》2016年第3期。

刘宏宇、李琰：《北京藏族知识分子城市社区语言调查》，《西北民族大学学报》2012年第3期。

刘志刚、杜敏：《新时代国民语言能力提升与国家通用语言的普及》，《新疆大学学报》2020年第2期。

陆大道：《我国的城镇化进程与空间扩张》，《城市规划学刊》2007年第4期。

罗哲宇：《我国民族语言广播现状调查》，《新闻与写作》2016年第5期。

马彪、邓艾：《西部民族地区城市化进程中族际通婚问题研究——甘南藏族自治州合作市调查报告》，《西北人口》2008年第4期。

马锦卫、蔡华、仁青措、刘诚芳：《四川民族地区民族语言文字应用情况研究》，《西南民族大学学报》2006年第8期。

尚国文、赵守辉：《语言景观研究的视角、理论与方法》，《外语教学与研究》2014年第2期。

沈群英：《四川甘孜藏区社会用语调查与分析》，《现代交际》2016年第2期。

史维国、刘昕怡：《少数民族地区语言扶贫效应研究》，《哈尔滨师范大学社会科学学报》2019年第2期。

孙宏开：《中国少数民族语言规划百年议》，《青海民族研究》2015年第2期。

王春辉：《语言与贫困的理论和实践》，《语言战略研究》2019年第1期。

王富银、史文洁：《云南省迪庆州藏族语言使用现状调查研究》，《现代语文》2018年第9期。

王海兰：《国内经济学视角语言与贫困研究的现状与思考》，《语言战略研究》2019年第1期。

王浩宇：《藏族青年语言能力与社会经济地位关系调查研究：以天祝县为例》，《语言战略研究》2019年第1期。

王浩宇：《民族语言衰微地区青少年语言使用现状与反思——以天祝县藏族学生群体为例》，《内蒙古民族大学学报》2015年第5期。

王学荣：《民汉双语人才队伍建设的需求、现状与对策建议》，《民族翻译》2013年第4期。

王远新：《语言生活调查的主要内容和方法》，《民族教育研究》2019年第2期。

王远新：《中国民族语言学70年：成就和努力方向》，《陕西师范大学学报》2019年第6期。

王跃平：《社会语言学视域下的语言选择分析》，《黑龙江工业学院学报》2019年第19期。

魏晖：《国家语言能力有关问题探讨》，《语言文字应用》2015年第4期。

魏晖：《国民语言能力建设刍议》，《语言科学》2014年第1期。

魏晖：《语言舆情与语言规划》，《语言文字应用》2011年第1期。

文秋芳：《国家语言能力的内涵及其评价指标》，《云南师范大学学报》2016年第2期。

巫喜丽、战菊、刘晓波：《语言景观研究的理论视角、问题取向及研究方法——国内语言景观研究十年综述》，《学术研究》2017年第7期。

徐大明：《城市语言管理与城市语言文明建设》，《云南师范大学学报》2020年第3期。

徐茗：《国外语言景观研究历程与发展趋势》，《语言战略研究》2017年第3期。

杨文秀：《语用能力·语言能力·交际能力》，《外语与外语教学》2002年第3期。

姚春林：《藏族牧区小城镇的语言文化生活——甘肃省甘南藏族自治州玛曲县尼玛镇语言使用及语言态度研究》，《重庆工商大学学报》2014年第1期。

姚春林：《城镇化背景下青海省黄南藏族自治州马克唐镇语言使用及语言态度研究》，《语言学研究》2013年第2期。

姚志春：《甘肃少数民族地区城镇化与生态环境保护协调发展研究——以甘南州为例》，《兰州商学院学报》2014年第1期。

英吉卓玛、张俊豪：《语言经济学视角下藏族大学毕业生藏汉双语水平与收入的相关性研究——以青海省T县藏族大学毕业生为例》，《民族教育研究》2016年第3期。

袁伟、付帅：《西藏与甘肃藏区中小学教师普通话普及状况调查对比分析》，《语言文字应用》2017年第4期。

张宝成、青觉：《民族地区政府能力的内涵与特征》，《内蒙古师范大学学报》2008年第3期。

张德禄：《多模态话语分析综合理论框架探索》，《中国外语》2009年第1期。

张来成：《人口流动与甘南藏区社会转型》，《发展》2006年第3期。

张卫国：《语言的经济学分析：一个综述》，《经济评论》2011年第4期。

赵岩：《在新形势下如何"科学稳妥推行双语教育"——访中国少数

民族双语教学研究会荣誉会长丁文楼》,《中国民族教育》2016 年第 1 期。

周绍珩:《马丁内的语言功能观和语言经济原则》,《国外语言学》1980 年第 4 期。

周文、吴永强:《现代信息传播媒介:藏区经济发展中的助推器》,《西南民族大学学报》2003 年第 6 期。

朱杰:《甘南藏族地区大众传播现状的调查与思考——以夏河县科才乡为例》,《西藏研究》2007 年第 2 期。

邹玉华、刘家瑶、于慧媛:《司法领域的语言服务》,《佛山科学技术学院学报》2014 年第 2 期。

陈圣浩:《景观设计语言符号理论研究》,博士学位论文,武汉理工大学,2007 年。

瞿继勇:《湘西地区少数民族语言态度研究》,博士学位论文,陕西师范大学,2014 年。

敏俊卿:《甘南地区民族关系研究》,硕士学位论文,中央民族大学,2006 年。

王洪玉:《甘南藏汉双语教育历史与发展研究》,博士学位论文,中央民族大学,2010 年。

王向豫:《当代中国语言政策分析》,博士学位论文,吉林大学,2014 年。

张广裕:《甘南藏族自治州人口与环境问题研究》,博士学位论文,北京林业大学,2010 年。

周军:《中国现代化进程中乡村文化的变迁及其建构问题研究》,博士学位论文,吉林大学,2010 年。

后　记

从春天美丽的玉兰花到秋日浪漫的银杏叶，从晨光熹微到落日余晖，从白日纷乱的思绪到宁静夜晚的键盘声……回顾博士学位论文的写作过程，苦涩而甘甜、艰辛而充实。论稿由中国社会科学出版社出版，这份喜悦逐渐消逝了那段枯坐难眠的记忆。

师从杜敏教授，是我的荣幸。老师开阔的学术视野、务实严谨的学术态度、深厚的古典文学修养和阔达善良的人格魅力令我敬仰。我的学业进步离不开老师的悉心教诲，当我在学术的泥泞中彷徨惆怅时，是老师拨开云雾，助我打开学术之窗；在我研究困窘之时，是老师给予我意志上的激励。感谢导师的爱人、著名画家孙文忠教授对我的关心和鼓励，那一杯咖啡、一壶茶、一餐美食我都记在心底。天涯海角有尽处，只有师恩无穷期，我感谢导师！

感谢陕西师范大学赵学清教授、黑维强教授、邢向东教授、柯西钢教授的指导和启发，感谢中央民族大学王远新教授的帮助和建议，感谢语言学家周庆生教授、郭熙教授、胡范铸教授、赵蓉晖教授等启迪了我的研究思路。感谢我的同门同学和朋友们，是张军、葛爱华、王跃平、刘志刚等博士的一路相伴，是舍友刘雪娥和其他专业王爱红、殷鼎、曹乐意、邓凌、李甜甜博士的互相砥砺，让我收获了真挚的友情，感受到青年人奋进的力量。亦要诚挚地感谢甘南地区的亲戚、朋友和素不相识的陌生人，提供研究资料、帮助我完成访谈和问卷调查等工作。

潜心读书写作的时光来之不易。感谢我的爸爸妈妈、婆婆和兄弟姐妹的关爱，我的先生秦鹏飞毫无怨言地为家庭付出、帮助我收集资料、完成录入数据等诸多事务，活泼可爱、懂事贴心的儿子对我的理解，陪同进行田野调查。感谢王凌、王箐、张珊珊、樊水玲等好友在我艰难前行时给予的温暖鼓励。沐浴爱的阳光中，迷茫、苦闷、无助和疲惫的我一次次变得更加坚强、乐观和幸福。

感谢北方民族大学文学与新闻传播学院领导统筹安排出版事宜；感谢刘晨红教授对我学习和学术研究的关爱帮助，以及提出诸多宝贵意见，数学与信息科学学院李欣老师帮助我进行数据分析。是北方民族大学青年人才培育项目、宁夏"双一流"重点培育学科中国语言文学建设项目、国家社科基金项目的经费资助使拙文能够付梓，特此感谢！

在奋斗的时光里，感恩美好的遇见，感谢生活的磨砺。学术研究之路不易，我将以此为起点，不负光阴，继续前行。

郭玉梅
2023年夏末秋初于银川